山西应县木塔梁思成手绘稿

山西应县木塔梁思成摄

山西应县木塔梁思成手绘渲染图

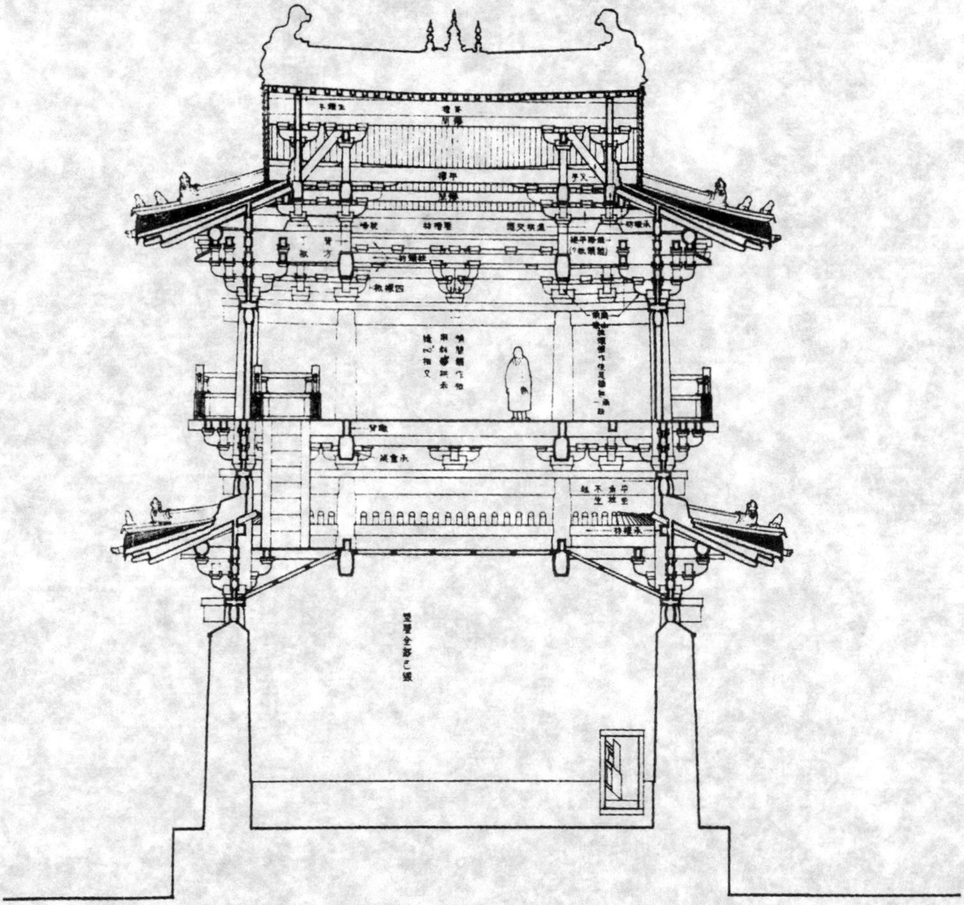

山西大同善化寺普贤阁梁思成手绘稿

山西大同善化寺普贤阁梁思成摄

山西大同善化寺普贤阁梁思成手绘渲染图

梁思成 著 | 林 洙 编

中国青年出版社

目录

想说的话

出版《梁》这本书的初衷是为了纪念梁思成先生去世40周年，没想到真到面市已经年末，而我们在由当初萌动这个想法到如今真的变为现实，还是兜兜转转了好几圈，幸好，现实并不比理想骨感。

自从我在2007年第一次去找林洙先生到如今已经5年多了，《大拙至美——梁思成最美的文字建筑》《佛像的历史》《梁启超家书》《梁思成、林徽因与我》在我们手中诞生。从想做梁先生的书的那一刻起，我就一直抱着一个念头，就是要让梁思成先生的书能让更多的年轻人看到，并不局限于具有建筑专业背景的读者。这个原因是如此简单，一是因为我的出版社——中国青年出版社的出版宗旨就是要做给青年人看的书，二是因为我自己本身就是一个没有任何建筑教育背景的年轻人，而我在看了梁思成先生的文章后，觉得实在太好了，梁思成先生是最好的老师，他用极为干净而又准确的语言把知识传达给你，而文中时时透露出那份属于梁思成独特的轻松幽默的语感，又让你不由得想起他的父亲——梁启超先生。我想让和我一样的年轻人也可以得到这份阅读的快感，而不要被那貌似艰深枯燥的“建筑”给吓坏了。

我把我的想法告诉林洙老师，得到了她无与伦比的支持和信任，在她的心中，梁思成先生从来都是一位把毕生知识和才华都奉献给中国建筑教育事业的老师。

《梁》共分为四个部分：梁思成先生的家庭相册，梁思成先生的文章，梁思成先生在宾夕法尼亚大学上学时的作业以及梁思成先生晚年和妻子林洙的部分通信。其中有多张照片、书信原件、手绘图都是第一次与读者见面，通过这些生动的照片、精美的图画和充满暖暖爱意的信件，可见先生真实的充满才情的另一面。

当然全书最为重要的部分还是先生的文章，这次文章的选择也是经过千思百量，用林洙先生的话说，基本上展现了梁思成先生一生为之奋斗的事业。本着要给大多数读者看的原则，在选择上更为考虑语言的通俗性和内容的普及性。有些文章在梁思成先生之前一些普及性著作里出现过，因为实在太有代表性，这次也收录了，如果读者看到已经读过的文章，请原谅我们的不得已。

更要特别说明的是，这次特别收录了《战区文物保存委员会文物目录》和《关于中央人民政府行政中心区位置的建议》（即著名的“梁陈方案”）。

1944年冬，为了避免在抗战的全面反攻战斗中会破坏分散在各地的古代建筑，梁思成编著了一本中英文对照的《战区文物保存委员会文物目录》，并在地图上逐一标出了名称和方位。这份目录对400项文物的位置、名称、建造年代都作了简要的说明。为了使没有建筑知识的作战官兵也能看明白这份目录，他还用极为简明扼要的语言传授了一些中国古建筑常识。

“梁陈方案”是梁思成和陈占祥一起拟定的关于北京人民政府行政中心区位置规划的建议，很可惜这份方案并没有得到通过，梁思成还因为这份方案挨了很多批评，受到不少的责难。这份方案如今看来，不可否认里面有超前的眼光和先进性，方案里提到的很多关于城市未来会出现的一些问题，今天也都在一一验证。关于这份方案的故事，我们特地收录了王军先生的《梁陈方案的历史考察》，在这篇文章里，我们可以知道发生在“梁陈方案”背后的故事。

建国后，梁思成尽了自己最大的努力想保护北京这座历史文化名城里的古建，让他痛心的是很多古建还是被拆毁了。如今，已经有越来越多的人感受到了这份伤痛。我们的北京，曾经多么美丽。

这几年，一直在看梁先生的文章，总是被感动，那字里行间对祖国对中国建筑文物的爱，透过纸背还是如此真挚和浓烈。梁思成先生是中国最优秀的知识分子的代表，我们永远也不应该忘记他。

责任编辑：王飞宁

2012.11.8

余音绕梁

梁思成（1901-1972），中国著名建筑历史学家，建筑教育家和建筑师，中国建筑教育的奠基人之一，中国古建筑研究的先驱者之一。毕生从事中国古代建筑的研究和建筑教育事业。系统地调查、整理、研究了中国古代建筑的历史和理论，是这一学科的开拓者和奠基者。曾参加人民英雄纪念碑等设计，是新中国首都城市规划工作的推动者，建国以来几项重大设计方案的主持者，是新中国国旗、国徽评选委员会的顾问。

1906年，摄于日本东京，梁启超（左二）、梁思成（左一）、梁思顺（右一）和梁思永（右二）。照片上方为梁启超的亲笔题字：新民业报时代任公及顺成永三儿。

林徽因（右一）入培华女子学校时留影。

1920年，16岁的林徽因。

1923年，出国前夕的梁思成在用相机进行自拍。

梁思成、林徽因在美国宾夕法尼亚大学参加化妆舞会。

1927年，梁思成与林徽因在温哥华结婚。

1928年，梁思成与林徽因在欧洲度蜜月。

1929年，梁思成、林徽因测绘沈阳北陵。

梁思成在参观有梁思永参与的安阳考古现场时，头上戴着发掘出来的头盔留影。

1931年，梁思成与林徽因在北总布胡同三号安下了他们的第二个家，梁思成在家中看报。

梁思成与林徽因回到北平参加中国营造学社。

1933年前后,梁思成与儿女在北京北总布胡同。

梁思成、林徽因带领东北大学学生前往独乐寺考察。

梁思成在陕西考察时留影。

梁思成在测绘善化寺普贤阁斗拱后尾时留影。

林徽因在测绘唐代经幢。

1936年，梁思成、林徽因在天坛，修缮祈年殿的现场。

1950年，梁思成在病中与林徽因讨论国徽的设计图案。

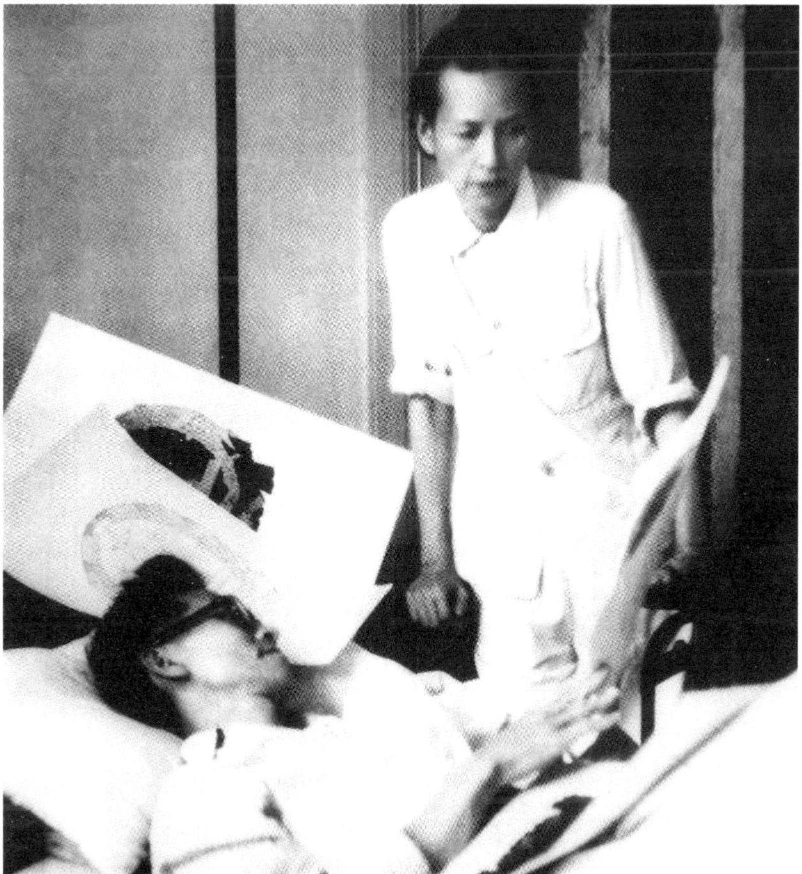

1952年9月14日，梁思成、林徽因夫妇会见英国建筑师斯金纳，此时林徽因已瘦弱不堪。（张祖道摄）

20世纪50年代，梁思成与苏联专家穆欣合影。

林徽因的墓由梁思成亲自设计，上面写着“建筑师林徽因”，墓碑上是她为人民英雄纪念碑设计的图案样板。

20世纪50年代，梁思成在捷克参加关于“城市建设”的会议。

20世纪50年代的梁思成。

20世纪50年代初，梁思成主持近现代建筑调查，在东交民巷圣米厄尔教堂前。

1954年，梁思成在胜英院家门口。

1953年6月，中国科学院访苏代表团团员梁思成先生回到清华大学后，建筑系学生到他家问候，梁先生把从苏联带回的工艺品给同学们观看并讲解。（张祖道摄）

梁思成教授领着清华建筑系学生为北京大学和清华大学加建教学楼和学生宿舍。1952年9月1日，梁先生又去工地指导同学们实地工作。（张祖道摄）

1962年，梁思成与林洙结为夫妻。

1962年，梁思成在清华12公寓家中。（张水澄摄）

1962年，梁思成、林洙与女儿林彤在香山。

1963年，梁思成与林洙在清华12公寓家中。

梁思成在书房中，墙上挂着的是杨廷宝和林徽因的绘画作品。

20世纪60年代，梁思成回新会老家。

从青春少年到沧桑老人，梁思成一生热爱祖国，为中国古建的研究和保护，拼尽全力，为中国建筑教育事业奉献了自己全部的知识和才华，他是中国最优秀的知识分子的代表，我们永远也不应该忘记他。

惊起梁尘

梁思成、林徽因在15年间对190个县2738处古建进行了调查，他们对众多的珍贵古迹和国宝进行了研究、拍摄、记录，终其一生致力于中国古建的研究和保护。他们从不计较个人得失，为祖国贡献了毕生的精力、智慧和才华。本书收录的文章基本反映了梁思成先生一生对于中国古建研究和保护的过程。尤其值得一提的是，本书收录了《关于中央人民政府中心区位置的建议》（即著名的“梁陈方案”）和《战区文物保护委员会文物目录》，这是梁思成先生在1949年后为之奋斗的两件大事。

曾有朋友说：“梁思成先生保护了日本的古都京都、奈良，但对保护好自己祖国的古都无能为力。”

[1] 本文为1946年梁思成赴美讲学时，应《美国大百科全书》之约所写，因为是用英文撰写的缘故，未在国内发表。直至2001年才首次在《梁思成全集》中与读者见面。——左川注

041

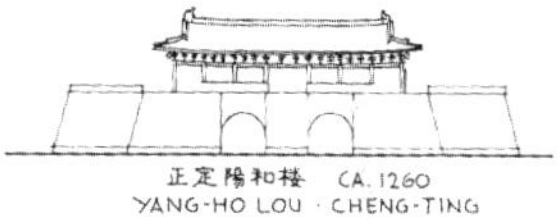

中国的艺术与建筑 [1]

建筑

中国古人从未把建筑当成一种艺术，但像在西方一样，建筑一直是艺术之母。正是通过作为建筑装饰，绘画与雕塑走向成熟，并被认作是独立的艺术。

技术与形式。中国建筑是一种土生土长的构筑系统，它在中国文明萌生时期即已出现，其后不断得到发展。它的特征性形式是立在砖石基座上的木骨架即木框架，上面有带挑檐的坡屋顶。木框架的梁与柱之间，可以筑幕墙，幕墙的唯一功能是划分内部空间及区别内外。中国建筑的墙与欧洲传统房屋中的墙不同，它不承受屋顶或上面楼层的重量，因而可随需要而设或不设。建筑设计者通过调节开敞与封闭的比例，控制光线和空气的流入量，一切全看需要及气候而定。高度的适应性使中国建筑随着中国文明的传播而扩散。

当中国的构筑系统演进和成熟后，像欧洲古典建筑柱式那样的规则产生出来，它们控制建筑物各部分的比例。在纪念性的建筑上，建筑规范由于采用斗拱而得到丰富。斗拱由一系列置于柱顶的托木组成，在内边它承托木梁，在外部它支撑屋檐。一

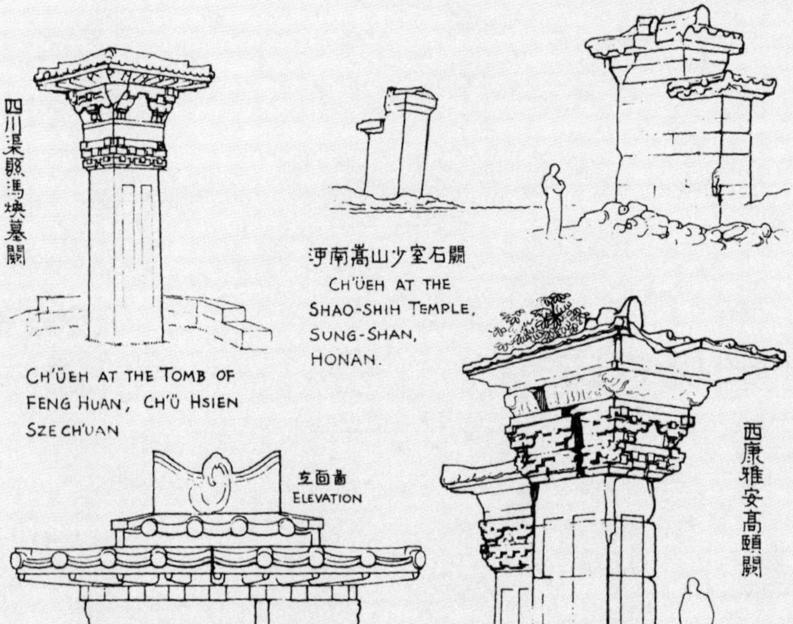

中国最古的建筑遗存是一些汉代的坟墓。墓室及墓前的门墩——阙，虽是石造的，形式却是仿木结构

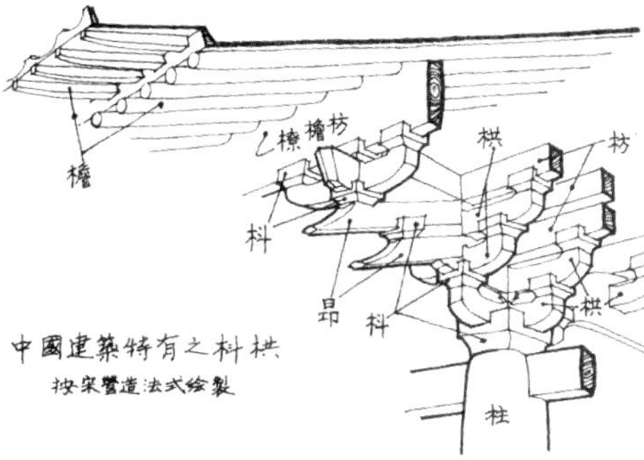

中国建筑特有之斗拱

攒斗拱中包括几层横向伸出的臂，叫“拱”，梯形的垫木叫“斗”。斗拱本是结构中有功能作用的部件，它承托木梁又使屋檐伸出得远一些。在演进过程中，斗拱有多种多样的形式和比例。早期的斗拱形式简单，在房屋尺寸中占的比例较大；后来斗拱变得小而复杂。因此，斗拱可作为房屋建造时代的方便的指示物。

由于框架结构使内墙变为隔断，所以中国建筑的平面布置不在于单幢房屋之内部划分，而在于多座不同房屋的布局安排，中国的住宅是由这些房屋组成的。房屋通常围绕院子安排。一所住宅可以包含数量不定的多个院子。主房大都朝南，冬季可射入最多的太阳光，在夏天阳光为挑檐所阻挡。除了因地形导致的变体，这个原则适用于所有的住宅、官府和宗教建筑物。

历史的演变。中国最古的建筑遗存是一些汉代的坟墓。墓室及墓前的门墩——阙，虽是石造的，形式却是仿木结构，高起的石雕显现着同样高超的木匠技艺。斗拱在如此早期的建筑中已具有重要作用。

在中国，至今没有发现在公元8世纪中叶以前漫长时期里所造的木构建筑。但从一些石窟寺的构造细部和它们墙上的壁画，我们可以大略知晓8世纪中期以前木构建筑的外貌。山西大同附近的云冈石窟建于公元452－494年；河南河北交界处的响堂山石窟和山西太原的天龙山石窟建于公元550－618年，它们是在石崖上凿成的佛国净土，外观和内部都当作建筑物来处理，模仿当时的木构建筑。陕西西安慈恩寺大雁塔西门门楣石刻（公元701－704年）准确地显示出一座佛寺大殿。甘肃敦煌公元6世纪到11世纪的洞窟的壁画中画的佛国净土，建筑背景极其精致。这些遗迹是未留下实物的时代的建筑状况的图像记录。在这样的图像中，我们也看到斗拱的重要，并且可以从中追踪到斗拱的演变轨迹。

这些中国早期建筑特点的间接证据，可从日本现存的建筑群得到支持。它们造于推古（公元593－626年）、飞鸟［飞鸟文化指6世纪中叶（公元552年）佛教传入日本至大化改新（公元645年）一百年间的文化］、白风［白风文化指大化改新（公元645年）至迁都奈良（公元710年）时间的文化］、天平［狭义指圣武天皇统治的天平时期（公元724－748年），广义指整个奈良时代（公元710－794年）］和弘仁（公元810－833年）、贞观（公元875－893年）时期，相当于中国的隋唐。事实上，到19世纪中期，日本的建筑像镜子一样映射着中国大陆建筑不断变化着的风格。早先的日本建筑可以正确地称之为中国殖民式建筑，而且那里有一些建筑物还真是出于大陆匠人之手。最早的是奈良附近的法隆寺建筑群，由朝鲜工匠建造，公元607年建成。奈良东大寺金堂是中国鉴真和尚（公元763年去世）于公元759年建造的。[1]

中国现存最早的木构建筑是山西省五台山佛光寺大殿。它单层七间，斗拱雄大，比例和设计无比地雄健庄严。大殿建于公元857年，在公元845年全国性灭法后数年。佛光寺大殿是唯一留存下来的唐代建筑，而唐代是中国艺术史上的黄金时代。寺内的雕塑、壁画饰带和书法都是当时的作品。这些唐代艺术品聚集在一起，使这座建筑物成为中国独一无二的艺术珍品。

唐朝以后的木构建筑保留的数量逐渐增多。一些很杰出的建筑物可以作为宋代和同时期的辽代与金代的代表。

A TEMPLE HALL OF THE T'ANG DYNASTY
AFTER A RUBBING OF THE ENGRAVING ON THE TYMPANIUM OVER THE WEST GATEWAY OF TA-YEN T'A, TZ'U-EN SSŬ, SI-AN, SHENSI
唐代佛殿圖 摹自陕西長安大雁塔西門門楣石畫像

唐代佛殿图，陕西西安慈恩寺大雁塔西门门楣石刻准确地显示出一座佛寺大殿

［1］原文Kondo of the Todaiji, Nara, 指奈良东大寺。鉴真所建为roshodai-ji, 唐招提寺。疑梁先生笔误。——吴焕加注

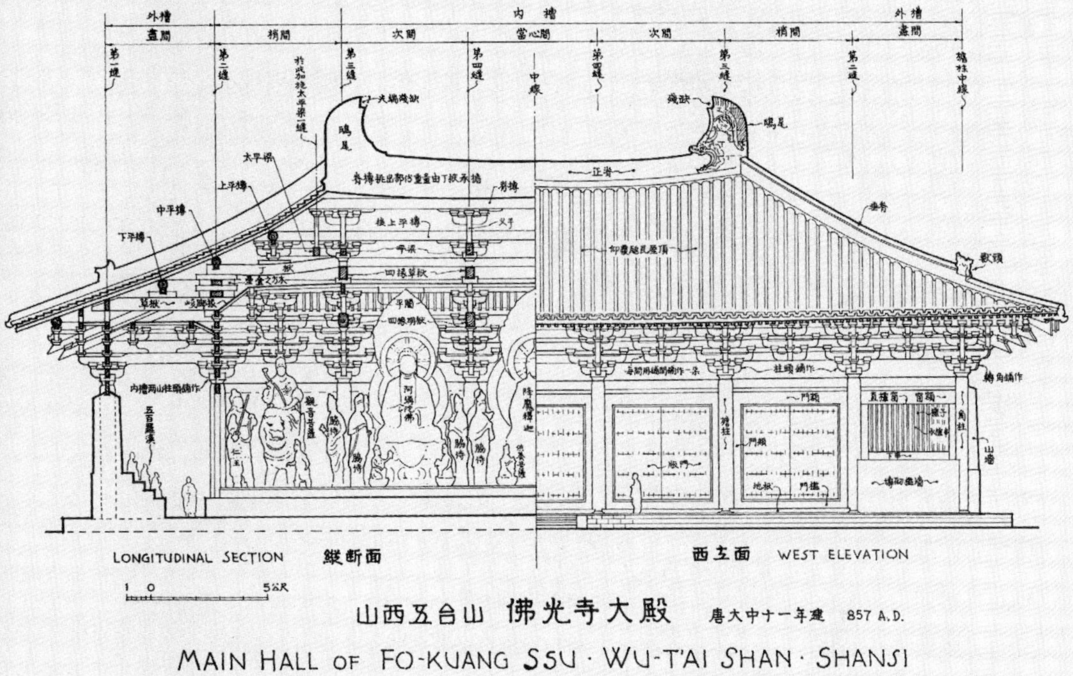

山西五台山佛光寺大殿纵断面立面手绘图

河北省蓟县独乐寺观音阁建于公元984年。这是一座两层建筑，当中立着一座有十一个头的观音像。两个楼层之间又有一个暗层，实际是三层。在观音阁上，斗拱的作用发挥到极致。

太原附近晋祠的建筑群建于1025年，两座主要建筑物都是单层，但主殿为重檐。大同华严寺大殿是一座巨大的单层单檐建筑，建于1090年，是中国最大的佛教建筑物之一。许多年后的1260年，河北曲阳的北岳庙建成，它的屋顶上部构件经过大量改建，但其下部及外观整体基本未变。

对上述这些建筑物的比较研究表明，斗拱与建筑物整体的比例越来越小。另一共同特点是越往建筑物的两边柱子越高。这一细致的处理使檐口呈现为轻缓的曲线（华严寺大殿是个例外），屋脊也如此，于是建筑物外观变得柔和了。

到了明朝，精巧的处理消失。这个趋势在皇家的纪念性建筑中尤其明显。北平以北40公里的河北省昌平县明朝永乐皇帝陵墓的大殿是突出的例子。它的斗拱退缩到无足轻重的地步，非近观不能看见。虽然明、清两代的个体建筑退步，但北平故宫是宏伟的大尺度布局的佳例，显示了中国人构想和实现大范围规划的才能。紫禁城用大墙包围，面积为3350英尺×2490英尺（1020米×760米），其中有数百座殿堂和居住房屋。它们主要是明、清两代的建筑。紫禁城是一个整体。一条中轴线贯穿紫禁城和围绕它的都城。殿堂、亭、轩和门围着数不清的院子布置，并用廊子连接起来。建筑物立在数层白色大理石台基上。柱子和墙面一般是刷成红色的。斗拱用蓝、绿和金色的复杂图案装饰起来，由此形成冷色的圈带，使檐下更为幽暗，显得檐部挑出益加深

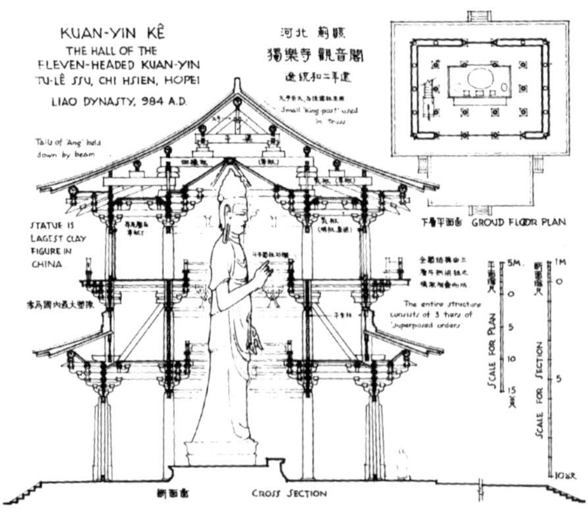

河北蓟县独乐寺观音阁手绘图

[1] 今以“塔”对应“巴高大”。——陈志华注

梁思成手绘的长清灵岩寺慧崇塔

北京北海公园永安寺塔

远。整个房屋覆在黄色或绿色的琉璃瓦顶之下。中国人对房屋整体所作的颜色处理，其精致与独创性举世无双。

多层木构建筑。因为材料的限制，高层木构建筑很少。北京天坛祈年殿是著名的高大木构建筑。这是一座圆形建筑，立在三层白色大理石基座上，上部为三层蓝色琉璃瓦顶，最高层束成圆锥形。顶尖高于地面108英尺（33米）。

最好的一个多层木构建筑是山西应县木塔，但不那么有名。它建于1056年，有五个明层和四个暗层，平面为八角形。木塔的每一层，不论明暗，都有完整的木构架。因此全塔由九个构架累积而成。其中每一构架都起支撑作用，没有多余之物。塔顶屋面为八角锥体，最上为铁铸塔刹。最高点距地面215英尺（65米）。虽然早期大多数塔为木塔，但应县木塔是该类型的塔的唯一留存者。

砖石塔。早期木塔大都消失了，留存下来的多是砖塔，也有少数石塔，它们经受了人为的和自然的损害。与一般人的看法相反。中国塔的设计并不是从印度传入的，它们是中国与印度两种文明交会的产物。塔身完全是中国的，印度因素只在塔刹部分可以见到，它来自窣堵坡（stupa），但已大大改变。许多的砖塔或石塔演绎着木塔原型，木塔才是中国传统建筑观念的体现。

中国砖石塔有五大类型：

单层塔。印度的窣堵坡是佛徒遗骸埋葬地的标志，而死去的僧人坟墓窣堵坡就叫“巴高大”（pagoda）[1]。6世纪到12世纪的坟墓窣堵坡大都做成单层小亭子似的建筑，上面有单檐或重檐。山东济南附近的四门塔建于公元544年，是最早的单层塔

的例子（它不是坟墓）。更典型的例子是山东长清灵岩寺的慧崇禅师塔墓。

多层塔。多层塔保持中国土生土长多层建筑的许多特点。日本尚有多层木塔屹立至今，中国只保存了此种类型的砖塔。西安附近的香积寺塔，建于公元681年，是最早和最好的例子。那是十三层的方塔，其中十一层保存完好。楼层用叠涩砖檐分划，各层外墙上用浅浮雕显示门洞、窗子之外，尚有简单而精细的浮雕壁柱和额枋，上承大斗。

宋代多八角形塔。墙上的壁柱常被省去。砖檐常由许多斗拱支撑。有些例子，如河北涿县的双塔（约1090年），是在砖塔上忠实地复制出木塔的外貌。

密檐塔。密檐塔似乎是单层塔而上面有多重檐口所形成的变体。外观上看，它有一个很高的主层，其上为密密的多重檐口。公元520年建的河南佛教圣地嵩山嵩岳寺塔，十二边形，十五层，是最早的实例。在唐代，这种塔全采用四方形。最杰出的一例是法王寺塔（约公元750年），也在河南嵩山。

9世纪中有了八角塔，到11世纪以后，这已经成了塔的标准形式。从10世纪到12世纪，在中国北方建造了大量的这种塔，檐下用斗拱装饰。最出名的一个例子是北平的天宁寺塔，建于11世纪，经过多次重修。

喇嘛塔（窣堵坡）。通过印度僧人，中国早就知道印度窣堵坡的原貌，但长期未移植于中国。后来，由于喇嘛教的传播，终于经过西藏来到中国建造，经过很大的变形。西藏喇嘛塔一般做成壶形，立在高高的基座上面。1260年由忽必烈下令建造的北平妙应寺窣堵坡是最好一例。后来它的壶状身躯变得细巧了，塔的颈部尤其如此。这

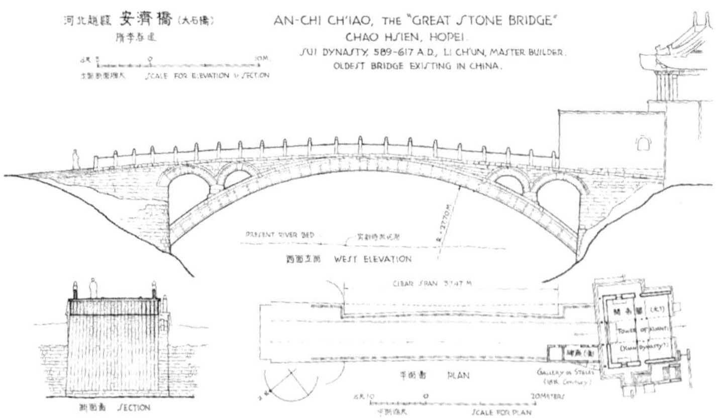

河北赵县安济桥手绘图

[1] 即卢沟桥。——陈志华注
[2] 总长度，原文如此。——陈志华注

庚子前后北京牌楼

个颈部原先像截了一段的锥形，后来渐渐像烟囱。这种后出的西藏式窣堵坡的一个典型例子是北平北海公园里的白塔，建于1651年。

金刚宝座塔（Diamond—Based Pagodas）。在一个基座上耸立数个塔，称金刚宝座塔。早在8世纪建造的河北省房山县云居寺塔是这种塔形的先兆。云居寺塔有一个宽阔的低台，上面立着一座大塔和四座小塔。到明代此种形制始臻于成熟。1473年建的北平西郊的五塔寺是一个绝好的作品，它使人以多种方式联想起爪哇的婆罗浮屠（Borobudur）。

牌楼。在中国大多数城镇和不少乡村道路上，都可见到称为牌楼的纪念性的大门。虽然牌楼纯粹是中国的建筑，但可以看到与印度桑契的窣堵坡围栏上的门有某种相似之处。中国南方多石牌楼，北方城镇的街道常有华丽的木牌楼。

桥梁。造桥在中国是一种古老的技艺。早期的例子是简单的木桥或是浮桥。直到4世纪中期以后开始用拱券跨过水流。中国桥梁建造最有名的一个例子是河北赵县的大石桥（即赵州桥）。它是一座敞肩拱桥（在主拱两头桥面以下的三角形部位，又开着小拱洞）。赵州桥的主拱跨度为123英尺（37米），建于中国隋代，是使现代工程师感到惊讶的工程奇迹。

最常见的一种拱桥可以北平马可波罗桥[1]为例，有许多桥墩。中国西南部的山区常用悬索桥。福建有许多用长长的石梁和石礅造的桥，有的总长度[2]可达70英尺（20米）。

绘　画

作为艺术的绘画，在中国首先作为装饰出现在旗帜、服装、门、墙及其他东西的表面上。早先的帝王们利用这种媒介的审美感染力和权势暗示力，得心应手地教化和统治人民。

唐以前的绘画。在汉代，绘画技术已趋成熟，壁画被用来装饰宫殿内部。公元前51年，汉宣帝（公元前73－公元前49年在位）命令为十一名在降服匈奴过程中立功的大臣和将军画像于麒麟阁内墙上。这件事表明画像在当时已被承认为一种艺术。当时的绘画不是画在墙壁上便是画在绢上。据记载，唐朝宫廷收藏了大批绢画，但实物没有留下来。

朝鲜的乐浪在公元108年至313年是中国的一个省的省会。那里的一处坟墓中出土一块有绘画的砖，现藏于美国波士顿美术馆。它让我们看到了当时汉帝国边疆省份的绘画作品。大批带有线刻和平浮雕的石板是汉朝壁画的特点的间接然而有价值的证物。

现存最早的中国画卷被认为是顾恺之（公元348－409年）的作品，现在珍藏于伦敦大英博物馆。顾恺之是东晋时的著名画家。那卷画可能是唐代的摹本，题名“女史箴”，画的内容是图解一系列道德箴言。人物用毛笔在绢上画成，线条精确流畅，但不画背景。人物形象和空间的表现在相当程度上保持汉朝画像石的古拙风格，但同时显露出5至6世纪佛教雕塑的主要特征。

唐代的绘画。绘画和别的艺术门类一样，在唐代进入繁盛期。阎立德和阎立本（约公元600－673年）兄弟二人各列一大串唐代大画家名单之首。立德兼作建筑家，立本是更大的画家。阎立本的《历代帝王图卷》现藏波士顿美术馆，其中许多笔意可追溯到顾恺之的画卷中去。

吴道子（公元680－759年）是最有名的中国画家，他是第一个把毛笔的灵活性发挥到极致的画家。他运用深浅不同的波动的线条表现三度空间的效果。摆脱早期线条的僵硬性，表现极为自由。每一个学中国画的学生都知道“吴带当风”之说，后继的画家因而更鲜活地表现运动。吴道子以他自由而纯熟的笔，在画中精妙地画出各式各样的题材，神和人，动物和植物，风景和建筑。据晚唐张彦远《历代名画记》记载，吴道子的壁画作品有三百件之多。大多数已经毁坏了。

在唐代，用壁画装饰寺庙墙壁蔚然成风。《历代名画记》记载了数百幅，其中有佛国净土和地狱，佛陀、菩萨、恶魔及其他神话人物，而这只是对长安和洛阳两个首都的寺庙壁画的记录。在其他城镇和名山圣地还有众多二流画家的作品。在中原省份这些壁画几乎早消失了，但是在丝绸古道上的敦煌石窟是有关边远省份佛教壁画的信息的富源。

到8世纪初，山水从人物画的背景独立出来，将要成为中国画中最高尚的一个品类。李思训（约公元651－716年）和他的儿子李昭道被普遍认为是山水画的解放者，被称为“大小李将军”，他们创立了“北派”或称“李派”山水画。其特点是采用精致而挺拔的线条，鲜艳的青色和绿色，重点的地方加上金或朱红色点。这种画极富装饰性，但稍有呆板之感，细致而辛苦地画出一切细节。当“大小李将军”在完善他们的风格时，吴道子在大同宫的墙壁上用墨和淡色作画，一天就完成了“嘉陵江三百里山水”，其技法与风格与“二李”作品迥异。

又过了大约半个世纪，诗人画家王维（公元701－761年）被认为是水墨山水画大家。他的作品的特点是自由而大胆，也与“二李”僵化的匠气风格成鲜明对照。王维善于表现雾和水，是成功地描绘大自然气氛的第一人。他被认为是画中有诗，诗中有画。他也有追随者。明代的评论家指出，王维是“南派”山水画的始祖，正如“二李”是“北派”的创立者。

唐代大画家还有曹霸、韩干（约公元750年），两人以画马著称。周日方和张萱（8世纪晚期）擅长画家庭生活及妇女。宋朝皇帝徽宗（1100－1126年在位）临摹的张萱的一个画卷，摹本现藏波士顿美术馆。

五代和宋朝的绘画。在混乱的五代，有一批艺术家风华正茂，他们是宋朝画家的先驱者。荆浩生活于唐末和五代之初，是大山水画家关仝的老师，他对宋代山水画有重大影响。贯休和尚活跃于公元920年前后[1]，擅长人物，尤善画罗汉。徐熙和黄筌是花鸟画家。

这一时期壁画虽不若唐代兴盛，但在北宋仍是常见。少数宋代壁画逃过劫难，留至后世，敦煌石窟有宋代壁画，是边陲的作品。

宋代宫廷画院中聚集了许多著名画家。如山水画家郭熙（约1020－1090年），黄筌的儿子也是花鸟画家的黄居。宋代初年的文人画家有李成和董源（10世纪末），

[1] 据《中国大百科全书·美术卷》，贯休生卒年为832—913年。——陈志华注

梁思成随手记录下古寺里的壁画上的乐伎形象

是山水画大家。范宽画山覆有厚厚的植被，河流两旁岩峰峥嵘。米芾（1051－1107年）的山水画云雾缭绕，高耸的山顶散落着短、平、宽的墨点，后世画者多有仿效。李公麟（1049－1106年）的作品现在西方很著名，他用线条画人和马，极其娴熟流畅，为笔墨技法的最高成就。

北宋末期，徽宗皇帝本人在艺术上有很高的造诣，他追求极端的自然主义。徽宗是艺术的保护人。不过尽管他比先前的君王更重视画院，画院却没有再出现伟大的画家。

南宋的画风仍盛，但佛教绘画退缩到几乎不见。其时佛教在其发源地印度近于消失。中国儒家学者无情地攻击佛教。佛教徒中禅宗成为主流。他们虽然不是彻底的偶像破坏者，但注重冥想而不重偶像崇拜。这时佛教画家偏爱的题材多是“月下湖畔的白衣观音”“沉思中的贤者”或“十六罗汉”之类。这一类作品脱出了早期佛教绘画要求庄严、对称的严格规矩的束缚。

在新理学和禅宗佛教统治之下，山水画成了画家们最喜爱的表现媒介。12世纪末到13世纪初，画院又产生一批著名的山水画家，其中有刘松年、梁楷（约1203年）、夏圭（约1195－1224年）和马远（约1190－1225年）。刘松年的青绿山水超过“二李”。梁楷善用线条画人物，背景中的山水也用线条画。但是南宋时期水墨山水画大家首推夏圭和马远二人。夏圭的《长江万里图》充分表现出他的大胆和力度。马远画作中地平线安排得靠下，更受西方人的赏爱。马远的山水画与夏圭不同，他表现一种静寂精致的情调，如云雾背景中的松树。每个学中国画的学生对此题材都极谙熟。在马远以前，画家总是把看见的东西都收入画内。马远的画只有几处山石和一两株树，构图简洁，细部略省，比包罗万象的作品更接近西方人对于风景画的观念，这深深影响到元代绘画。

元代绘画。年代较短的元朝有很多大画家。赵孟頫（1254－1322年）以画人物和马著称，但亦擅长山水，同时又是第一流的书法家。他的最著名的画是《鞍马图》。在元朝避官不仕的知识分子中，钱选（1239－1299年）是著名的花鸟画家。

吴镇（1280－1354年）、黄公望（1269－1354年）、倪瓒（1301－1374年）和王蒙（1385年卒）被推崇为元代四大家。他们都是山水画家。吴镇下笔厚重，但富有空间感，他也擅长画竹。与吴镇鲜明对照的是黄公望及倪瓒，此二人很少用渲染，多用枯笔。倪瓒尤其如此，他常画简单的对象以突出他的风格。王蒙风景画浓墨重笔，一笔一画极为工整。

明清绘画。明代离我们不远，留下较多的画作。壁画很少了，但有些留传至今，如北平附近的法海寺就有明代壁画，技艺相当不错。可是鉴赏家和评论者不把那些壁画看作艺术品，他们只把卷轴画看作艺术大家的作品。明代初期士人们努力仿效唐宋的绘画，但他们的作品的气质与唐宋大不相同。山水画家吴伟追学马远，却创立了“浙派”。边景昭（字文进，约1430年）和吕纪（约1500年）以花鸟画著称，风格接近黄筌和黄居。林良创立一个画派，作花鸟画特别流畅，类似速写。浙派的最重要的诠释者是戴进（字文进，约1389－1462年），本是画院画家，后受人嫉害被逐出画院。像当时所有的人那样，他追从宋代大师，尤重马远。结果却创立了自己的画派，画风简洁清新。

学院派和浙派都渐渐消失了。后者演变成所谓的“文人画”风格。明代文人画的四大代表者是沈周（1427－1509年）、唐寅（1470－1523年）、文征明（1470－1559年）和董其昌（1555－1636年）。仇英（约1509－1552年）原来学习漆画，是工笔画大师，他的作品细致地忠实地记录下当时日常生活的乐趣。明代画家有一个突出的共同点，即毛笔的运用极为熟练，笔画出不止是一根线或一小片洇墨，还表达出调子力度和精神。明代毛笔的运用达到完美的程度。

清代艺术承继了明代的传统。清初南派山水画的代表是“四王”，他们是王原祁（1642－1715年）、王鉴（1598－1677年）、王翚（1632－1717年）和王时敏（1592－1680年）。王时敏和王鉴师法董源和黄公望，是清代画家的先驱。王时敏以粗大笔触闻名。王翚是王时敏的弟子，在运笔上超越乃师。据认为他把南派和北派风格加以融合，他的老师称他为画圣。王原祁是王时敏的孙子，是四王中学问最大者，他最得黄公望的意境。王原祁以淡彩山水画著称。

陈洪绶（1598－1652年）创立一种绘画风格，看似无意，实则每笔均精心考虑精心落墨。仿效陈洪绶的人颇多，石涛善画山水及竹，也是一位看似“随意”的画家。这两人在明代末年已经成熟，他们活到清初，由于他们对后人的影响大，陈洪绶与石涛被视作清代画家。

雕 塑

雕塑，像建筑一样，在中国也未获得应有的承认，我们知道大画家的名字，但雕塑家都默默无闻。

早期的雕塑。最早的雕塑是在安阳商朝的墓葬中发现的。猫头鹰、老虎和乌龟是常见的雕刻母题，也偶有人的形象。那些大理石作品都是圆雕。有些就是建筑部件。表面装饰同那个时代的青铜器的纹样相同。石雕和青铜器在装饰纹样、基本形体和气质方面是一致的。出土的铜面具有的是饕餮，有的是人形。它们都铸造得很好。

公元前500年前后，青铜器开始以人和动物形体的圆雕作装饰题材。初时人像是正面跪姿，严格按照“正面律”制作。不久，艺术摆脱束缚去表现动作。总的看，人物造型矮而且呆板，而动物造型见出刀凿的运作精准有致，这是基于对自然的准确观察。

汉、三国、六朝。到汉代，雕塑在建筑上的重要性增加了。室内墙壁上有浮雕装饰，这可以从许多汉墓祭室中得到印证。犹如山东嘉祥武氏墓群，人和动物（狮、羊、吐火兽）的圆雕成对地排列在通往墓室、宫庙的大路两旁。山东曲阜的人像非常呆拙，粗糙，模糊一团，只大致有点像人形。而兽像则造型优美，雄壮而有生气。狮子和吐火兽常常有翼（考虑到中国早期建筑不用人像和兽雕保卫大门，这一做法很可能是在与北方和西方蛮族接触中从西亚传来的）。四川发现的汉阙常有鸟、龙、虎的浮雕，它们是装饰雕刻的上品。

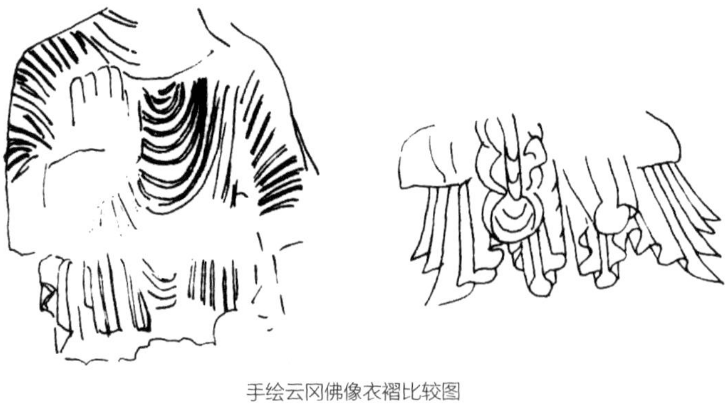

手绘云冈佛像衣褶比较图

南北朝时，佛教盛行，人像雕刻多起来。有一些5世纪的小佛像留传下来。第一批重要的纪念性雕像见于大同云冈，大同是北魏（公元386－535年）第一个首都。云冈石窟是印度石窟的中国翻版。除了一些装饰题材（叶饰、回文饰、念珠，甚至爱奥尼或科林斯柱头）和洞窟的基本形制外，看不出在雕刻上有什么印度或其他非中国的特点。固然有少数典型的印度式佛像，但群体还是中国的。

云冈石窟由皇帝下令于公元452年开始建造，但因首都南迁洛阳，而于公元494年突然停止。云冈的一部分石窟与印度的“支提”（Chaitya）十分相似。中间是圣坛或窣堵坡。建筑与雕塑则基本是中国式的。早期的较大的雕像有的高度超过70英尺（21米），粗壮结实，身上紧裹着有褶的服装。后来佛像变得苗条些，而头及颈部却几乎是圆柱形的。眉毛弯弯，与鼻梁相接。前额宽而平，在太阳穴处突然后折。眼是细长缝，薄唇，永远微笑，下巴尖尖的。这一特征多在同时期的小型铜佛像上见到。衣服不再紧贴，而是披挂在身上，在脚踝处张开，左右对称，衣褶尖挺如刀，像鸟翼似的张开（这并非偶然，这时期中国书法常有尖锋）。佛像组群中有菩萨像，在印度菩萨作公主般打扮，在中国则几乎取消全部装饰，只戴简单的头巾和一个心形项圈。有长长的肩带，穿过在大腿前的环。

公元495年，在洛阳附近的龙门，在伊川河的山岩上开始开凿龙门石窟，情形与大同云冈近似。这里的佛像头部更圆润而较少圆柱形，衣褶不那么尖了，仍然对称，但更流畅，富有高雅的装饰性。有些洞窟的墙面上有浮雕，一面是皇帝像，对面是皇后像，各有随从侍候，表现着最高级的构图。龙门的雕凿工作持续到9世纪后期。

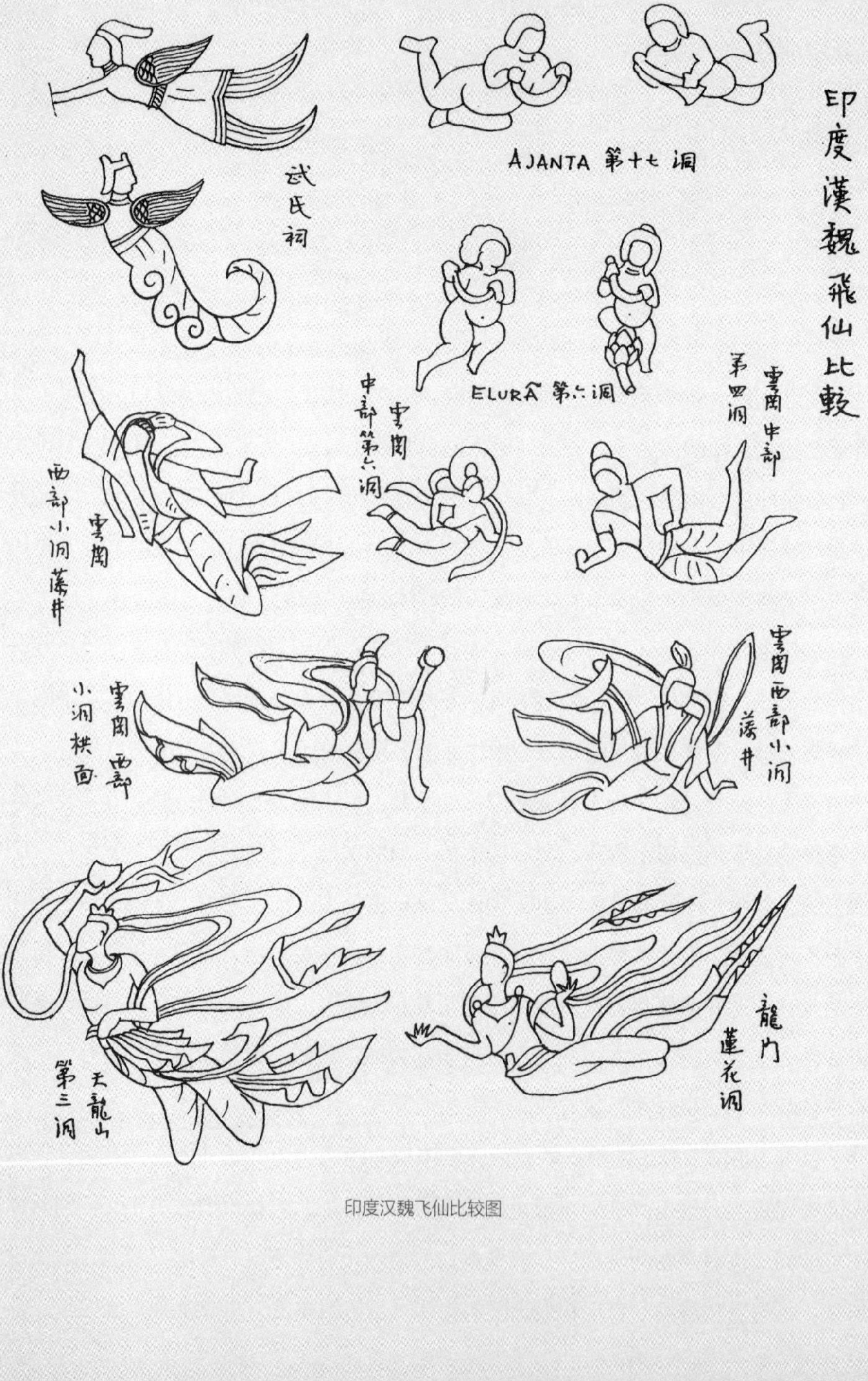
印度漢魏飛仙比較
武氏祠
AJANTA 第十七洞
ELURA 第六洞
雲岡中部第四洞
雲岡中部第六洞
雲岡西部小洞藻井
雲岡西部小洞藻井
雲岡西部小洞拱面
雲岡西部小洞藻井
天龍山第三洞
龍門蓮花洞

印度汉魏飞仙比较图

北齐（公元550－557年）统治者笃信佛教而过火。但在其统治的末期，方才开始开凿天龙山石窟，这些石窟里的大部分佛像站立着，头部是浑圆的，额头明显较低，眼睛虽然仍细但比较长，鼻与唇比较饱满。先前时期那种迷人的微笑几乎不见了，衣褶简单，直上直下。

隋与唐的雕塑。隋代立像的腹部独特地挺出。头占全身的比例变小，鼻子和下颚较以前丰满。眼睛仍细，但上眼皮凸出一些，显出其下的眼珠。这微微凸出的眼皮与眉毛下面的弧形平面相交形成柔和的凹沟。这交线像一张弓，重复了眉和眼睛的韵律。嘴变小了，造型精致的双唇使雕像微带笑意。颈子如截去尖端的圆锥体，从胸部突然伸出，与头部生硬相接。颈部中段横一道深深的皱褶。衣服上的衣褶自然，卷边非常精致，如来佛的服饰永远保持朴素，与之相反，菩萨的服饰变得华丽。头巾和项链上嵌着鬟石般的装饰。珠链从肩上垂下，间隔地挂着饰物，抵到膝部以下。

中国的雕塑，尤其是佛教雕塑，在唐代直抵顶峰。北魏开始的龙门石窟达到新的高度。在唐帝国版图之内，到处都热情地雕凿佛像。大约在9世纪末，中原的信徒们失去了对石窟的兴趣。敦煌石窟仍在继续，在中国中部，石窟开凿转移到四川，那儿有一些晚唐的石窟。在四川这一活动历经宋、元，延续到明代。

唐初与隋代的风格接近，很难明确区分。到7世纪中期，唐代自己的风格出现了。雕像更加自然主义了。大多数立像呈S形姿势，由一条腿平衡，放松的那条腿的臀部和同侧的肩部略向前倾。头部稍稍偏向另一边。躯体丰满，腰部仍细。菩萨的脸部饱满，眉毛优雅地弯曲，不像前一时期那样过分，很自然地呈弧形勾画出天庭。眉弓下也不再有凹沟。眼睛上皮更宽，眉下的曲面减窄。鼻子稍短，鼻梁稍短也稍低。鼻端与嘴稍近，嘴唇更有表情。发际移下，额头高度稍减，这时期的菩萨像的装饰不那么华丽了。头巾简化，头发在头顶上堆成高髻。服装更合身。仍然戴着珠串，但挂着的饰物减少了。

到8世纪初，出现一种非常人性化的如来佛像。他被雕凿成一个自我满足的，心宽体胖的俗世之人，下巴松弛，看不见颈子，有胖胖凸出的肚子。这是关于在菩提伽叶森林中行的苦行者的不寻常的观念。这样的佛像不多见，但就人体形象的雕凿而言是十分高超的。

唐末，在四川人迹罕至的地区的石窟中出现由新传播的密宗（或密教，意为秘密教派）搞的反映奇幻心理的偶像。不过人和服饰的处理与唐代传统相似。那里，一整片墙只描绘一个题材。

北齐雕像

龙门石窟唐代雕像，像全身微曲作s形

同时期在敦煌一再出现的描绘净土的壁画，用堆塑来表现，用单一的构图。这在先前的石窟雕塑中从未见过。

唐代雕刻家雕刻动物的技艺特别高超，许多作品藏在唐代帝王陵墓中的地下。欧洲和美国博物馆展出了小件作品。

宋代雕塑。唐朝之后，石造佛像几乎停止了。宋代庙宇中供奉的佛像是木刻的或泥塑的，偶尔也有用铜铸的。只有四川地区的石窟中例外。几乎没有铜佛像能在以后各时期逃避被熔化之祸而流传至今。最有名的例外是河北正定的70英尺高的铜观音，它由宋太祖（公元960－976年在位）下令铸造。泥塑佛像不计其数。极精美的一组在大同华严寺祭台上。河北蓟县独乐寺十一面泥塑观音像高60英尺（18米），风格十分接近唐代传统，是中国最高大的泥塑佛像。许多宋代木雕佛像流入西方博物馆。

宋代雕塑最突出之点是脸部浑圆，额头比以前宽，短鼻，眉毛弧形不显，眼上皮更宽，嘴唇较厚，口小，笑容几乎消失，颈部处理自然，自胸部伸出，支持头颅，与头胸之间没有分明的界线。

唐朝菩萨那种S形曲线姿势不见了。宋代雕塑虽然并不僵硬，但唐代那种轻松地支持体重并降低放松的那一侧身体的安闲相不是宋代雕刻者所能掌握的。禅宗搞出另一种观音像，她坐在石头上，一脚踏石，一脚垂下。这种复杂的姿势向雕刻家提出了处理身躯和衣褶的新问题。

南宋时期，四川石窟雕刻艺术衰落，尤其是菩萨像，此时日益显现为女身。服装过分华丽，珠宝、装饰太多。姿势僵硬，甚至冷淡，表情空漠。四川最好的作品是大足石刻中少女般的菩萨群像。

元、明、清雕塑。元代，喇嘛教从西藏传入中原，该教派的雕塑匠人也来了。他们影响了明、清的雕塑。他们的塑像大都交腿而坐，胸宽，腰细如蜂，肩方。头部短胖，前额重现全身的韵律。头顶是平的，上面有浓密的螺髻，是如来佛头顶上特有的疙瘩形发式。

明、清两代是中国雕塑史上可悲的时期。这个时期的雕像一没有汉代的粗犷；二没有六朝的古典妩媚；三没有唐代的成熟自信；四没有宋代的洛可可式优雅。雕塑者的技艺蜕变为没有灵气的手工劳动。

[1] 本文原载《建筑学报》1954年第1期。——左川注

063

中国建筑的特征[1]

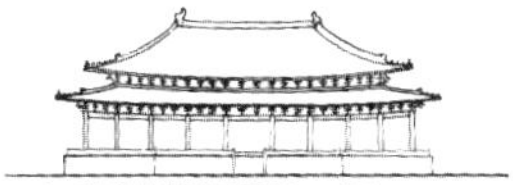

曲陽北嶽廟德寧殿 1270
MAIN HALL · PEI-YUEH MIAO · CH'Ü-YANG

中国的建筑体系是在世界各民族数千年文化史中一个独特的建筑体系。它是中华民族数千年来世代经验的累积所创造的。这个体系分布到很广大的地区：西起葱岭，东至日本、朝鲜，南至越南、缅甸，北至黑龙江，包括蒙古人民共和国的区域在内。这些地区的建筑和中国中心地区的建筑，或是同属于一个体系，或是大同小异，如弟兄之同属于一家的关系。

考古学家所发掘的殷代遗址证明，至迟在公元前15世纪，这个独特的体系已经基本上形成了。它的基本特征一直保留到了最近代。3500年来，中国世世代代的劳动人民发展了这个体系的特长，不断地在技术上和艺术上把它提高，达到了高度水平，取得了辉煌成就。

中国建筑的基本特征可以概括为下列九点。

（一）个别的建筑物，一般由三个主要部分构成：下部的台基，中间的房屋本身和上部翼状伸展的屋顶。

（二）在平面布置上，中国所称为一“所”房子是由若干座这种建筑物以及一些联系性的建筑物，如回廊、抱厦、厢、耳、过厅等等，围绕着一个或若干个庭院或天

井建造而成的。在这种布置中，往往左右均齐对称，构成显著的轴线。这同一原则也常应用在城市规划上。主要的房屋一般地都采取向南的方向，以取得最多的阳光。这样的庭院或天井里虽然往往也种植树木花草，但主要部分一般地都有砖石墁地，成为日常生活所常用的一种户外的空间，我们也可以说它是很好的“户外起居室”。

（三）这个体系以木材结构为它的主要结构方法。这就是说，房身部分是以木材做立柱和横梁，成为一副梁架。每一副梁架有两根立柱和两层以上的横梁。每两副梁架之间用枋、檩之类的横木把它们互相牵搭起来，就成了“间”的主要构架，以承托上面的重量。

两柱之间也常用墙壁，但墙壁并不负重，只是像“帏幕”一样，用以隔断内外，或分划内部空间而已。因此，门窗的位置和处理都极自由，由全部用墙壁至全部开门窗，乃至既没有墙壁也没有门窗（如凉亭），都不妨碍负重的问题；房顶或上层楼板的重量总是由柱承担的。这种框架结构的原则直到现代的钢筋混凝土构架或钢骨架的结构才被应用，而我们中国建筑在三千多年前就具备了这个优点，并且恰好为中国将来的新建筑在使用新的材料与技术的问题上具备了极有利的条件。

（四）斗拱：在一副梁架上，在立柱和横梁交接处，在柱头上加上一层层逐渐挑出的称作“拱”的弓形短木，两层拱之间用称做“斗”的斗形方木块垫着。这种用拱和斗综合构成的单位叫作“斗拱”。它是用以减少立柱和横梁交接处的剪力，以减少梁的折断之可能的。更早，它还是用以加固两条横木接榫的，先是用一个斗，上加一块略似拱形的“替木”。斗拱也可以由柱头挑出去承托上面其他结构，最显著的如屋

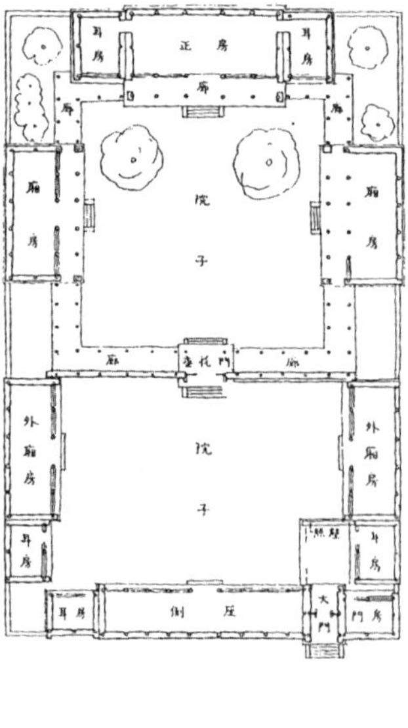

一“所”房子手绘示意图

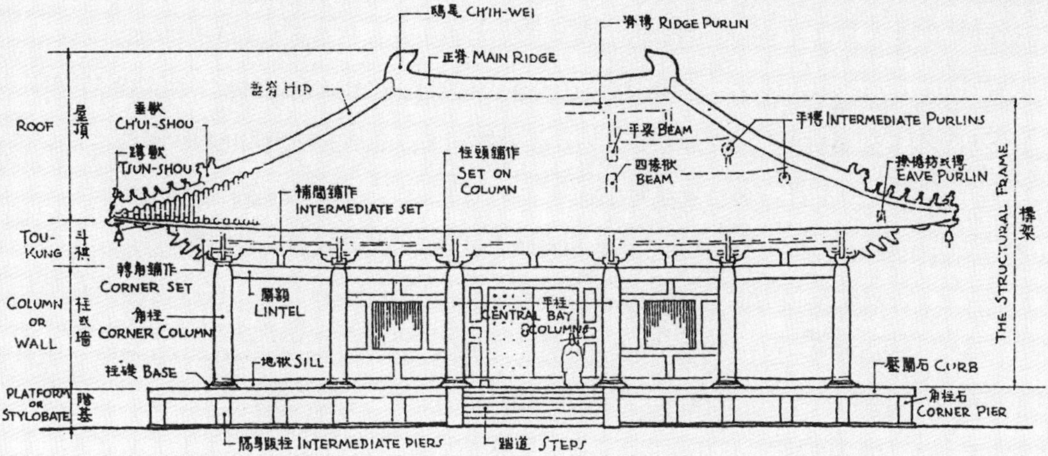

NAMES OF PRINCIPAL PARTS OF A CHINESE BUILDING

中國建築主要部份名稱圖

中国建筑主要部分的名称图

檐，上层楼外的“平坐”（露台），屋子内部的楼井、栏杆等。斗拱的装饰性很早就被发现，不但在木构上得到了巨大的发展，并且在砖石建筑上也被充分应用，它成为中国建筑中最显著的特征之一。

（五）举折，举架：梁架上的梁是多层的；上一层总比下一层短；两层之间的矮柱（或柁墩）总是逐渐加高的，这叫做“举架”。屋顶的坡度就随着这举架，由下段的檐部缓和的坡度逐步增高为近屋脊处的陡斜，成了缓和的弯曲面。

（六）屋顶在中国建筑中素来占着极其重要的位置。它的瓦面是弯曲的，已如上面所说。当屋顶是四面坡的时候，屋顶的四角也就是翘起的。它的壮丽的装饰性也很早就被发现而予以利用了。在其他体系建筑中，屋顶素来是不受重视的部分，除掉穹隆顶得到特别处理之外，一般坡顶都是草草处理，生硬无趣，甚至用女儿墙把它隐藏起来。但在中国，古代智慧的匠师们很早就发挥了屋顶部分的巨大的装饰性。在《诗经》里就有“如鸟斯革”“如翚斯飞”的句子来歌颂像翼舒展的屋顶和出檐。《诗经》开了端，两汉以来许多诗词歌赋中就有更多叙述屋子顶部和它的各种装饰的辞句。这证明屋顶不但是几千年来广大人民所喜闻乐见的，并且是我们民族所最骄傲的成就。它的发展成为中国建筑中最主要的特征之一。

（七）大胆地用朱红作为大建筑物屋身的主要颜色，用在柱、门窗和墙壁上，并且用彩色绘画图案来装饰木构架的上部结构，如额枋、梁架、柱头和斗拱，无论外部内部都如此。在使用颜色上，中国建筑是世界各建筑体系中最大胆的。

（八）在木结构建筑中，所有构件交接的部分都大半露出，在它们外表形状上稍稍加工，使成为建筑本身的装饰部分。例如：梁头做成“挑尖梁头”或“蚂蚱头”；额枋出头做成“霸王拳”；昂的下端做成“昂嘴”，上端做成“六分头”或“菊花头”；将几层昂的上段固定在一起的横木做成“三福云”等等。或如整组的斗拱和门窗上的刻花图案、门环、角叶，乃至如屋脊、脊吻、瓦当等都属于这一类。它们都是结构部分，经过这样的加工而取得了高度装饰的效果。

（九）在建筑材料中，大量使用有色琉璃砖瓦；尽量利用各色油漆的装饰潜力。木上刻花，石面上作装饰浮雕，砖墙上也加雕刻。这些也都是中国建筑体系的特征。

这一切特点都有一定的风格和手法，为匠师们所遵守，为人民所承认，我们可以叫它做中国建筑的“文法”。建筑和语言文字一样，一个民族总是创造出他们世世代代所喜爱因而沿用的惯例，成了法式。在西方，希腊、罗马体系创造了它们的“五种典范”，成为它们建筑的法式。中国建筑怎样砍割并组织木材成为梁架，成为斗拱，成为一“间”，成为个别建筑物的框架；怎样用举架的公式求得屋顶的曲面和曲线轮廓；怎样结束瓦顶；怎样求得台基、台阶、栏杆的比例；怎样切削生硬的结构部分，使同时成为柔和的、曲面的、图案型的装饰物；怎样布置并联系各种不同的个别建筑，组成庭院：这都是我们建筑上两三千年沿用并发展下来的惯例法式。无论每种具体的实物怎样地千变万化，它们都遵循着那些法式。构件与构件之间，构件和它们的加工处理装饰，个别建筑物与个别建筑物之间，都有一定的处理方法和相互关系，所以我们说它是一种建筑上的“文法”。至如梁、柱、枋、檩、门、窗、墙、瓦、槛、阶、栏杆、槅扇、斗拱、正脊、垂脊、正吻、戗兽、正房、厢房、游廊、庭院、夹道等等，那就是我们建筑上的“词汇”，是构成一座或一组建筑的不可少的构件和因素。

这种“文法”有一定的拘束性，但同时也有极大的运用的灵活性，能有多样性的表现。也如同做文章一样，在文法的拘束性之下，仍可以有许多体裁，有多样性的创作，如文章之有诗、词、歌、赋、论著、散文、小说等等。建筑的“文章”也可因不同的命题，有“大文章”或“小品”。“大文章”如宫殿、庙宇等等；“小品”如山亭、水榭、一轩、一楼。文字上有一面横额，一副对子，纯粹作点缀装饰用的。建筑也有类似的东西，如在路的尽头的一座影壁，或横跨街中心的几座牌楼等等。它们之所以都是中国建筑，具有共同的中国建筑的特性和特色，就是因为它们都用中国建筑的“词汇”，遵循着中国建筑的“文法”所组织起来的。运用这“文法”的规则，为了不同的需要，可以用极不相同的“词汇”构成极不相同的体形，表达极不相同的情感，解决极不相同的问题，创造极不相同的类型。

这种“词汇”和“文法”到底是什么呢？归根说来，它们是从世世代代的劳动人民在长期建筑活动的实践中所积累的经验中提炼出来，经过千百年的考验，而普遍地受到承认而遵守的规则和惯例。它是智慧的结晶，是劳动和创造成果的总结。它不是一人一时的创作，它是整个民族和地方的物质和精神条件下的产物。

由这“文法”和“词汇”组织而成的这种建筑形式，既经广大人民所接受，为他们所承认、所喜爱，于是原先虽是从木材结构产生的，它们很快地就越过材料的限制，同样地运用到砖石建筑上去。以表现那些建筑物的性质，表达所要表达的情感。

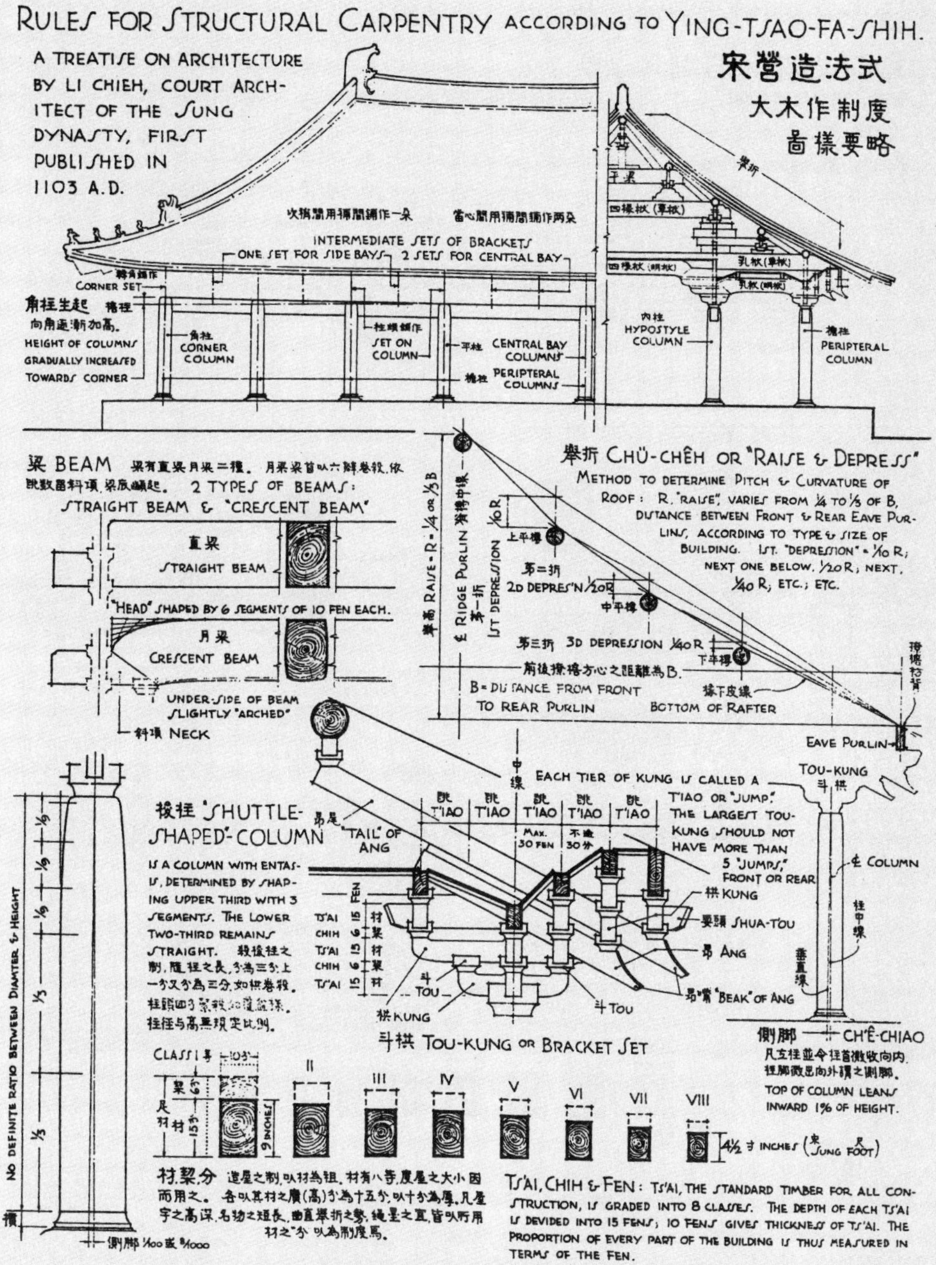

宋营造法式大木作制度图样要略

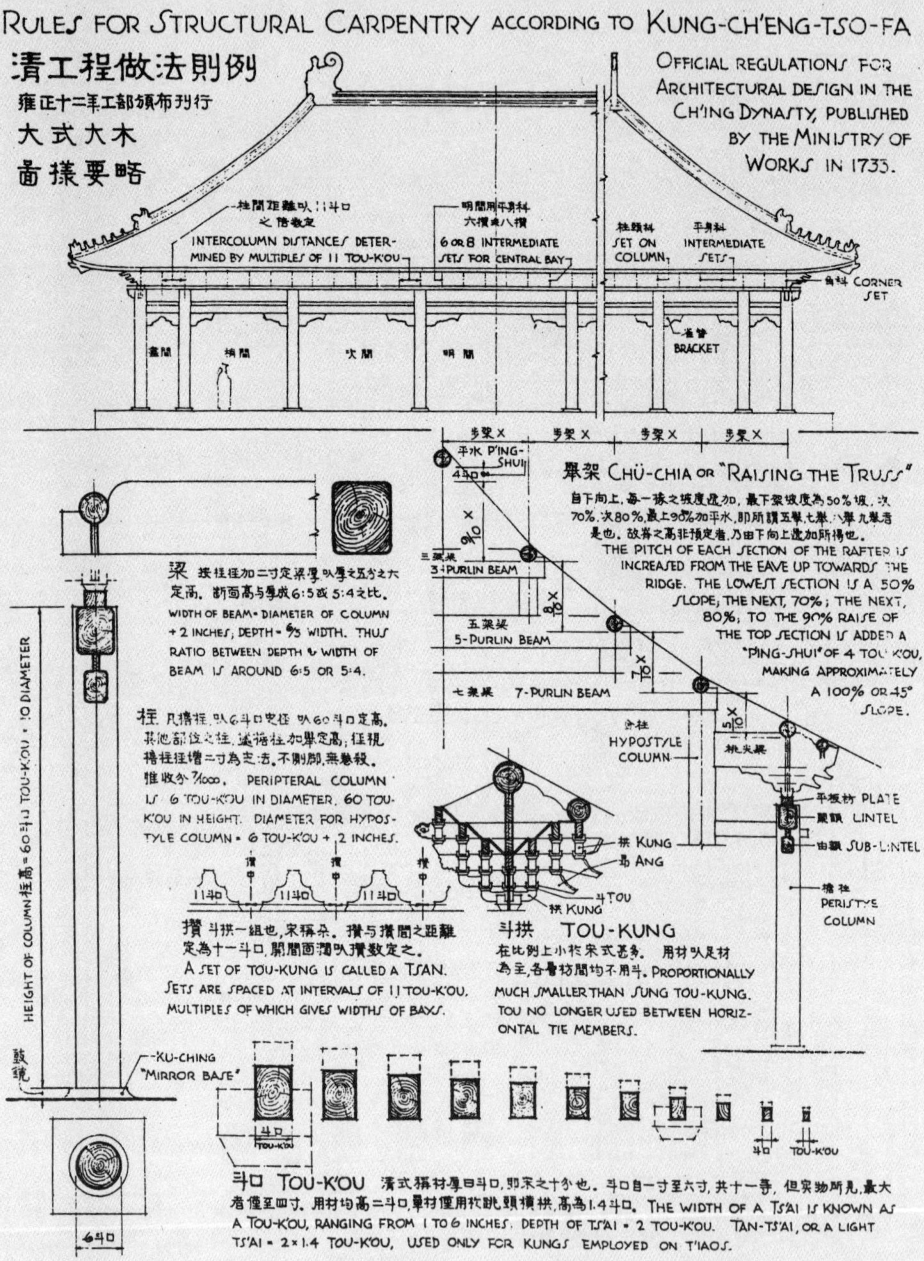

清工程做法则例大式大木图样要略

这说明为什么在中国无数的建筑上都常常应用原来用在木材结构上的“词汇”和“文法”。这条发展的途径，中国建筑和欧洲希腊、罗马的古典建筑体系，乃至埃及和两河流域的建筑体系是完全一样的；所不同者，是那些体系很早就舍弃了木材而完全代以砖石为主要材料。在中国，则因很早就创造了先进的科学的梁架结构法，把它发展到高度的艺术和技艺水平，所以虽然也发展了砖石建筑，但木框架还同时被采用为主要结构方法。这样的框架实在为我们的新建筑的发展创造了无比的有利条件。

在这里，我打算提出一个各民族的建筑之间的“可译性”的问题。

如同语言和文学一样，为了同样的需要，为了解决同样的问题，乃至为了表达同样的情感，不同的民族，在不同的时代是可以各自用自己的“词汇”和“文法”来处理它们的。简单的如台基、栏杆、台阶等等，所要解决的问题基本上是相同的，但多少民族创造了多少形式不同的台基、栏杆和台阶。例如热河普陀拉的一个窗子，就与文艺复兴时代无数的窗子“内容”完全相同，但是各用不同的“词汇”和“文法”，用自己的形式把这样一句“话”“说”出来了。又如天坛皇穹宇与罗马的布拉曼提所设计的圆亭子，虽然大小不同，基本上是同一体裁的“文章”。又如罗马的凯旋门与北京的琉璃牌楼，罗马的一些纪念柱与我们的华表，都是同一性质、同样处理的市容点缀。这许多例子说明各民族各有自己不同的建筑手法，建造出来各种各类的建筑物，就如同不同的民族有用他们不同的文字所写出来的文学作品和通俗文章一样。

我们若想用我们自己建筑上的优良传统来建造适合于今天我们新中国的建筑，我们就必须首先熟悉自己建筑上的“文法”和“词汇”，否则我们是不可能写出一篇中国“文章”的。关于这方面深入一步的学习，我介绍同志们参考清代的《工部工程做法则例》和宋代李诫（字明仲）的《营造法式》。关于前书，前中国营造学社出版的《清式营造则例》可作为一部参考用书。关于后书，我们也可以从营造学社一些研究成果中得到参考的图版。

[1] 此文写于1964年7月。手稿存原建筑工程部建筑科学研究院档案。——左川注

073

《中国古代建筑史》(六稿)绪论 [1]

这篇“绪论”概括地介绍了中国的地理、气候、建筑材料和它们对建筑的影响;介绍了中国的民族、民族关系以及汉民族之形成及其在各民族中的地位;叙述了中国社会的发展和各历史阶段中政治、经济、文化的发展和建筑发展的关系;扼要介绍了中国建筑的几个最主要的特征。

中国位于亚洲大陆东南部,面积约960万平方公里,是一个土地广阔,资源丰富,多民族,人口众多,历史悠久,具有丰富文化传统的国家。中国有约四千年的有文字记载的历史,而中国建筑的历史发展过程,不言而喻,当然要比史书记录的年代更古远得多了。从文化的曙光初放的时代起,一直到今天,中国的建筑,如同中华民族和中国文化的其他方面一样,一脉相承,从来没有间断过地发展着。

在这片广阔的土地上,不同地区的自然条件有着巨大的差别。从地形上来看,总的是山地多,平原少,西部地势高,东部渐渐低下。但是,其中又有悬殊的起伏:有世界最高的西藏高原和世界最低的新疆吐鲁番盆地;有峭壁深谷构成的横断山脉,有千里无涯的华北平原和蒙古、新疆高原;西北地区有旷无人烟的沙漠,东南一带又多

河流如织的水乡；西南和东北有密茂的森林和广阔的草原，华北一带是黄土平原。由西向东三条主要河流——黄河、扬子江、珠江——和贯通南北的大运河，润育着这辽阔的土地。

从气候方面来看，从南中国海到蒙古和西伯利亚的边境，南北将近四千公里，包括亚热带、温带和亚寒带。东南方多雨，西北和北方干旱。内陆高原地区，一年之内，甚至一日之内，寒暑剧变，而沿海地区则温差较小。新疆、内蒙古沙漠地区和华北黄土平原地区，受到每年春季季节风的影响，东南沿海各省又须提防夏秋来袭的台风。显然，不同地区的建筑，都必须适应当地特有的气候情况。

从中国传统沿用的“土木之功”这一词句作为一切建造工程的概括名称可以看出，土和木是中国建筑自古以来采用的主要材料。这是由于中国文化的发祥地黄河流域，在古代有密茂的森林，有取之不尽的木材，而黄土的本质又是适宜于用多种方法（包括经过挖掘的天然土质的洞穴、晒坯、版筑以及后来烧制成的砖、瓦等）建造房屋。这两种材料之掺合运用对于中国建筑在材料、技术、形式等等传统之形成是有重要影响的。至于山区，各种石料被广泛采用。西南的贵州省有很多用石柱石板建造的房屋。在森林山区，如古代在甘肃或陕西一带，《诗经》里就说当时的西戎“在其板屋”；今天云南西部，民居多采用井干式结构；长江以南，竹木房屋很多。由于广大地区自然条件和就地取得的材料之不同，就使得中国建筑在一个总的、统一的民族性之下又派生出丰富多彩的地方性。

古生物学者和考古学者的发掘和发现给我们揭示了中华民族的起源。北京周口店

[1] 各相关历史年代，据《辞海》2009年版载《中国历史纪年表》，夏代（公元前2070—公元前1600年），商朝（公元前1600年建立，至公元前1300年改称殷，公元前1046年灭亡），周朝（公元前1046—公元前256年），春秋时期（公元前841—公元前477年），战国时期（公元前476—公元前221年）。

著名的“北京猿人”的遗址说明，50万年前，我们的远祖已经在这地区居住。学者们肯定了周口店10万年前的山顶洞人和广西柳江的“柳江人”、四川资阳的“资阳人”、广西来宾的“麒麟山人”都已属于原始蒙古人种类型或已具有原始蒙古人种的特征。后三者都可能是旧石器时代晚期初叶的人类。

近年来，全国各地发现的旧石器时代遗址已有200处以上，而新石器时代遗址则在3000处以上。在发掘工作比较多的黄河流域，仰韶、龙山等文化典型遗址已经揭示了中国母系氏族公社发展期和父系氏族公社时期的基本面貌。至于发掘还不很多的长江流域、东南沿海以及东北、西北、西南等地区，原始文化的面貌和分布情况也已有了不同程度的认识。这些都是今天的中华民族的远祖和中国文化孕育形成时代的遗址，其中包括例如西安半坡村的仰韶文化时期（公元前3000年前后？）的房屋和聚落遗址。尔后几千年光辉灿烂的中国文化，包括中国建筑在内，作为它的一个重要的组成部分，就是从这些谦逊、质朴而茁壮的萌芽发扬壮大而成长起来的。这一切有力地说明了中国历史发展的悠久的连续性。

按照中国史籍中的古代传说，夏代（公元前2207－公元前1766年）[1] 以前是没有阶级、没有剥削的社会。夏朝的创造者禹以后则是财产私有、王位世袭的阶级社会。夏代正处于我国历史上由原始公社逐渐进入阶级社会的阶段。历史传说，当时中国遭受空前的大水灾，禹“卑宫室，致费于沟淢”。这启示当时的建筑和治水工程，可能已达到一定的水平。考古学者们认为，河南省的许多龙山文化遗址和郑州洛达庙类型的文化遗址可能就与夏朝的年代相当。河南、陕西的若干龙山文化遗址中曾发现了当时的房屋和聚落的遗址。这些房屋，在布局、材料、结构方面都是很原始的，和仰韶文化的原始建筑基本上没有重大的区别。显然，这些遗址并不代表当时最高的建筑水平。

中国的奴隶社会，到商朝（公元前1765年建立，至公元前1401年改称殷，公元前1122年灭亡）无疑地已经确立了，一直到周朝（公元前1121年－公元前249年）的“春秋”时期（公元前722年－公元前482年），也就是孔夫子的时期，奴隶社会才逐渐瓦解，开始进入封建社会。青铜器之使用和新的生产关系使得商殷时代的农业生产水平较之以前任何时期都有着显著的提高，从而促使手工业脱离农业而独立，并且促使技艺水平迅速提高。虽然当时青铜还是贵重金属，在农业生产中占主要地位的仍然是那些比较原始的，像马克思所说，在强使奴隶进行劳动的情况下必然使用的“……最粗糙最笨重，并且就因为笨重，所以不易损坏的工具——石制农具”，但在手工业技艺的生产，包括建造房屋这样的工艺性工作中，青铜工具之使用却起着巨大的作用。因此虽然商代早期居住遗址还是和仰韶、龙山文化的居住遗址基本上相同，但到了殷末，当青铜器已大量铸造的时代，建筑的规模和水平，如殷墟所见的宫殿和墓葬遗址所显示，都有了极大的发展，并且青铜也已用作建筑材料，如殷墟宫殿的柱础即是一例。我们还可以从殷墟宫殿遗址台基上行列整齐的柱础和烬余的木柱脚得出结论，中国后代典型木柱梁框架结构系统到了殷代已经基本形成了。

由于生产力的发展和阶级矛盾日益尖锐，都市及有关的防御设施也逐渐形成、发展起来。安阳围绕宫殿遗址的一段壕沟和郑州的一段夯土墙（有人认为是城墙）等，就是一些例证。

从这时代起，奴隶制度国家的政治、经济日益发展，各种手工业和建筑技术不断提高。社会阶级和等级的差别逐渐固定成制度，宫殿、住宅乃至城邑的大小制度也不例外。春秋时期有些贵族的建筑在规模上或者装饰、色彩上逾越等级，就受到孔子的谴责。这说明在从殷到春秋的十个世纪中，建筑不但在工程、材料、结构上有了很大的提高，而且它的艺术性已越来越显著了。

这时期的文献中，出现了“中国”和“四夷”之类的名词。上面提到《诗经》中“在其板屋”的西戎就是一例。这说明到了周朝，在中华民族形成的漫长历史岁月中，汉民族的主干地位已经确立。在尔后的三千年中，汉族和它的外围各民族，经过不断地接触、斗争、交流、融合，逐渐成长成为今天的汉族。中国的建筑，作为中国文化的一个重要组成部分，很自然地，主要的也是汉民族的建筑。但同时也必须明确，在它的整个历史发展过程中，整个中国文化，包括中国建筑在内，也是在不断吸收各民族的以及外国的影响而形成的。同时，汉民族的文化和建筑也不断地影响外围各民族乃至邻国。这种相互影响，一直到今天也没有间断过。

周朝末年的战国时期（公元前403年－公元前249年），中国开始进入封建社会。这一个半世纪的期间是中国历史发展过程中的一个重要转折点：社会、政治、经济、文化都发生了巨大变化。公元前594年鲁国“初税亩”的史实标志着封建制度之开始。一千年的奴隶制到这时期已经崩溃瓦解。铁器之使用为生产力带来巨大发展。周初数以百计的小封邦，经过700年的兼并，到战国时期已成为七国。又经过一个半世纪的不断的战争，终于在公元前221年，由秦始皇完成了统一中国的大业，在中国历史上出现了第一个中央集权的统一大帝国，成为以后一直到1911年的2160年间[1]（虽然其间曾经出现过若干次比较短期的分裂的局面）的国家机构的组织形式。

春秋、战国时期，亦即中国由奴隶社会转入封建社会的时期，出现了一个中国文化空前活跃的时代，出现了大量的思想家，形成许多学派，许多著作一直流传到今天。老子、孔子、墨子、庄子，孟子等，都是这时期最杰出的思想家。相应地在技术、艺术方面也空前繁荣。思想家们往往爱用工程技术方面的比喻来阐明他们的政治、哲学理论。中国最古的数学书《周髀算经》也是这时期的产物。墨子就有许多有关数学、物理以及军事工程的论述。这时期的巧匠鲁班、王尔已成为著名人物。一直到最近，鲁班还被中国的工匠们奉为匠作（craftmanship）之神。

由于兼并而形成的七国，比起过去零散的小封邦，在政治上、经济上以及技术力量上，都雄厚得多了。七国都在自己的首都营建宫殿。春秋时期开始形成的一些城市，到了战国时期获得了很大的发展。例如齐国（今山东省）的临淄，人口就有七万户（约三四十万人？），街道上“肩摩毂击”。类似的城市不在少数。显然，各国的建筑已形成了不同的形式和风格，因此秦始皇每灭一国，就“写仿其宫室，作之咸阳北阪上”。

统一的大帝国为建筑的发展创造了空前的有利条件。首都咸阳不但建造了规模空前、辉煌华丽的宫殿，而且在咸阳200里之内，修建270处离宫别馆。从规划构图的角度上，“表南山之巅以为阙”，利用数十公里外的天然地形组织到构图中来。这样

[1] 原文如此，疑为2132年间。——左川注

“超尺度”的构图观点正是这个伟大帝国的气魄的反映。战国时代各国所筑的长城，在北方边境的各段也在统一后连续起来了。

秦帝国的寿命并不长。秦始皇死后，立刻爆发了中国历史上的第一次农民革命，推翻了秦皇朝。公元前206年建立伟大的汉朝，前后持续了四百余年。公元220年，中国又分裂成三国（历史上称“三国时代”），至公元265年重新统一。

汉朝是中国封建文化的第一个高潮时期。新兴的封建制度已经确立，持续了几百年的战争已经结束，强大的中央政权已经建立，经济、文化得到巨大的发展。汉朝的军事力量也日益强大，遏止了北方的匈奴的南侵，开拓了通向中亚细亚的交通线，促进了东西贸易和文化的交流。这一切都为建筑的发展创造了极有利的条件。

根据史籍和考古学家发掘的遗址证明，汉的首都长安和皇宫都是规模巨大、庄严华丽的。虽然留存到今天的实物仅有少数的石室、石阙和大量的崖墓、砖墓，已经可以看到汉代建筑所达到的水平。通过这些砖石建筑还精确地反映了当时木结构的形式和石刻的高度水平，以及当时在制砖的工艺上和产量上的巨大提高和发展。从一些墓葬中的壁画和出土的铜器、玉器、陶器、漆器、陶俑、明器等还可以看到当时工艺、绘画、雕塑的高超成就。

从历史发展的过程看来，汉朝是一个经济、文化的高潮，秦朝正是它的“序曲”，而三国是它的“尾声”。今天中国的骨干民族——汉族——的名称，就是从这个朝代而得名的。

公元265年建立的晋朝只暂时统一了中国。统治阶级内部矛盾和西北游牧民族的入侵以及各地的农民起义使得中国又一次陷入战乱分裂的状态。鲜卑族在北方建立了强大的魏朝，迫使汉族统治者于公元318年，退到长江以南，形成南北对峙的局面，一直到公元581年才重新统一为隋朝。

这是一个充满了阶级矛盾和民族矛盾，生产力受到严重破坏的时期，但也是汉民族经过与外围民族三个世纪的接触中，吸收了新血液而进一步融合的时期。从公元304年至公元439年之间，除汉族外，五个外围民族先后在中国建立了16个国家。其中唯有鲜卑族在北方建立了长期的巩固的政权——魏朝。在那动荡的岁月里，人民的生活是痛苦的，甚至那些统治者自身的生命也没有保障。今天的胜利者明天就可能成为俘虏、奴隶。人们只能把幸福的幻想寄托在另一个世界。因此，在汉朝由印度传入中国的佛教到了第4世纪得到广泛的传播。统治阶级也发现它是一件麻痹人民斗争意志，巩固统治政权的有效政治工具，予以大力提倡。

在那样的政治、社会、经济情况下，佛教之传播对于中国建筑带来了巨大影响。中国原有的建筑体系已经成熟了。当时的匠师为了满足佛教的需要，就运用传统的结构和布局的方法，创造了许多宏伟庄严的寺塔。这些新的类型大大地丰富了中国古代的城市面貌和生活。原来城市里只有宫殿衙署和贵族府第之类的大型高质建筑，仅供统治阶级享受使用，现在却增加了许多巍峨的佛殿和高耸的佛塔，而且对广大人民是开放的。佛教建筑还带动了雕塑、绘画的发展。历史记载南朝的首都建康（今南京）有“四百八十寺”，北魏首都洛阳有一千多个佛寺，其中永宁寺木塔高达“一千尺”。许多著名的雕塑家和画家都在佛寺里塑造了佛像，画了壁画。许多西方的装饰花纹也用到传统的中国建筑上来。这一切说明当时佛教对于中国人民的生活、文化、艺术和建筑的影响是巨大的。这时期遗留下来的实物主要是从新疆一直到山东半岛上无数的石窟寺，一些墓葬和极少数的砖石塔。

尽管南北朝留存下来的实物（除石窟寺外）很少，但是从文献记载中可以看到木结构已达到极高水平，从中国现存最古的砖塔——公元520年建，高约40米的嵩岳寺塔以及南京附近的一些陵墓可以看到当时砖的生产有了巨大发展，技术和艺术方面都达到很高的水平，石刻方面的艺术水平更为中国美术史中写下辉煌的一章。从这些遗物也可以看出，尽管佛教的教义在中国人民的精神生活方面带来很大影响，但是中国的建筑（在结构上和形式上）、绘画、雕刻（主要是佛像）基本上还是沿着古来的传统形式和手法向前发展。这一点在建筑上尤为明显。

公元581年建立的隋朝重新统一了中国。三个半世纪的分裂战乱的局面结束了。比较安定的政治统一局面和土地的重新分配带来了经济繁荣。隋朝选择了长安作为它的首都，并在汉长安故址之东规划了新城——大兴城，修建了规模不大的宫殿，此外还开凿了由长江通到淮河、黄河的大运河。但是37年之后，在公元618年，隋皇朝就为唐朝所代替。中国历史上辉煌灿烂的一个朝代开始了。

新的政权除了分配土地，恢复农业生产外，官办手工业和民间手工业都有巨大发展，质量更加提高。地方行业组织促进了国内和国外贸易。许多内陆和沿海城市空前繁荣起来。国际贸易和文化交流丰富了中国的物质和精神生活。到印度研究佛教教义的高僧玄奘就是这时期的人。著名诗人李白、杜甫，画家吴道子，雕刻家杨惠之等也都是这时代的人。唐朝是中国封建社会经济、文化突出发展的时期。唐代的中国也是当时世界上最强大，经济、文化最发达的国家。

作为政治、经济、文化的综合反映，唐代的建筑也出现了突出的高峰，在隋大兴城的基础上，当时世界上最大的、规划最完善的都城——长安，建造起来了。近年来对于城墙和宫殿遗址的发掘证明了文献中所记载的宏伟规模和富丽的建筑。这时期遗留下来大量石窟寺，为数不少的砖塔，许多陵墓以及少数的木构殿堂和石桥都说明无论在技术或艺术方面都已达到完全成熟的阶段。

第8世纪中叶以后由于中央政权的腐化削弱，被剥削压迫的农民不断起义和地方掌握军权的官吏的叛乱，这个伟大的朝代走上了没落、瓦解、崩溃的道路，终于在公元906年灭亡。在尔后短短的半个世纪中，中国又陷入“五代十国”的分裂状态，直至公元960年，由于宋朝的建立而重新统一。

历史仿佛重演了一遍。战国为秦的统一打下基础，暂短的秦朝成了辉煌的汉朝的序曲，而三国是它的尾声。同样地，南北朝为隋的统一打下基础，暂短的隋朝成了伟大的唐朝的序曲，而以五代作为尾声而结束。假使说汉是中国封建文化的青春时期，那么，唐就是它全盛的壮年时期了。

宋朝从建国之初就受到北方日益强大起来的契丹族的威胁。契丹族建立的辽朝，占有东北、内蒙古以及黄河以北的一部分土地；羌族的西夏也占据了内蒙古西部地区，和宋朝形成一百多年对峙的局势。后起的女真族的金朝在公元1125年灭了辽朝，把汉族的宋朝赶到扬子江以南，历史上称之为南宋。中国再度出现了南北对峙的形

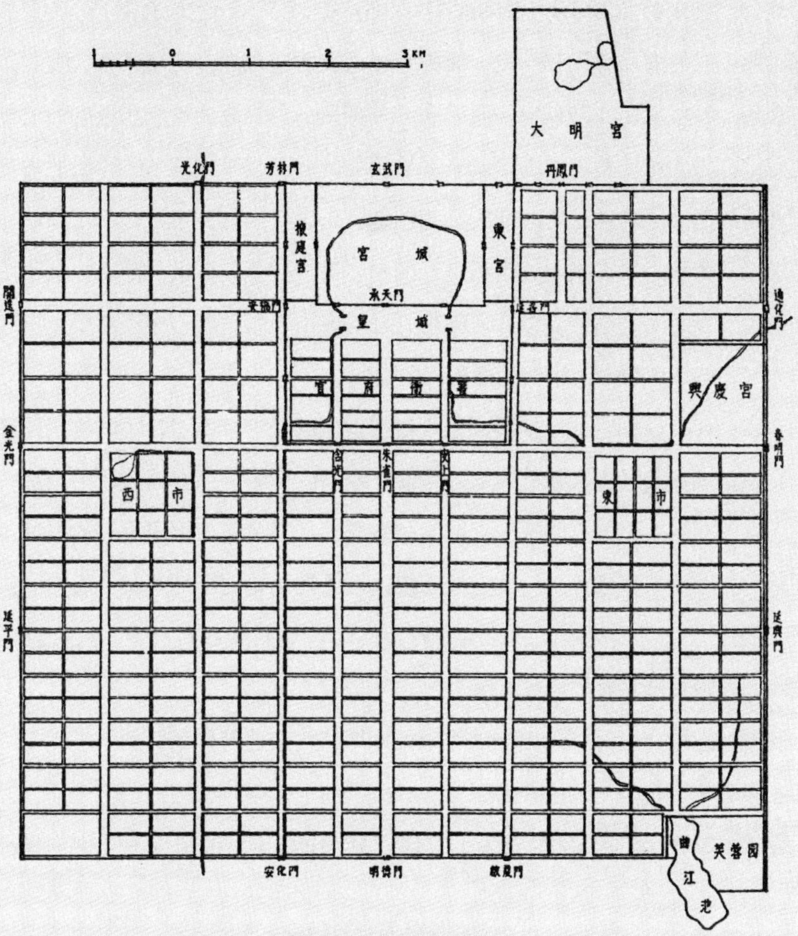
0 1 2 3KM
大明宮
光化門
芳林門
玄武門
丹鳳門
掖庭宮
宮城
東宮
承天門
開遠門
安福門
皇城
延喜門
通化門
官府衙署
興慶宮
金光門
春明門
西市
東市
含光門
朱雀門
安上門
延平門
延興門
安化門
明德門
啟夏門
曲江池
芙蓉園

圖一 唐長安城平面圖

势。公元1234年和公元1279年蒙古人先后灭了西夏、金和南宋。中国在蒙古族元朝的统治下重新统一了。

北宋、南宋前后300余年的期间是中国历史上又一个民族矛盾十分尖锐的时期。北宋时期，对峙的局势比较稳定。唐中叶以后发展起来的商业有了很大发展，促进了城市繁荣。五代末期，汴梁——后来宋的首都——已经成为一个重要的商业城。沿海一些城市也由于对外贸易而兴盛起来。手工业的分工越来越细致。矿冶业占着重要地位。火药和活版印刷也是这时期的发明创造。千余年来在城市之内又用高墙封闭的住宅坊里以及贸易必须在集中的市场进行的制度被打破了。分散的商店冲破了坊里的围墙，沿街开设起来；茶楼、酒店、旅馆、剧院也出现了。城市生活活跃丰富起来了。这就为宋朝的城市带来了崭新的面貌。

在百余年比较稳定的政治局面以及日趋繁荣的经济条件下，民间建筑出现了上述的新类型，统治阶级更大建其宫殿、苑囿、府第、庙宇。这些建筑之中，唯有佛寺、道观还有留存到今天的，除了个别殿堂和佛塔外，还有若干相当完整的组群。这时期的政治形势也反映在建筑上：北方辽朝统治地区的建筑更多地保留了唐代淳朴雄厚的风格，而南方宋朝统治地区的建筑则开始向轻巧华丽的方向发展。从这时期的遗物中，我们开始看出明显的地方风格。

从殷墟遗址中已经显示出来的木梁柱框架结构的建筑体系，到了唐代无疑地已经采用了标准化、定型化的设计施工方法。但是到了宋朝才给后世留下一部有关这方面的工程技术专著。北宋末叶（公元1103年）出版的《营造法式》是当时的皇室建筑师李诫编修的一部国家建筑规范。从这部书里可以看到当时已采用了模数制，按照封建制度的等级订定建筑等级，材料、施工都有定额，尤其能引起后世钦佩的是，从整座房屋到每一构件的详细规定和做法，都是将整体和个别构件的材料、结构、美观等因素综合考虑制订的。《营造法式》是中国古代有关建筑的最重要的一部专著。

蒙古人建立的元朝虽以征服者的姿态统治了全中国的汉族和其他民族一个世纪，但是各族人民在共同反抗阶级压迫和共同劳动的斗争中，进一步相互融合，政治、经济、文化上的关系更加密切了。边疆地区的落后经济得到了开发和提高。元代初年，战后的农业生产得到恢复，社会经济开始恢复繁荣。对外贸易和商业的发展，使南方许多城市保持了南宋以来的繁荣。泉州是当时的主要海港。

蒙古族的统治者充分地利用了宗教作为巩固他们的政权的政治工具。佛教、道教、伊斯兰教、基督教等都得到了统治者的保护和提倡。其中佛教和喇嘛教（佛教中的一个宗派）在元代占有特殊地位。西藏地区政教合一的统治正是在元朝统治下建立起来的。喇嘛寺庙因而也有了普遍的修建。西藏式的瓶形塔也是蒙古人从西藏介绍到中原地区的。元朝的统治者利用从中亚和中原地区俘虏的各族有技艺的工匠（事实上是工奴）兴办了各种官办手工业，使中国的工艺美术增加了许多外来因素。但元朝的建筑主要是由汉族工匠继承宋、金的传统建造的。

元朝对中国建筑的最重要的贡献是大都城——今北京城的前身——的规划和建造。如同隋唐的长安一样，大都在它自己的时代，是世界上规模最大，规划最完善的城市，它就是马可·波罗以无限敬佩的心情所记述的XANBALUC。它在很大程度上体现了《考工记》中所描绘的“王者之都”的理想。后来明清两朝的北京，以及今天中华人民共和国的首都，就是在它的基础上改建、扩建的。

元朝修建的佛寺、佛塔、道观，留存到今天的为数不少，由于蒙古族是一个游牧民族，原来没有固定的建筑，所以在他们的统治下，中国建筑还是沿着汉族几千年的传统发展。在许多寺、观中还保存了不少壁画和塑像。它们，和倪瓒、黄公望、赵孟頫等人的绘画和关汉卿等人的剧本、小说具体地说明，即使在当时那样种族歧视的外族统治下，中国传统文化仍以它旺盛的生命力向前发展着。

汉族农民的起义驱逐了蒙古统治者，于公元1368年建立了明朝。由于新兴的统治阶级出身于农民的汉族，民族尊严的重新建立和阶级矛盾有所缓和，都有力地推动了生产发展。明朝的统治者先建都于南京，15世纪初迁都北京。迁都以后，社会经济就进入一个全面发展时期。商业和手工业的发达以及人口的增加，促进了城市建筑的发展与建筑技艺的提高。砖、琉璃、玻璃等烧制工业有了很大发展。元代完成的南北大运河第一次使得有可能由遥远的四川、西康等地将高贵的木材——例如楠木之类，运来供应北京建筑的需要。在蒙古统治奴役下的工奴获得了解放，他们的创造性得到发挥。南京、北京的先后建设，促使大批工匠的南北调动和经验交流。这一切都为明代建筑之发展创造了有利条件。今天的北京城和它的故宫（其中还有相当部分的明代原建筑），以及各地许多府第、庙宇、民居为后世留下许多明代建筑的优秀范例。

16世纪初叶以后，统治阶级的日益腐朽和系派的争权夺利，已使明的统治岌岌可危。同时，东北兴起的满洲族日益强大。农民起义推翻了明朝的统治，但革命果实却

[1] 文艺复兴初期意大利著名建筑师伯鲁乃列斯基。——左川注
[2] 佛罗伦萨。——左川注

落入乘虚而入的满洲统治者手中。1644年，胜利的满洲人建立了中国历史上最后一个封建皇朝——清朝。

明朝建立的时代正是欧洲资本主义开始的时代。当北京的皇宫建成的时候，Brunelleschi[1]正在开始兴建Firenze[2]大教堂的穹隆顶。资本主义发展的影响到中国来了。葡萄牙人于1535年在澳门建立了在中国领土上的第一块外国殖民地。欧洲的自然科学以及欧洲的建筑也开始输入到中国来了。当然，建筑的影响，是需要更多的接触和很长的时间才能发生的。

清朝的统治持续了267年，于1911年为中国的第一个资产阶级民主革命所推翻。这是一个变化剧烈的朝代。

在和俄国的彼得大帝约略同时的康熙皇帝的统治下，中国今天的版图大致开拓奠定了。从黑龙江、蒙古一直到海南岛，从帕米尔高原、喜马拉雅山，一直到太平洋岸，之中居住着汉、满、蒙、藏、维吾尔等50多个民族，都已统一到大清帝国里来了。

和元朝蒙古族的统治者不同，清朝的满洲族统治者对于各民族采取了比较平等待遇的政策。在继承了中国（亦即汉族）传统的国家机构的组织形式和制度下，各族人民基本上都享有参加国家考试从而在政府中担任任何官职的权利。各民族都被允许保持他们自己的文字和风俗习惯。满族统治者取得了各民族统治阶级的合作和支持，使帝国的统一完整始终保持下来，为经济、文化、科学、艺术、技术的发展创造了良好条件。尽管如此，总的说来，统治民族和被统治民族之间，统治阶级和被统治阶级之

间毕竟存在着根本的不可调和的矛盾。18世纪中叶以后，各地各族农牧民的起义此起彼伏，到19世纪中叶中英鸦片战争以后，不久就爆发了声势浩大的太平天国革命。仅仅是由于英、美帝国主义的干涉，才使这个朝代免于倾覆。1840年以后，中国便转入了半封建半殖民地时代。本篇的叙述也到此为下限。

在以后的70年间，帝国主义国家竞相向中国侵略，各地不断爆发反帝反封建的起义，终于在1911年，资产阶级民主革命爆发，结束了中国历史上的最后一个封建皇朝。

清朝的统治者除了在血统上是满洲族外，在生活习惯和文化方面（除了服装之外），事实上已完全和汉族一样。清朝的政府机构和国家考试制度等，基本上还是明朝的继续。相应地，在建筑的发展过程中，明清两朝也基本上是一样，没有显著的差别。

在这500余年间，手工业和商业得到不断的发展。丝织业、烧瓷业等都达到极高的水平。资本主义的萌芽已经露头。到了18世纪，甚至出现了盐商分区包办全国食盐的供销，包纳盐税的垄断资本集团，并且形成政治势力。16世纪以后开始的远洋国际贸易促进了澳门、广州、宁波、上海等沿海城市的繁荣。随着欧洲商人东来的传教士——最初是耶稣会士（Jesuits）——也带来了欧洲的宗教和科学、技术。这一切都在默默地影响着中国古老的封建制度和经济、文化。在建筑方面，虽然在18世纪的圆明园中首次出现由郎世宁（Castilignone）、王致诚（Attiret）等设计、专供皇帝玩赏的巴洛克式（Baroque）组群，但是欧洲建筑以它的完全陌生的结构技术和新奇的

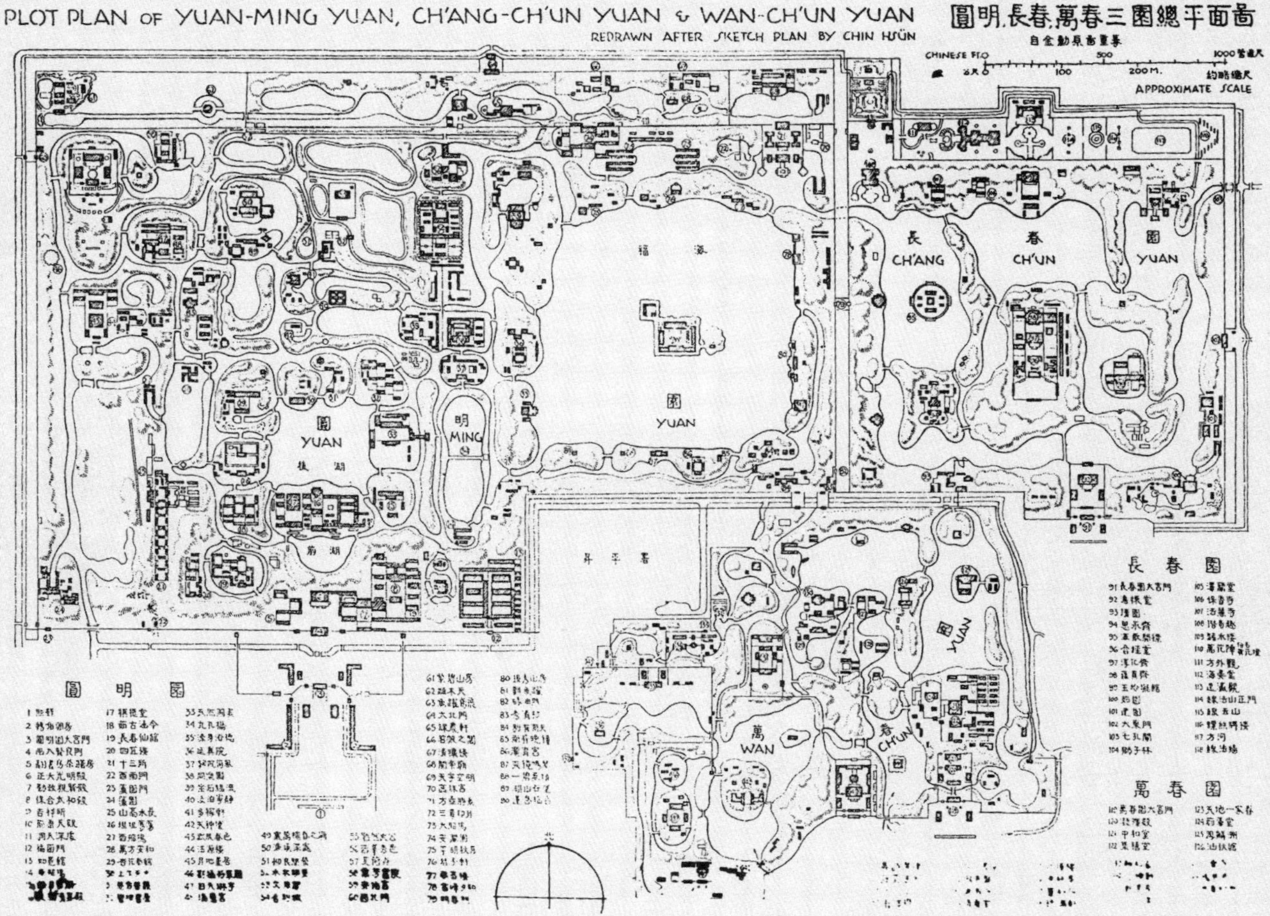

圆明、长春、万春三园总平面图

形式对于中国城市面貌的冲击，还是1840年以后的事。

这500余年间留存下来的建筑类型比过去更多了；留存下的实物更是遍及全国各地。明清两朝留下来许多完整的城市、宫殿、府第、住宅、陵墓、庙宇、园林、商店、作坊、桥梁等等。

明清的建筑，特别是在城市的规划，组群的布局，木梁柱框架的结构体系方面，是几千年传统的继续和发展。城市的规划，特别是首都北京的规划和皇宫的总体布局，都显示了中华民族和封建帝国的雄伟气概。但是在木构架的结构方面，若干过去曾经起着巨大作用的结构，例如斗拱之运用，有了明显的退化，几乎沦为纯粹的装饰；但这也正是当时工匠们明确要求框架的进一步简化的合理的发展。这类的变化就必然影响到建筑物的形象，和宋朝以前的建筑有着明显的区别。

尽管木框架结构是中国建筑主要的、并且是它所最独特的结构方法，但是砖石建筑也在这期间获得巨大发展。16世纪以后建造的许多砖拱殿堂以及遍布山西、陕西一带的砖拱民居，和过去砖只用于佛塔、陵墓等纪念性建筑的情况相比，不但反映了砖的生产的巨大发展，同时也反映了用砖技术的提高。

虽然从历史文献中我们知道造园的艺术到汉朝就已很发达，但是元朝、宋朝，更不用说以前的朝代，都没有给后世留下任何实例。但是明清两朝留下的园林，从皇帝的苑囿到私人的小园都不少。如同中国的建筑一样，中国园林也是自成一个独特的体系的，观赏性的小型建筑在中国园林中占有重要位置。中国园林和中国山水画有着不可分割的联系。我们甚至可以说：中国园林就是一幅幅立体的中国山水画。这就是中

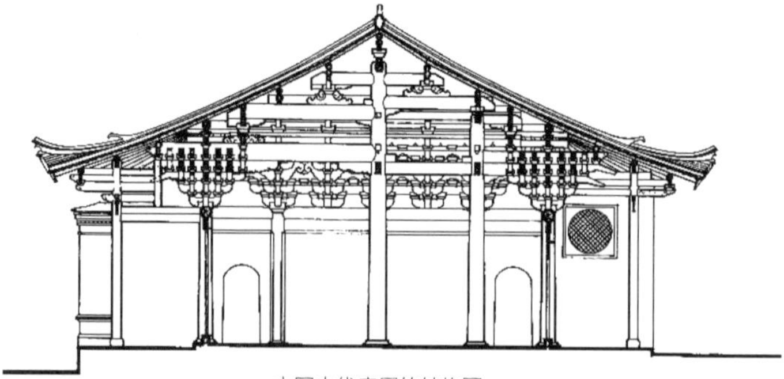

中国古代房屋的结构图

国园林最基本的特点。园林艺术是中国文化遗产中一颗明珠。18世纪以后，它对欧洲的园林设计曾发生了一定的影响。

1840年以后，中国的社会发生了根本性的变化。它的政治、经济、文化、科学、艺术都受到来自西方的猛烈冲击，建筑当然也不能除外。这一切我们将在《中国近代建筑》篇中叙述。

上文已经阐明，中国建筑是从中国文化萌芽时代起就一脉相承，从来没有间断过地发展到今天的。从发展的过程上说，必然先有个体房屋，然后有组群，然后有城市；必然从所掌握的建筑材料，先满足适用的要求，然后才考虑满足观感上的要求；必然先解决结构上的问题，然后才解决装饰加工的问题。从殷墟宫殿遗址，作为后世中国建筑体系的基本特征最早的“胚胎”时代的例证开始，在约3500年的发展过程中，这些特征就一个个、一步步地形成、成长，并在不断的实践中丰富发展起来了。在这漫长的但一脉相承、持续不断的发展过程中，中国的传统建筑形成了以下一些最突出的特征。

一、框架结构

在个体房屋的结构方面，采用木柱木梁构成的框架结构，承托上部一切荷载。无论内墙外墙，都不承担结构荷载。“墙倒房不塌”这句古老的谚语最概括地指出了中国传统结构体系的最主要的特征。这种框架结构，如同现代的框架结构一样，必然在平面上形成棋盘形的结构网；在网格线上，亦即在柱与柱之间，可以按需要安砌（或不安砌）墙壁或门窗。这就赋予建筑物以极大的灵活性，可以做成四面通风、有顶无墙的凉亭，也可以做成密封的仓库。不同位置的墙壁可以做成不同的厚度。因此，运用这种结构就可以使房屋在从亚热带到亚寒带的不同气候下满足生活和生产所提出的千变万化的功能要求。

上面的荷载，无论是楼板或屋顶，都通过由立柱承托的横梁转递到立柱上。如果是屋顶，就在梁上重叠若干层逐层长度递减的小梁，各层梁端安置檩条，檩上再安椽子，以构成屋面的斜坡，如果是多层房屋，就将同样的框架层层叠垒上去。可能到了宋朝以后，才开始用高贯两三层的长柱修建多层房屋。

一般的房屋，从简朴的民居到巍峨的殿堂，都把这框架立在台基上。台基有高有低，有单层有多层，按房屋在功能上和观感上的要求而定。

台基、按柱高形成的屋身和上面的屋顶往往是中国传统建筑构成的三个主要部分。当然这些都是一般的特征。必须指出，与框架结构同时发展的也有用砖石墙承重的结构，也有砖拱、石拱的结构，在雨量小的地区也有大量平顶房屋，也有由于功能的需要而不做台基的房屋。这是必须同时说明的。

二、斗拱

中国木框架结构中最突出的一点是一般殿堂檐下非常显著的、富有装饰效果的

[1] 为斗的俄文音注。——左川注
[2] 为拱的俄文音注。——左川注

一束束的斗拱。斗拱是中国框架结构体系中减少横梁与立柱交接点上的剪力的特有的部件（element），用若干梯形（trabizoidal）木块——斗（TYH）[1]和弓形长木块——拱（TYH）[2]层叠装配而成。斗拱既用于梁头之下以承托梁，也用于檐下将檐挑出。跨度或者出檐的深度越大，则重叠的层数越多。古代的匠师很早就发现了斗拱的装饰效果，因此往往也以层数之多少以表示建筑物的重要性。但是明清以后，由于结构简化，将梁的宽度加大到比柱径还大，而将梁直接放在柱上，因此斗拱的结构作用几乎完全消失，比例上大大地缩小，变成了几乎是纯粹的装饰品。

三、模数

斗拱在中国建筑中的重要性还在于自古以来就以拱的宽度作为建筑设计各构件比例的模数。宋朝的《营造法式》和清朝的《工部工程做法则例》都是这样规定的，同时还按照房屋的大小和重要性规定八种或九种尺寸的拱，从而订出了分等级的模数制。

四、标准构件和装配式施工

木材框架结构是装配而成的，因此就要求构件的标准化。这又很自然地要求尺寸、比例的模数化。传说金人破了宋的汴梁，就把宫殿拆卸，运到燕京（今天的北京）重新装配起来，成为金的皇宫的一部分。这正是由于这个结构体系的这一特征才有可能的。

五、富有装饰性的屋顶

中国古代的匠师很早就发现了利用屋顶以取得艺术效果的可能性。《诗经》里就有“作庙翼翼”之句。3000年前的诗人就这样歌颂祖庙舒展如翼的屋顶。到了汉朝，后世的五种屋顶——四面坡的庑殿顶，四面、六面、八面坡或圆形的攒尖顶，两面坡但两山墙与屋面齐的硬山顶，两面坡而屋面挑出到山墙之外的悬山顶以及上半是悬山而下半是四面坡的歇山顶——就已经具备了。可能在南北朝，屋面已经做成弯曲面。檐角也已经翘起，使屋顶呈现轻巧活泼的形象。结构关键的屋脊、脊端都予以强调，加上适当的雕饰。檐口的瓦也得到装饰性的处理。宋代以后，又大量采用琉璃瓦，为屋顶加上颜色和光泽，成为中国建筑最突出的特征之一。

六、色彩

从世界各民族的建筑看来，中国古代的匠师可能是最敢于使用颜色、最善于使用颜色的了。这一特征无疑地是和以木材为主要构材的结构体系分不开的。桐油和漆很早就已被采用。战国墓葬中出土的漆器的高超技术艺术水平，说明在那时候以前，油漆的使用已有了一定的传统。春秋时期已经有用丹红柱子的祖庙，梁架或者斗拱上已有彩画。历史文献和历代诗歌中描绘或者歌颂灿烂的建筑色彩的更是多不胜数。宋朝和清朝的“规范”里对于油饰、彩画的制度、等级、图案、做法都有所规定。中国古代的匠师早已明确了油漆的保护性能和装饰性的统一的可能性而予以充分发挥。

积累了千余年的经验，到了明朝以后，就已经大致总结成为下列原则：房屋的主体部分，亦即经常可以得到日照的部分，一般用“暖色”，尤其爱用朱红色，檐下阴影部分，则用蓝绿相配的“冷色”。这样就更强调了阳光的温暖和阴影的阴凉，形成悦目的对比。朱红色门窗部分和蓝绿色檐下部分往往还加上丝丝的金线和点点的金点，蓝绿之间也间以少数红点，使得彩画图案更加活泼，增强了装饰效果。一些重要的纪念性建筑，如宫殿、坛、庙等，上面再加上黄色、绿色或蓝色的光辉的琉璃瓦，下面再衬托上一层乃至三层的雪白的汉白玉台基和栏杆，尤其是在华北平原秋高气爽、万里无云的蔚蓝天空下，它们的色彩效果是无比动人的。

这样使用强烈对照的原色（primal colours）在很大程度也是自然环境所使然。在平坦广阔的华北黄土平原地区，冬季的自然景色是惨淡严酷的。在那样的自然环境中，这样的色彩就为建筑物带来活泼和生趣。可能由于同一原因，在南方地区，终年青绿，四季开花，建筑物的色彩就比较淡雅，没有必要和大自然争妍斗艳，多用白粉墙和深赭色木梁柱对比，尤其是在炎热的夏天，强烈颜色会使人烦躁，而淡雅的色调却可增加清凉感。

七、庭院式的组群

从古代文献、绘画一直到全国各地存在的实例看来，除了极贫苦的农民住宅外，中国每一所住宅、宫殿、衙署、庙宇……都是由若干座个体建筑和一些回廊、围墙之类环绕成一个个庭院而组成的。一个庭院不能满足需要时，可由多数庭院组成。一般多将庭院前后连串起来，通过前院到达后院。这是封建社会“长幼有序，内外有别”的思想意识的产物。越是主要人物或者需要和外界隔绝的人物（如贵族家庭的青年妇女）就住在离外门越远的庭院里。这就形成一院又一院层层深入的空间组织。自古以来就有人讥讽“侯门深似海”，但也有宋朝女诗人李清照“庭院深深深几许？”这样意味深长的描绘。这种种对于庭院的概念正说明它是中国建筑中一个突出的特征。

这种庭院一般都是依据一根前后轴线组成的。比较重要的建筑都安置在轴线上，次要房屋在它的前面左右两侧对峙，形成一条次要的横轴线。它们之间再用回廊、围墙之类连接起来，形成正方形或长方形的院子。在不同性质的建筑中，庭院可作不同的用途。在住宅中，日暖风和的时候，它等于一个“户外起居室”。在手工业作坊里，它就是工作坊。在皇宫里，它是陈列仪仗队摆威风的场所。在寺庙里，如同欧洲教堂前的广场那样，它往往是小商贩摆摊的“市场”。庭院在中国人民生活中的作用是不容忽视的。

这样由庭院组成的组群，在艺术效果上和欧洲建筑有着一些根本的区别。一般地说，一座欧洲建筑，如同欧洲的画一样，是可以一览无遗的，而中国的任何一处建

[1] 见《诗经·大雅·绵》。——左川注

筑，都像一幅中国的手卷画。手卷画必须一段段地逐渐展开看过去，不可能同时全部看到。走进一所中国房屋，也只能从一个庭院走进另一个庭院，必须全部走完才能全部看完。北京的故宫就是这方面最卓越的范例。由天安门进去，每通过一道门，进入另一庭院，由庭院的这一头走到那一头，一院院，一步步景色都在幻变。凡是到过北京的人，没有不从中得到深切的感受的。

八、有规划的城市

从古以来，中国人就喜欢按规划修建城市。《诗经》里就有一段详细描写殷末周初时，周的一个部落怎样由山上迁移到山下平原，如何规划，如何组织人力，如何建造，建造起来如何美丽的生动的诗章[1]。汉朝人编写的《周礼·考工记》里描写了一个王国首都的理想的规划。隋唐的长安、元的大都、明清的北京这样大的城市，以及历代无数的中小城市，大多数是按预拟的规划建造的。

从城市结构的基本原则说，每一所住宅或衙署、庙宇等等都是一个个用墙围起来的“小城”。在唐朝以及以前，若干所这样的住宅等等合成一个“坊”，又用墙围起来。“坊”内有十字街道，四面在墙上开门。一个“坊”也是一个中等大小的“城”。若干个“坊”合起来，用棋盘形的干道网隔开，然后用一道高厚的城墙围起来，就是“城市”。当然，在首都的规划中，最重要最大的“坊”就是皇宫。皇宫总是位于城的正中，以皇宫的轴线为城市的轴线，一切街道网和坊的布置都须从属于皇

宫。北京就是以一条长达8公里的中轴线为依据而规划、建造的。

宋以后，坊一级的“小城”虽已废除，但是这一基本原则还是指导着所有城市的规划。

当然，在地形不许可的条件下，城市的规划就须更多地服从于自然条件。

九、山水画式的园林

虽然在房屋的周围种植一些树木花草、布置一片水面是人类共同的爱好，但是中国的园林却有它特殊的风格。总地说来，可以归纳为中国山水画式的园林。历代的诗人画家都以祖国的山水为题，尽情歌颂。宋朝以后，山水画就已成为主要题材。这些山水画之中，一般都把自然界的一些现象予以概括、强调，甚至夸大，将某些特征突出。中国的传统园林一般都是这种风格的“三度空间的山水画”。因此，中国的园林和大自然的实际有一定的距离，但又是“自然的”，而不像意大利花园那样强加剪裁使之“图案化”的。玲珑小巧的建筑物在中国园林中占有重要位置，巧妙地组织到山水之间。和一般建筑布局相反，园林中绝少采用轴线，而多自由随意地变。曲折深邃是中国人对园林的要求。这一点在长江下游地区的一些私家园林尤为突出。

园林艺术在中国建筑中占有重要位置。它的特征是应该予以特别指出的。

[1] 本文原载1961年12月《清华大学学报》第八卷第二期。原有俄文提要从略。——左川注

099

中国的佛教建筑 [1]

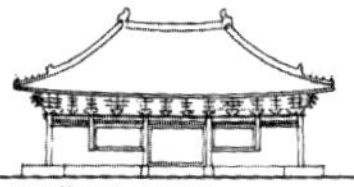

大同善化寺三聖殿 1118-43
FRONT HALL · SHAN-HUA SSU · TA-T'UNG

提要

这是为信仰佛教的外国读者写的一篇简要历史叙述，将佛教建筑在中国发展的全部过程作了概括性的介绍。

文中首先分析了佛教建筑最初开始的历史和社会根源，然后阐述了两晋、南北朝时代佛教传播的社会、政治因素以及由此而来的寺、塔建筑活动的情况，分析了佛教建筑对中国古代城市面貌和城市人民生活所带来的巨大影响，并说明即使像寺、塔这样的纯粹的精神建筑也是脱离不了当时、当地的政治、经济、社会环境所造成的条件的。

文章从石窟寺的建筑开始，叙述了敦煌、云冈、龙门、天龙山、响堂山等石窟，分析了它们的印度来源和到了中国以后怎样创造性地发展成为中国式的石窟寺。文中着重指出了这些石窟造像所受到帝国主义文化强盗的掠夺、破坏，并呼吁一切拥有丰富文化遗产的民族、国家提高警惕。

接着，文章介绍了从晚唐的南禅寺、佛光寺等一直到清代的若干座个别殿、阁

和辽、宋、金、元、明、清的若干佛寺组群，除了在它们的总体布局、结构和艺术手法方面扼要地分析外，还分析了其中有些建筑所受到的当时政治、经济和民族因素的影响。

佛塔是作为一个突出的建筑类型而加以阐述的。文章叙述了“塔”由印度传入后如何结合中国原有的高层木结构而创造一个新的类型以及在其后千余年间的发展，许多新的塔型的产生。由木塔转变为砖石塔的过程，当时的新材料、新技术对于塔的结构、形式和风格的影响也作了扼要的分析。文章里还追溯了蒙古、西藏、古代的契丹、女真等民族对于佛塔类型和艺术处理上的贡献。最后以北京灵光寺佛牙塔为例，说明了中国共产党的宗教政策的英明、正确。在若干重要建筑的叙述中，还特别指出党和政府对文物建筑的关怀、爱护。

文章的结束语着重指出佛教建筑，作为我国文化遗产的一部分，对于新中国建筑的发展，也将有很大的一份贡献。

佛教之传入和最初的佛教建筑

佛教是在公元1世纪左右，从印度经过现在的巴基斯坦、阿富汗，而传入中国的。在大约两千年的期间，佛教对于中国人民（这里指的主要是汉族人民）的思想、文化，以及物质生活都产生了很大的影响。这一切在中国的建筑上都有所反映，并且集中地表现在中国的佛教建筑上。

佛教传入中国的时候，中国文化，仅仅按照已经有文字的记录来说，就已经有了将近两千余年的历史。作为物质文化的一部分，中国建筑的历史实际上比有文字记录的历史要长若干倍。估计从石器时代开始，经过可能达到一两万年的长时间，一直到佛教传入中国时，中国的匠师已经积累了极其丰富的经验。在工程结构方面，形成了一套有高度科学性的结构方法。在建筑的艺术处理方面，也形成了一套特殊风格和手法，成为一个独特的建筑体系，那就是今天一般被称做中国建筑的这样一个建筑体系。在这些建筑之中，有住宅、宫殿、衙署、作坊、仓库等等，也有为满足各种精神需要的特殊建筑，如中国传统祭祀天地和五谷之神的坛庙，拜祖先的家庙，模拟神仙世界的仙山楼阁，迎接从云端下来的仙人的高台等等。中国的佛教建筑就是在这样一个历史基础上发展起来的。

相传在公元67年，天竺高僧迦叶摩腾等来到当时中国的首都洛阳。当时的政府把一个官署鸿胪寺，作为他们的招待所。“寺”本是汉朝的一种官署的名称，但是从此以后，它就成为中国佛教寺院的专称了。按照历史记载，当时的中国皇帝下命令为这些天竺高僧特别建造一些房屋，并且以为他们驮着经卷来中国的白马命名，叫做“白马寺”。到今天，凡是到洛阳的善男信女，或是游客，没有不到白马寺去看一看这个中国佛教的苗圃的。

公元200年前后，在中国历史上伟大的汉朝已经进入土崩瓦解的历史时期，在长江下游的丹阳郡（今天的南京一带），有一个官吏笮融，“大起浮图，上累金盘，下为重楼，又堂阁周回，可容三千许人，作黄金涂像，衣以锦采”（见《后汉书·陶谦传》）。这是中国历史的文字记载中，比较具体地叙述一个佛寺的最早文献。从建筑的角度来看，值得注意的是它的巨大的规模，可以容纳3000多人。更引起我们注意的就是那个上累金盘的重楼。完全可以肯定，所谓“上累金盘”，就是用金属做的刹；它本身就是印度窣堵坡（塔）的缩影或模型。所谓“重楼”，就是在汉朝，例如在司马迁的著名《史记》中所提到的汉武帝建造来迎接神仙的，那种多层的木构高楼。在原来中国的一种宗教用的高楼之上，根据当时从概念上对于印度窣堵坡的理解，加上一个刹——最早的中国式的佛塔就这样诞生了。我们可以看见在当时的历史条件下，在人民的精神生活所提出的要求下，一个传统的中国建筑类型，加上了一些外来的新的因素、就为一个新的要求——佛教服务了。

佛教之广泛传播和寺塔之普遍兴盛

从笮融建造他的佛寺的时候起，在以后大约4个世纪的期间，中国的社会、政治、经济陷入了一个极端混乱的时期。从辽东（今天中国的东北地区），从蒙古，从新疆，许多文化、经济比较落后的部落或民族，纷纷企图侵入当时文化、经济比较先进的，生活比较优裕安定的汉族地区。中国的北部，就是从黄河流域一直到万里长城一带，变成了一个广阔的战场。在这个战场上进行着汉族和各个外围民族的战争，也进行着那些外围民族之间为了争夺汉族的土地和财富的战争，也进行着被压迫的人民对于他们的残暴的不管是本族的还是外族的统治者的反抗战争。在这种情况下，广大人民的生活是非常痛苦的。他们的劳动成果不是被战争完全破坏，就是被外来的征服者或是本民族的残暴的统治者所掠夺，生活没有保障。就是在这些统治者之间，在战争的威胁下，他们自己也感到他们的政权，甚至于他们自己的生命，也没有保障。在苦难中对于统治者心怀不满的人民也对他们的残暴的统治者进行反抗。总之，社会秩序是很不安定的。在这种情况下，在困苦绝望中的人民在佛教里找到了安慰。同样地，当时汉族以及外围民族的统治者，在他们那种今天是一个胜利者，明天就可能变成一个战争俘虏沦为奴隶的无保障的生活中，也在佛教中看见了一个不仅仅在短短几十年之间的生命，同时他们还看到佛教的传播，对于他们安定社会秩序的努力也起了很大的作用。在广大人民向往着摆脱苦难的要求下，在统治者的提倡下，佛教就在中国传播起来了。在公元第4世纪，佛教已经传播到全中国。

在公元400年前后，中国的高僧法显就到印度去求法，回来写了著名的《佛国记》。在他的《佛国记》里，他也描写了一些印度的著名佛像以及著名寺塔的建筑。法显从印度回到中国之后，对于中国佛教寺院的建筑，具体地发生了什么影响，由于今天已经没有具体的实物存在，我们不知其详。不过可以肯定地说是发生了一定的影响的。在这个时期，很多中国皇帝都成为佛教的虔诚信徒。在公元419年，晋朝的一个皇帝，按历史记载，塑造了一尊16尺高的青铜镀金的佛像，由他亲自送到瓦棺寺。在第6世纪前半叶，有一位皇帝就多次把自己的身体施舍在庙里。后来唐朝著名的诗人杜牧，在他的一首诗中就有“南朝四百八十寺”这样一个名句。这说明在当时中国的首都建康（今天的南京），佛教建筑的活动是十分活跃的。与此同时，统治着中国北方的，由北方下来的鲜卑族拓跋氏皇帝，在他们的首都洛阳，也建造了1300多个佛寺。其中一个著名的佛塔，永宁寺的塔，一座巨大的木结构，据说有几层高，从地面到刹尖高1000尺，在100里以外（约50公里）就可以看见。虽然这种尺寸肯定地是夸大了的，不过它的高度也必然是惊人的。我们可以说，像永宁寺塔这样的木塔，就是笮融的那个“上累金盘下为重楼”那一种塔所发展到的一个极高的阶段。遗憾的是，这种木塔今天在中国已经没有一个存在。我们要感谢日本人民，在他们的美丽的国土上，还保存下来像奈良法隆寺五重塔那种类型以及一些相当完整的佛寺组群。日本的这些木塔虽然在年代上略晚几十年乃至一二百年，但是由于这种塔型是由中国经由朝鲜传播到日本去的，所以从日本现存的一些飞鸟、白凤时代的木塔上，我们多少可以看到中国南北朝时代木塔的形象。此外，在敦煌的壁画里，在云冈石窟的浮雕里，以及云冈少数窟内的支提塔里，也可以看见这些形象。用日本的实物和中国这些间接的资料对比，我们可以肯定地说，中国初期的佛塔，大概就是这种结构和形象。

在整个佛寺布局和殿堂的结构方面，同样的，我们也只能从敦煌的壁画以及少数在日本的文物建筑中推测。从这些资料看来，我们可以说，中国佛寺的布局在公元第4第5世纪已经基本上定型了。总的说来，佛寺的布局，基本上是采取了中国传统世俗建筑的院落式布局方法。一般地说，从山门（即寺院外面的正门）起，在一根南北轴线上，每隔一定距离，就布置一座殿堂，周围用廊庑以及一些楼阁把它们围绕起来。这些殿堂的尺寸、规模，一般地是随同它们的重要性而逐步加强，往往到了第三或第四个殿堂才是庙宇的主要建筑——大雄宝殿。大雄宝殿的后面，在规模比较大的寺院

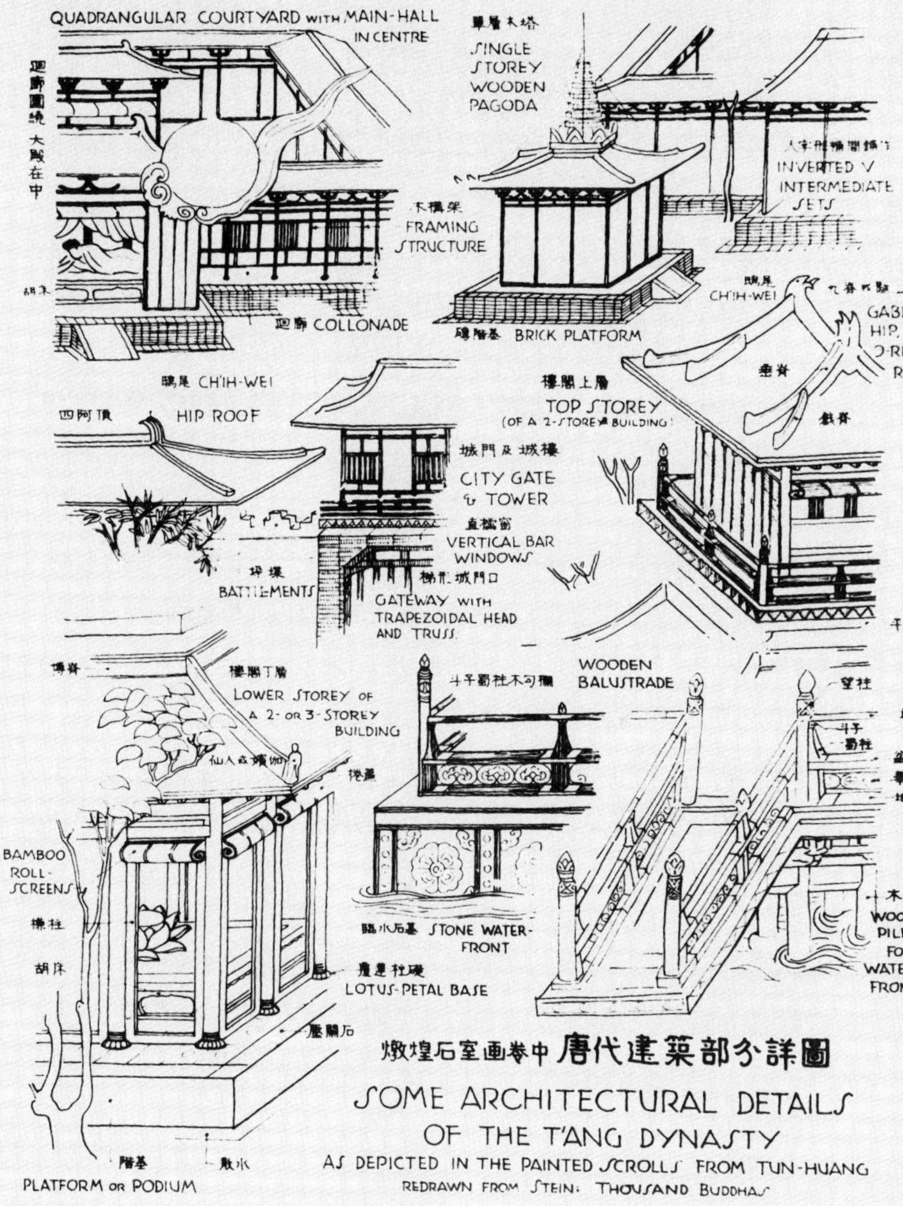

敦煌壁画中的唐代建筑部分详图

里可能还有些建筑。这些殿堂和周围的廊庑楼阁等就把一座寺院划为层层深入、引人入胜的院落。在最早的佛寺建筑中，佛塔的位置往往是在佛寺的中轴线上的，有时在山门之外，有时在山门以内。但是后来佛塔就大多数不放在中轴线上而建立在佛寺的附近，甚至相当距离的地方。

中国佛寺的这种院落式的布局是有它的历史和社会根源的。除了它一般地采取了中国传统的院落布局之外，还因为在历史上最初的佛寺就是按照汉朝的官署的布局建造的。我们可以推测，用寺这样一个官署的名称改作佛教寺院的名称，那么，在形式上佛教的寺很可能也在很大程度上采用了汉朝官署的寺的形式。另一方面，在南北朝的历史记载中，除了许多人，从皇帝到一般的老百姓，舍身入寺之外，还有许多贵族官吏和富有的人家，还舍宅为寺，把他们的住宅府第施舍给他们所信仰的宗教。这样，有很多佛寺原来就是一所有许多院落组成的住宅。由于这两个原因，佛寺在它以后2000年的发展过程中，一般都采取了这种世俗建筑的院落形式，加以发展，而成为中国佛教布局的一个特征。

佛寺的建筑对于中国古代的城市面貌带来很大的变化。可以想象，在没有佛寺以前，在中国古代的城市里，主要的大型建筑只有皇帝的宫殿，贵族的府第，以及行政衙署。这些建筑对于广大人民都是警卫森严的禁地，而且在形象上，和广大人民的比较矮小的住宅形成了鲜明的对比。可以想象，旧的城市轮廓面貌是比较单调的。但是，有了佛教建筑之后，在中国古代的城市里，除了那些宫殿府第衙署之外，也出现了巍峨的殿堂，甚至于比宫殿还高得多的佛塔。这些佛教建筑丰富了城市人民的生活，因为广大人民可以进去礼佛、焚香，可以在广阔的庭院里休息交际，可以到佛塔上面瞭望。可以说，尽管这些佛寺是宗教建筑，它们却起了后代公共建筑的作用。同时，这些佛寺也起了促进贸易的作用，因为古代中国的佛寺也同古代的希腊神庙、基督教教堂前的广场一样，成了劳动人民交换他们产品和生活用品的市集。另一方面，这些佛教建筑不仅大大丰富了城市的面貌；而且在原野山林之中，我们可以说，佛教建筑丰富了整个中国的风景线。有许多著名的佛教寺院都是选择在著名风景区建造起来的。原来美好的风景区，有了这些寺塔，就更加美丽幽雅。它本身除了宣扬佛法之外，同时也吸引了游人特别是许多诗人画家，为无数的诗人画家提供了创作的灵感。诗人画家的创作反过来又使这些寺塔在人民的生活中引起了深厚的感情。总的说来，单纯从佛教建筑这一个角度来看，佛教以及它的建筑对于中国文化，对于中国的艺术创作，对于中国人民的精神生活，都有巨大的影响，巨大的贡献。

文献中的早期佛教建筑

在两千年的发展过程中，中国的佛教建筑，经过一代代经验的积累，不断地发展，不断地丰富起来，给我们留下了很多珍贵的遗产。在不同的地区、不同的时代，由于不同的社会的需要，不同的技术科学进步，佛教建筑也同其他建筑一样，产生了许多不同的结构布局和不同的形式、风格。

从敦煌的壁画里，我们看到，从北魏到唐（从第5世纪到10世纪）这500年间，佛寺的布局一般都采取了上面所说的庭院式的布局。但是，建造一所佛寺毕竟需要大量的人力物力财力，因此，规模比较大，工料比较好，艺术水平比较高的佛教建筑，大多数是在社会比较安定，经济力量比较雄厚的时候建造的。佛寺的建造地点，虽然在后代有许多是有意识地选择建在远离城市的山林之中，但总的看来，佛寺的建造无论从它的地点来说，或者是从它的建造规模来说，大多数还是在人口集中的城市里，或者是沿着贸易交通的孔道上。除了上文所提到的建康的“南朝四百八十寺”以及洛阳的1300多寺之外，在唐朝长安（今天的西安）城里的110个坊中，每一个坊里至少有一个以上的佛寺，甚至于有一个佛寺而占用整个一坊的土地的（如大兴善寺就占靖善坊一坊之地）。这些佛寺里除造像外大部分都有塔、有壁画、有佛像。这些壁画和造像大多是当时著名的艺术家的作品。中国古代一部著名的美术史《历代名画记》里所提到的名画以及著名雕刻，绝大部分是在长安的佛寺里的。在此以前，例如在号称有高1000尺的木塔的洛阳，也因为它有大量的佛寺而使北魏的一位作家杨衒之给后代留下了《洛阳伽蓝记》这样一本书。又如著名的敦煌千佛洞就位于戈壁大沙漠的边缘上。敦煌的位置可以和19世纪以后的上海相比拟，戈壁沙漠像太平洋一样，隔开了也联系了东西的交通。敦煌是走上沙漠以前的最后一个城市，也是由西域到中国来的人越过了沙漠以后的第一个城市。就是因为这样，经济政治的战略位置，其中包括文化交通孔道上的战略位置，才使得中国第一个佛教石窟寺在敦煌凿造起来。这一切说明，尽管宗教建筑从某一个意义上来说，是一种纯粹的精神建筑，但是它的发展是脱离不了当时当地的政治、经济、社会环境所造成的条件的。

最古的遗物——石窟寺

现在我们设想从西方来的行旅越过了沙漠到了敦煌，从那里开始，我们很快地把中国2000年来的一些主要的佛教史迹游览一下。

敦煌千佛崖的石窟寺，是中国现存最古的佛教文物。现存的大约500个石窟是从公元366年开始到公元13世纪将近1000年的长时间中陆续开凿出来的。其中现存的最古的几个石窟是属于第5世纪的。这些石窟是以印度阿旃陀、加利等石窟为蓝本而模仿建造的。首先由于自然条件的限制，敦煌千佛崖没有像印度一些石窟那样坚实的石崖，而是比较松软的沙卵石冲积层，不可能进行细致的雕刻。因此在建筑方面，在开凿出来的石窟里面和外面，必须加上必要的木结构以及墙壁上的粉刷，墙壁上不能进行浮雕，只能在抹灰的窟壁上画壁画或作少量的泥塑浮雕。因此，敦煌千佛崖的佛像也无例外地是用泥塑的，或者是在开凿出来的粗糙的石胎模上加工塑造的。在这些壁画里，古代的画家给我们留下了许多当时佛教寺塔的形象，也留下了当时人民宗教生活和世俗生活的画谱。

其次，在今天山西省大同城外的云冈堡，我们可以看到在中国内地最古的石窟群。在长约1公里的石崖上，北魏的雕刻家们在短短的50年间（大约从公元450—公元500年）开凿了大约两打大小不同的石窟和为数甚多的小壁龛。其中最大的一座佛像由于它的巨大的尺寸就不得不在外面建造木结构的窟廊。但是，大多数的石窟却采用了在崖内凿出一间间窟室的形式，其中有些分为内外两室，前室的外面，就利用山崖的石头刻成窟廊的形式。内室的中部一般多有一个可以绕着行道的塔柱或雕刻着佛像的中心柱。从云冈的石窟看来，我们可以看到印度石窟这一概念到了中国以后，在形式上已经起了很大的变化。例如印度的支提窟平面都是马蹄形的，内部周围有列柱。但在中国，它的平面都是正方或长方形的，而用丰富的浮雕代替了印度所用的列柱。印度所用的圆形的窣堵坡也被方形的中国式的塔所代表。此外，在浮雕上还刻出了许多当时的中国建筑形象，例如当时各种形式的塔、殿、堂，等等。浮雕里所表现的建筑，例如太子出游四门的城门就完全是中国式的城门了。乃至于佛像、菩萨像的衣饰，尽管雕刻家努力使它符合佛经的以及当时印度佛像雕刻的样式，但是不可避免地有许多细节是按当时中国的服装来处理的。值得注意的是，在石窟建筑的处理上，和浮雕描绘的建筑上，我们看到了许多从西方传来的装饰母题。例如佛像下的须弥座、卷草、哥林多式的柱头、伊奥尼斯的柱头，和希腊的雉尾和箭头极其相似的莲瓣装饰，以及那些连环瓔珞等等，都是中国原有的艺术里面未曾看见过的。这许多装饰母题经过1000多年的吸收改变丰富发展，今天已经完全变成中国的雕饰题材了。

在公元500年前后，北方鲜卑族的拓跋氏统治着半个中国，取得了比较巩固的政治局面，就从山西的大同迁都到河南的洛阳，建立他们的新首都。同时也在洛阳城南的12公里的伊水边上选择了一片石质坚硬的石灰石山崖，开凿了著名的龙门石窟。我们推测在大同的50年间，云冈石窟已经成了北魏首都郊外一个不可缺少的部分，在政治上宗教上具有重要的意义，所以在洛阳，同样的一个石窟，就必须尽快地开凿出来。洛阳石窟不像云冈石窟那样采用了大量的建筑形式，而着重在佛像雕刻上。尽管如

云冈石窟全部平面图

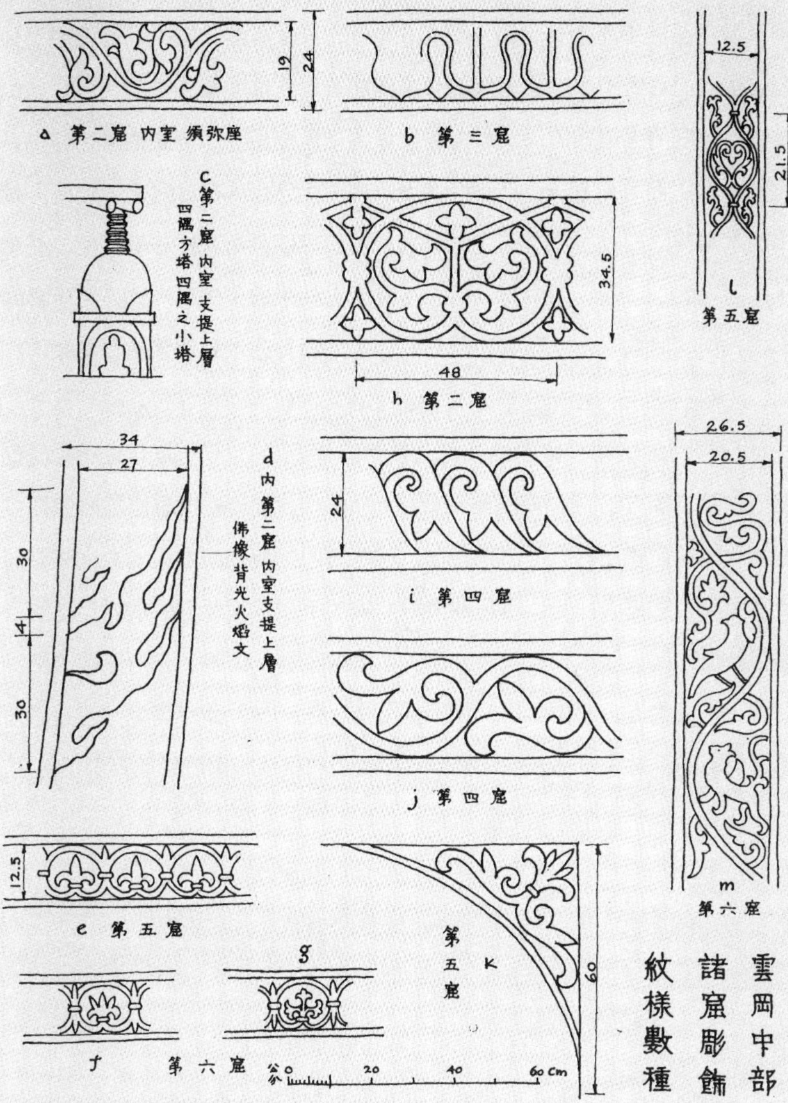

云冈中部诸窟雕饰纹样数种

此，龙门石窟的内部还是有不少的建筑艺术处理的。在这里，我们不能不以愤怒的心情提到，在著名的宾阳洞里两幅精美绝伦的叫做“帝后礼佛图”的浮雕，在过去反动统治时期已经被近代的万达尔（Vandals）——美国的文化强盗敲成碎块，运到纽约的都市博物馆里去了。

在河北省磁县的响堂山，也有一组第6世纪的石窟组群。这一组群表现了独特的风格。在这里我们看到了印度建筑形式和中国建筑形式的非常和谐的，但有些也不很和谐的结合。印度的火焰式的门头装饰在这里大量地使用。印度式的束莲柱也是这里所常看见的。在山西太原附近的天龙山也属于第6世纪，在石窟的建筑处理上就完全采用了中国木结构的形式。从这些实例看来，我们可以得出这样一个结论，石窟这一概念是从印度来的，可是到了中国以后，逐渐地它就采取了中国广大人民所喜闻乐见的传统形式；但同时也吸收了印度和西方的许多母题和艺术处理手法。佛教的石窟遍布全中国，我们不能在这里细述了。

在上面所提到的这些石窟中，我们往往可以看到令人十分愤慨的一些现象，在云冈、龙门，除了像宾阳洞的“帝后礼佛图”那样整片的浮雕或整座的雕像被盗窃之外，像在天龙山现在就没有一座佛像存在。这些东西都被帝国主义的文化强盗勾结着中国的反动军阀、官僚、奸商，用各种盗窃欺骗的手段运到他们的富丽堂皇的所谓博物馆里去了。斯坦因、伯希和在敦煌盗窃了大量的经卷，云冈、龙门无数的佛头，都被陈列在帝国主义的许多博物馆里，帝国主义文化强盗这种掠夺盗窃行为是必须制止的，是不可饶恕的，是我们每一个有丰富文化遗产的民族国家所必须警惕提防的。

洛阳北魏宁懋墓石室

佛光寺全景

唐代以来的佛寺组群和殿堂

前面已经说到，中国的佛寺建筑是由若干个殿堂廊庑楼阁等等联合起来组成的，因此每一所佛寺就是一个建筑组群，在这种组群里除了举行各种宗教仪式的部分以外，往往还附有僧侣居住和讲经修道的部分。这种完整的组群中，现存的都是比较后期的，一般都是13、14世纪以后的。因此，在这以前的木构佛寺，我们只能看到一些不完整的，或是经过历代改建的组群。

在中国木结构的佛教建筑中，现在最古的是山西五台山的南禅寺，它是公元782年建成的。虽然规模不大，但它是中国现存最古的一座木构建筑。具有重大历史意义的是离南禅寺不远的佛光寺大殿。它是公元857年建造的，是一座七间的佛殿，1100年来还完整地保存着。佛光寺位置在五台山的西面山坡上，因此这个佛寺的朝向不是用中国传统的面朝南的方向，而是向西的。沿着山势，从山门起，一进一进的建筑就着山坡地形逐渐建到山坡上去。大殿就在组群最后也是最高的地点。据历史记载，第9世纪初期在它的地点上，曾经建造了一座三层七间的弥勒大阁，高95尺，里边有佛菩萨天王像72尊。但是在公元845年，由于佛教和道教在宫廷里斗争的结果，道教获胜，当时的皇帝下诏毁坏全国所有的佛教寺院，并且强迫数以几十万计的僧尼还俗。这座弥勒大阁在建成后仅仅30多年，就在这样一次宗教政治斗争中被毁坏了。这个皇帝死了以后，他的皇叔，一个虔诚的佛教徒登位了，立即下诏废除禁止佛教的命令，许多被毁的佛教寺院，又重新建立起来。现存的佛光寺大殿，就是在这样的历史条件下重建的。但是它已经不是一座三层的大阁，而仅仅是一层的佛殿了。这个殿是当时在长安的一个妇人为了纪念在30年前被杀掉的一个太监而建造的。这个妇女和太监的名字都写在大殿大梁的下面和大殿面前的一座经幢上。这些历史事实再一次说明宗教建筑也是和当时的政治经济的发展分不开的。在这一座建筑中，我们看到了从古代发展下来已经到了艺术上技术上高度成熟的一座木建筑。在这座建筑中，大量采用了中国传统的斗拱结构，充分发挥了这个结构部分的高度装饰性而取得了结构与装饰的统一。在内部，所有的大梁都是微微拱起的，中国所称作月梁的形式。这样微微拱起的梁既符合力学荷载的要求，再加上些少许的艺术加工，就呈现了极其优美柔和而有力的形式。在这座殿里，同时还保存下来第9世纪中叶的三十几尊佛像、同时期的墨迹以及一小幅的壁画，再加上佛殿建筑的本身，唐朝的4种艺术，就集中在这一座佛寺中保存下来。应该说，它是中国建筑遗产中最可珍贵的无价之宝。

遗憾的是，佛光寺的组群已经不是唐朝第9世纪原来的组群了。现在在大殿后还存在着一座第6或第7世纪的六角小砖塔，大殿的前右方，在山坡较低的地方，还存在着一座13世纪的文殊殿。此外，佛光寺仅存的其他少数建筑都是19世纪以后重建的，都是些规模既小、质量也不高的房屋，都是和尚居住和杂用的房屋。现在，中华人民共和国文化部已经公布佛光寺大殿作为中国古代木建筑中第一个国家保护的重要文物。解放以来，人民政府已经对这座大殿进行了妥善的修缮。

按照年代的顺序来说，其次一座最古的木建筑就是北京正东约60公里蓟县的独乐寺。在这个组群里现在还保存着两座建筑：前面是一座结构精巧的山门，山门之

观音仰视图

在第三层时看到的观音像

内就是一座高大巍峨的观音阁。这两座建筑都是公元984年建造的。观音阁是一座外表上两层实际上三层的木结构。它是环绕着一尊高约16米的十一面观音的泥塑像建造起来的。因此，二层和三层的楼板，中央部分都留出一个空井，让这尊高大的塑像，由地面层穿过上面两层，树立在当中。这样在第二层，瞻拜者就可以达到观音的下垂的左手的高度；到第三层，他们就可以站在菩萨胸部的高度，抬起头来瞻仰观音菩萨慈祥的面孔和举起的右手，令人感到这一尊巨像，尽管那样地大，可是十分亲切。同时从地面上通过两层的楼井向上看，观音的像又是那样高大雄伟。在这一点上，当时的匠师在处理瞻拜者和菩萨像的关系上，应该说是非常成功的。

在结构上，这座三层大阁灵巧地运用了中国传统木结构的方法，那就是木材框架结构的方法，把一层层的框架叠架上去。

第一层的框架，运用它的斗拱，构成了下层的屋檐，中层的斗拱构成了上层的平座（挑台），上层的斗拱构成了整座建筑的上檐。在结构方法上，基本上就是把佛光寺大殿的框架三层重叠起来。在艺术风格上也保持了唐朝那种雄厚的风格。

在18世纪时，这个寺被当时的皇帝用作行宫，作为他长途旅行时休息之用。因此，原来的组群已经经过大规模的改建，所余的只是山门和观音阁两座古建筑了。

在中国现存较古的佛教寺院中，可以在河北正定隆兴寺和山西大同善化寺这两个组群中看到一些比较完整的形象。正定隆兴寺是公元971年开始建造的。由最前面的山门到最后面的大悲阁，原来一共有九座主要建筑。尽管今天其中已经有两座完全坍塌，主要的大悲阁也在严重损坏后，仅将残存部分重修保留下来，改变了原来的面貌；但是还能够把原来组群的布局相当完整地保存下来。在这个组群中，大悲阁是最主要的建筑，阁内供养一尊巨大的千手观音铜立像。可惜原来环绕着这座铜像的阁本身已经毁坏得很厉害。大悲阁的左右两侧各有一楼，楼阁并列，在构图效果上形成了整个组群的最高峰。大悲阁前面庭院的左右两侧，各有一座小楼，其中一座是转轮藏，整座小楼的设计就是为一个转轮藏而构成的。到现在为止，这个转轮藏是中国现存唯一第10世纪的真正可以转动的佛经的书架。与大悲阁相对在轴线上是一个18世纪建造的戒坛。戒坛的前面有一座平面正方形，每面突出一个抱厦，从而形成了极其优美丰富的屋顶轮廓线的摩尼殿。这一座殿是11世纪建造的，是这个组群中除戒坛外年代最晚的一座建筑。摩尼殿前面的大觉六师殿和它前面左右侧的钟楼鼓楼则不幸在不知什么时候被毁坏了。

河北正定隆兴寺转轮藏殿

河北正定隆兴寺摩尼殿

大同善化寺

山西大同善化寺是一个比较完整的辽金时代的组群，现在还保存着四座主要建筑和五座次要建筑；全部是公元11世纪中叶到12世纪中叶这一个世纪之间建成的。这个组群规模不如正定隆兴寺那样深邃，但是庭院广阔，气魄雄伟，呈现很不相同的气氛。这两个组群虽然年代相距不远，但是隆兴寺是在汉族统治之下建造的，而善化寺所在的大同当时是在东北民族契丹、女真统治下的。这两个组群所呈现的迥然不同的气氛，一个深邃而比较细致，一个广阔而比较豪放，很可能在一定程度上反映了当时南北不同民族的风格。

可以附带提到大同华严寺的薄伽教藏。它是原来规模宏大的华严寺组群遗留下来的两座建筑之一，虽然它是其中较小的一座，可是作为一座1038年建成的佛教图书馆，它有特殊重要的意义。靠着这座图书馆内部左右和后面墙壁，是一排“U”字形

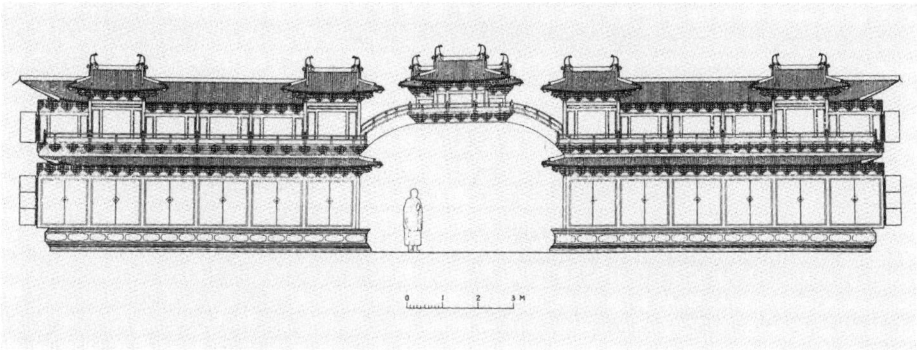

大同华严寺薄伽教藏殿内的“天宫楼阁”手绘图

排列的制作精巧的藏经的书橱（壁藏）。这个书橱最下层是须弥座，中层是有门的书橱主体，上面做成所谓“天宫楼阁”。这个“天宫楼阁”可以说是当时木建筑的一个精美准确的模型。整座壁藏则是中国现存最古的书橱。

在山西洪赵县[1]的霍山，有两个蒙古统治时代建造的组群——广胜寺。这两个组群是一个寺院的两部分，一部分在山上叫做上寺，一部分在山下叫做下寺。上寺和下寺由于地形的不同而呈现不同的轮廓线。上寺位置在霍山最南端的尾峰上，利用山脊作为寺的轴线。因此轴线就不是一根直线而随着山脊略有弯曲。在组群的最南端，也就是在山末最南端的一个小山峰上建造了一座高大的琉璃塔。尽管这座琉璃塔是15世纪建成的，却为14世纪的整个组群起了画龙点睛的作用。下寺的规模比较小，可以说是上寺的附属组群。在这两个组群中，结构上大量地采用了蒙古统治时代所常用的圆木作结构，并且用了巨大的斜昂，构成类似近代的桁架的结构。这种结构只在蒙古统治时期短短的100年间，昙花一现地使用过，在这以前和以后都没有看见。广胜寺原来藏有稀世的珍本金版的藏经，在抗日战争期间，日本侵略者曾经企图抢劫这部藏经。现任人民政府国务院副总理薄一波当时为了保卫这部藏经，曾经率领八路军部队在寺的附近和日本侵略军展开了激烈的战斗，胜利地为祖国人民保卫住了这部藏经。

14世纪末叶以后，明、清两朝的佛寺，现在在中国保存下来的很多，只能按照不同的地区和当时不同的要求，举几个典型。

首先是所谓敕建的寺院，亦即皇帝下命令所建造的寺院。这种寺院一般地规模都很大，无论在什么地区，大多按照政府规定的规范（亦即北京的规范）设计建造。例

[1] 洪洞与赵城已合并为洪赵县，广胜寺原在赵城县。——梁思成注

如现在北京中国佛教协会所在的广济寺，就是一个很好的例子。这个寺位置在城市中心的热闹区，占用的土地面积在一定程度上受到限制，但是还是有完整的层层院落。山门面临热闹的大街，门内有一个广阔的可以停车马的前院。这种前院，在一个封建帝国的首都，是贵族和高级官吏、富有的商人等等，特别是他们的眷属，到寺里烧香礼佛所必需的。面临前院和山门相对的是一座天王殿，殿内有四尊天王像；他们不仅是东西南北四面天的保卫者，并且是寺院的保卫者。在天王殿的前面，在前院的两侧是钟楼和鼓楼。每天按照寺院生活的日程按时鸣钟击鼓。天王殿的后面，是寺内的主要建筑大雄宝殿。它的后面是圆通宝殿。前一座供奉的是三世佛，后一座供奉的是观音菩萨。最后是一座两层的藏经阁，在很长的一个时期内，著名的佛牙就供奉在这座阁上。从天王殿一直到藏经阁的两旁是一系列的配殿和廊庑，把整个组群环绕起来，同时也把几个院落划分出来。由于地势比较局促，广济寺的庭院虽然不十分广阔，可是仍然开朗幽雅，十分适宜于修身养性，陶冶性灵。在这方面，建筑师的处理是十分成功的。在这个组群的右侧，另外还有几个院落，是方丈僧侣居住的地区，现在也是中国佛教协会会址所在。这个组群原来是17世纪建造的，后来曾经部分被烧毁，又经修复。在中华人民共和国成立以后，人民政府对广济寺又进行了一次大规模的重修，面貌已经焕然一新，成为中国佛教徒活动的主要中心了。

在北京郊外西山的碧云寺是敕建寺院的另一典型。由于自然环境不同，建筑处理的手法和市区佛寺的处理手法也就很不相同了。碧云寺所在的地点是北京西郊西山的一个风景点，这里有甘洌的泉水，有密茂的柏林，有起伏的山坡，有巉岩的山石。

因此，碧云寺的殿堂、廊庑的布局就必须结合地形并且把这些泉水、岩石、树木组织到它的布局中来。沿着山坡在不同的高度上坐落一座座的殿堂以及不同标高的院落。在这个组群中可以突出地提到三点:一个是田字形的五百罗汉殿，这里边有五百座富有幽默感的罗汉像，把人带进了佛门那种自由自在的境界。罗汉堂的田字形平面部署尽管是一个很规则的平面，可是给人带来了一种迂回曲折，难以捉摸，无意中会遗漏了一部分，或是不自觉地又会重游一趟的那一种错觉。另一个突出点，是组群的最高峰，汉白玉砌成的金刚宝座塔。从远处望去，在密茂的丛林中这座屹立的白石塔指出了寺的位置，把远处的游人或香客引导到山下山门所在。让人意外地发现呈现在眼前的这一座幽雅的佛寺。关于这座塔，在另一段中将比较详细地叙述，在这里就不必细谈了。另一个突出点，是以泉水为中心的庭园，在这里有明澈如镜的放生池，有涓涓流水，在密茂的松柏林下，可以消除任何人的一身火气，令人进入一个清凉的境界。总的说来，这个组群是在山林优美地区建造佛寺的一个典型。浙江杭州的灵隐寺，以及江西庐山很多著名的寺院，都有相同的效果。

中国南方地区，由于自然条件特别是气候原因，佛寺的建筑就和北方的特别是敕建的佛寺在部署上或是在风格上就有很大的区别。例如四川峨眉山许多著名的寺院，都建造在坡度相当陡峭的山坡上。在这里，气候比较温和而多雨，山上林木茂盛，因此我们所见到的是一个个沿着山坡一层比一层高，全部用木料建造的佛寺组群。由于天气比较温暖，所以寺庙的建筑就很少用雄厚的砖石墙而大量利用山上的木材作成板壁。院落本身也由于山地陡坡的限制而比较局促。但是，只要走出寺门，就是广阔无边的茂林，或是重叠起伏的山峦，或目极千里的远景，因此寺内局促的感觉也不妨碍着寺作为一个整体的开阔感了。峨眉山下的报国寺、半山的万年寺、山顶的接引殿等都是属于这个类型。

在14世纪末或15世纪初，在中国佛寺的建筑中初次出现了发券的砖结构的殿堂，一般被称做无梁殿。例如山西太原永祚寺，山西五台山的显庆寺，江苏苏州的开元寺，南京的灵谷寺、宝华山等，这种的结构，都是用一个纵主券和若干个横券相交或是用若干个并列的横券而其间用若干次要的纵券相交贯通。这种发券的建筑在西方是很普通的，但在中国虽然匠师们在建造陵墓和佛塔中已经运用了1000多年的发券，却是到14、15世纪之交才这样运用到地面可以居住或使用的结构上来。在外表形式的处理上，当时的工匠用砖模仿木结构的形式，砌出柱梁斗拱、檐椽等等。这种做法本来是砖塔上所常用的，把它用到殿堂上来，可以说又创造了佛教殿堂的一个新的类型。在太原永祚寺除了大雄宝殿之外，还和东西两配殿构成一个组群。一般说来，这种结构方法还是没有普遍地推广，实物还是比较少的。

有必要叙述一下满族的清朝（1644－1911）时期中修建的一些喇嘛寺，如北京的雍和宫，承德的“外八庙”等。

喇嘛教是在元朝蒙古统治时期（13世纪后半叶和14世纪）由西藏传入汉族地区的。满清皇朝中，西藏和北京的中央政权的关系进一步的密切，西藏的统治者接受了中央政权封赐的达赖和班禅的称号。这种关系的进一步密切也在建筑上反映出来。在北京城的北面修建了东黄寺和西黄寺两个组群，东黄寺是达赖喇嘛到北京时的行宫，西黄寺则是给班禅喇嘛的。可惜在本世纪的前半叶，在反动统治和日本帝国主义侵略时期，这两个组群都被破坏无遗了。因此在北京，我们只能举雍和宫为例。

雍和宫是清朝第三代皇帝将他做王子时的王府施舍出来改建的，于1735年完成，是北京城内最大的喇嘛寺。庙前有巨大的广场和三个牌坊，山门以内中轴线上序列着六座主要建筑。这些建筑都是用传统的汉族手法建造的。其中法轮殿平面接近正方形，屋顶有三道平行的屋脊。中间的一脊较高，上面中央建一“亭子”，前后两脊较低，各建两座“亭子”，形成了在下文将要叙述的金刚宝座塔的“五塔”形状，而这种塔却是在15世纪由西藏传到北京的。

组群的最后一进是绥成殿，与左右并列的两阁各以飞桥相连。这种布局是中国建筑中比较罕见的，但其来源并不是西藏而是汉族的古老传统。

雍和宫最高大的建筑物是万福阁，阁内是一尊高达20米的弥勒佛像。

河北省承德是清朝皇帝避暑的地方，建有避暑山庄（离宫）。在避暑山庄东北的丘陵地带，从1713年至1870年之间陆续建造了11座大型喇嘛寺组群，其中8处至今还存在，称为“外八庙”。这些组群都建造在山坡上，背山面水，充分利用了地形，形成了丰富的轮廓线。在这些建筑中，有模仿新疆维吾尔族形式的，有完全西藏式的，也有以汉族形式为主而带有西藏风趣的。

上面只举出了少数突出的著名佛寺组群，但这并不意味着中国的佛教建筑仅仅就是这种大型佛寺，事实是，数以万计的佛寺，可能到十万以上的大大小小佛寺遍布全中国。大的如上所述，小的只有一个正殿两个配殿，和一般小住宅差不多。这些无数的佛寺中各有不同的地方风格，其中也有极优秀的作品。从佛寺的数字和分布上看来，也可以看到佛教对于中国人民生活的历史性影响，但在这里不能详细叙述了。

佛塔

在中国的佛教建筑中，佛塔是值得作为一个特殊的类型而加以阐述的。从笮融建造他的“金盘重楼”起，在将近2000年的长期间，凡是规模较大的寺院组群中，往往也包括一座或若干座塔。经过长期的发展，中国历代的匠师创造出许多不同的塔型，大量佛塔遍布全国，成为一份极其丰富的遗产。

前面已经说到，中国初期的佛塔都是木材建造的；但是由于木材本身容易焚毁，特别是佛塔本身的高度，再加上上面金属的塔刹，容易诱导落雷，所以木塔的寿命一般都是很短的。再加上香火失慎，或是战争的破坏，如何取得佛塔的永久性问题，早已受到古代的高僧信士和工匠们的注意了。

在公元520年，我们看到了对于这个问题的第一个答案，那就是河南嵩山嵩岳寺塔，中国现存最古的一座砖塔。在它以前以及和它同时的木塔，平面都是四方形的，并且是一层层地架叠上去的。这座塔却一反传统形式，平面作十二角形，在一座很高的塔基上，加上一座很高的塔身，再上去就是十五层很密的檐。这种形式是和过去300年来传统的木结构形式毫无相似之处的。虽然没有文献可证，但是我们可以大胆肯定地说它是模仿印度的一些塔型的。从这座塔上的许多雕饰部分看，例如以莲瓣为柱头和柱础的八角柱，以狮子为主题做成的佛龛火焰形的券面等印度的装饰母题是非常明显的。但是更重要的是它创造了一座不怕雷火的永久性的佛塔。虽然在这以前500年间砖已经被相当普遍地用在建筑上，但是像这座塔这样全部用砖结构而且达到将近40米的高度，它所反映的不仅仅是古代匠师在用砖的技术上极大的提高，而且反映砖的生产力极大的发展。从这座塔上我们看到社会生活需要和思想意识提出的要求，就向建筑提出了新的课题。当生产力和匠师的技术达到一定水平的时候，就可以产生新的方法和形式来满足这种要求。在结构上，这座佛塔由顶到底内部是空的，是像今天我们砌一座烟囱那样砌上去的。内部的楼板和扶梯都是用木头建造的。从这一现象看，说明当时的匠师在技术上还受到了一定的局限。从艺术方面看，这座砖塔的轮廓线是异常优美流畅的。这条轮廓线正是几何学上的抛物线形。这不仅说明当时的匠师已经掌握了高水平的几何知识，而且在建造过程中能够准确地把它砌出来。从佛塔的发展史看来，嵩山嵩岳寺塔，如同佛光寺大雄宝殿在木结构的殿堂中那样，是一件最珍贵的遗产。

从这个时候起，以后将近500年的期间是一个木塔和砖塔并存的时期。例如北魏的洛阳、唐的长安，所有数量众多的塔，绝大部分都是用木材建造的，但是砖塔的数量比重在这500年间，逐渐增加，到了公元第10世纪以后，木塔就成为极其稀罕的东西了。

伟大的唐朝（公元618－906年）给后代留下了相当数量的砖塔。在这些砖塔之中，有两种主要的类型:一种是像古代的木塔那样一层一层垒上去的，我们可以叫这

西安慈恩寺大雁塔

一种做“多层塔”；另一种是像嵩岳寺塔那样，在一个高大的塔身上承托着多层密檐的，我们可以叫这一种做“密檐塔”。此外，还有一种次要的塔型，那就是作为和尚坟墓的单层的墓塔。令人注意的是所有唐代的塔，除了一个例外，平面全部是正方形的。像嵩岳寺塔十二角形的平面，在以后两千年间再也没有出现了。我们可以推测，这种四方形的平面是佛塔由诞生到成熟成型的发展过程中，广大的善男信女在概念上已经接受了四方形的多层木塔作为塔的标准形式。因此佛塔的平面必须是四方的，否则它就不像一个塔了。而且在塔的表面处理上也必须把木结构的柱梁、斗拱表现出来，因此唐朝的多层砖塔例如西安的大雁塔（公元701－704年）、香积寺塔（公元681年）、兴教寺玄奘塔（公元669年）等都属于这个类型。显然由于砖的材料本身以及用砖技术的限制，斗拱和檐椽部分是大大地简化了。另一类型，密檐塔在唐代也采用四方形的平面。这种塔一般的不用柱梁斗拱等表面装饰，完全以它们的轮廓线取得艺术效果。其中杰出的例子，有嵩山永泰寺和法王寺的两座塔，虽然准确年代无可考，但都是第8世纪的东西。这一塔型在中国相当普遍，远到西南云南昆明、大理也有唐代的密檐砖塔。例如昆明的慧光寺塔、大理的崇圣寺塔，都是杰出的例子。但是最重要的应该说是西安荐福寺的小雁塔。它和慈恩寺的多层的大雁塔，已经成为西安城市轮廓线的不可缺少的构成因素了。

在唐代诸塔之中，我们应该特别提到慈恩寺大雁塔。它是唐代高僧玄奘法师从印度回到中国以后，在翻译他由印度带回的经卷的时候，特别建造起来的为保存印度带来的梵文原本用的，因此这座塔在中国的佛教史中就有特殊意义。

在所有这些塔中，内部的楼板扶梯也同前一个时代一样，是用木材建造的。显然这已经成了一个问题，到了10世纪以后才得到了解决。在唐代的砖塔中，还有为数众多的高僧墓塔，除了极少数如玄奘塔那样是多层塔以外，全部都是单层正方形的小塔，其中许多是用石料建造的。例如山东长清灵岩寺的慧崇塔（第7世纪前半叶建造的）就是一个典型的例子。这种塔一般有两层重檐，顶上有砖或石制的刹，高度一般不超过4或5公尺。但是在唐代墓塔中，有一个孤例，那就是嵩山会善寺的净藏塔（公元745年）。它的平面是八角形的；表面上用砖砌出柱梁斗拱和门窗等。这座单层的小小的八角形砖塔，可以被认为是后来八角塔的始祖。

第10世纪中叶以后，砖塔已经成为绝大多数，木塔已经寥若晨星了。从这时候起，在佛塔的形式上和结构上都发生了巨大的变化。200年以前在净藏塔上一度出现的八角形平面，到这时候，突然变成了佛塔的标准平面形式了。这个平面形式的突然改变，原因何在，中国的佛教史家和建筑史家还没有找着令人满意的解释。这一现象是很值得研究的。在技术上，500年来木楼板、木扶梯的问题也得到了解决。宋朝以后的塔再不是像砌烟囱那样砌上去了，而是在塔的内部用各种角度和相互交错的筒形券的方法，把内部的楼梯、楼板、塔内的龛室等同时砌成一个整体，消灭了过去500年来外部用砖结构，内部用木结构的缺点。塔身更加坚固了。

第10世纪中叶以后，更发展出丰富多彩的佛塔类型；虽然基本上还是以多层塔和密檐塔两个类型为主，但是不同的地区还创造出不同的地方风格，而且兄弟民族对于塔的类型的创造也有不少的贡献。

河北正定县开元寺砖塔

在黄河、淮河流域，当时属于汉族的宋朝统治的地区，主要的是八角形的多层塔。这些塔一般地都没有模仿木结构的雕饰，仅有少数砌出斗拱模样。例如山东长清灵岩寺辟支塔，位置在泰山北部的风景区。虽然用斗拱承托塔檐，也用斗拱承托平座，但总的说起来，模仿木结构的部分仅此而已。这座塔的准确年代无可考，从形式上判断应当是10世纪末或是11世纪初的建筑。

另一个例子是河北正定县开元寺的砖塔，平面也是八角形，高十一层。它的内部如同灵岩寺塔一样，都是用筒形券把楼梯、走廊、龛室砌出来的。这座塔建于公元1055年，是这时期华北广大地区最典型的塔型。这座佛塔建造的动机是很有趣的。当时的定县正是汉人的宋地区和契丹人的辽地区的分界线上，多年来宋辽都在进行着继续不断或断而复起的战争。因此宋朝的汉族军官就利用开元寺建造了这样一座国境线上的佛塔，作为瞭望敌军形势的瞭望台。因此到今天当地的居民还叫这座塔叫“料敌塔”。

与料敌塔约略同时（公元1041－1048年）的河南开封祐国寺塔，从建筑材料的发展上说，具有一定的历史地位。在这座瘦而高的十三层砖塔上，全部使用琉璃面砖。这些面砖一共有28种标准块。运用这些标准面砖可以砌出墙面、门窗、柱梁、斗拱等等。这在材料技术方面在当时是一个伟大的创造。这些面砖是深赭色的，呈现铁锈的颜色，因此这座塔一般被叫做“铁塔”。当然，这种面砖不是突然出现的，在这样运用以前，必然曾经经过相当的发展过程，在开封的繁塔（公元977年）上我们已经看到一座用标准面砖处理塔面装饰的砖塔，不过在这里只用了一种模子压出佛像的面砖和做“花边”用的面砖。然而在这里，我们已经看到用标准面砖来处理砖塔外形的开始了。在这里应该附带指出，繁塔的平面是六角形的，是在八角形平面发展的同时一种派生的类型。河南济源延庆寺塔（公元1036年）也属于这一类型。

与此同时，在长江流域，虽然同样在汉族统治之下，虽然佛塔的平面也都已经改用八角形，并且也是多层塔的形式，但是风格却迥然不同。在这一地区，特别是在长江下游一带，砖石塔在材料和结构方法的许可下，尽量地模仿木结构的形式。最早的例子，我们可以举杭州灵隐寺大雄宝殿前的所谓双塔。这对塔事实上是用石料雕出来的塔的模型，高九层，实际高度不过十米左右。这一对塔是公元960年建造的。塔身的八个角上都刻出圆柱，上面刻出梁、斗拱、檐、瓦等等，完全和木结构的形式一样，这是这个地区这一塔型最早的例子。

这一类型的塔，在长江下游还保存着不少。它们都是用砖砌成的，内部也用砖砌出楼梯、走廊、龛室等。无论外部内部墙面的处理，都用砖砌出木结构的形式；不过屋檐椽和平座部分往往也掺杂用些木料。砖砌部分全部抹灰，用彩色粉刷，给人的印象几乎同木结构没有差别。但是由于檐椽是木结构的，因此后代大多损坏。这种塔最典型的例子，就是苏州虎丘云岩寺塔。它的损坏后的形象也是最典型的。

苏州报恩寺塔、杭州六和塔和保俶塔都属于这一类型。但由于后代修理方法不同，就呈现了完全不同的三种形象。报恩寺塔是用后代（清朝）造檐的方式把檐补上的。因此可以说它最接近塔的原型，但是檐角飞翘比10世纪的制度翘得更高，所以乍看的形象是十七八世纪的风格多于10世纪的风格。六和塔本来是一座七层塔，在19世

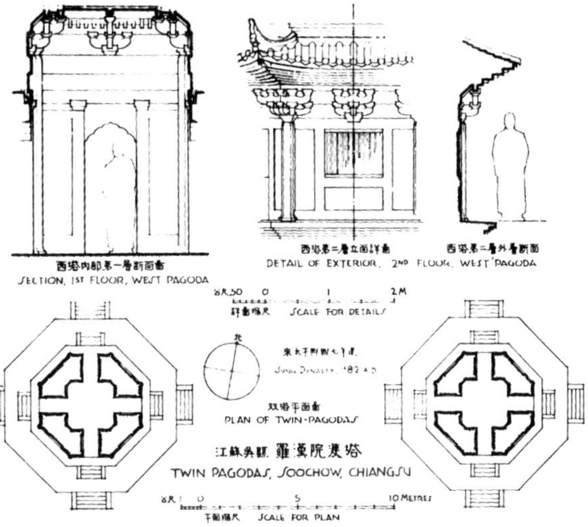

129　江苏吴县罗汉院双塔详图

纪末年，当时的善男信女，在原塔身之外给它造上了一层木结构的外衣，便做成十三层的模样。因此它就呈现一种肥而矮，但处理上又很纤弱的不和谐的形象。保俶塔连斗拱部分都损坏掉了。在20世纪20年代修理的时候，就把一个类似八角柱型的塔身略加修补保存下来。因此这三个塔虽然原来本是同一类型的，现在却变成三种完全不同的样子。

这一类型的塔保存得比较完整的是苏州罗汉院的双塔。这一对塔规模不大，高度由地到刹顶也不过20米，斗拱和檐瓦都比较完整地保存下来，给我们留下了这类塔型比较完整的形象。罗汉院双塔是公元982年建成的。

从第10世纪开始，北方的契丹族就逐步向南侵入，后来女真族又灭了契丹的统治者，先后建立了辽、金两朝，继续向南方扩展。到了12世纪20年代，这两个北方民族就已经占有了长江以北的半个中国，和汉族统治的宋朝把中国分成南北两半。在这些北方民族统治的地区，佛塔虽然也都采用了八角形平面，但风格又和南方的塔很不相同。

在这里有必要特别叙述一下中国现存的一座唯一的木塔。山西应县佛宫寺释迦塔，是公元1056年建造的，由地面到刹尖高66米。塔高五层，加上上面四层每层下面的平座暗层，实际上是一座九层累架的木框架结构，全部用传统的柱、梁、斗拱层层叠上而建成的。除了塔基和第一层的墙壁是用砖石以及顶上的刹是锻铁之外，全部都是木材。每一层的檐和平座，都由斗拱承托。由下而上，由于每层的高度递减，每层的宽度也逐渐收缩，特别是由于八角形的平面，为内部梁尾的交叉点造成相当复杂的

山西应县佛宫寺释迦塔

结构问题。但是11世纪中叶的伟大的不知名建筑师却运用了50多种不同的斗拱圆满地解决了这一复杂问题。后代的香客献给这座塔的一块匾上写着“鬼斧神工”四个字来歌颂这座神妙的结构，是丝毫没有夸大的。在900年的长期间，这座金属刹木结构的佛塔竟得幸免于雷电的破坏，一直保存到今天。它的木结构的稳固性是经过长时间考验的。在国民党反动统治时期的一次内战中，和在抗日期间，这座塔曾经受到一些轻微的损害。但在人民政府成立以后，这座塔立即受到保护。除了加固修缮外，并设置了避雷设施。它将作为中国匠师在木结构上辉煌成就的典范，在今后若干世纪内，屹立在这个山西北部的平原上。

除了这个唯一的木塔之外，这时期中国北方保存到今天的佛塔也全部是砖造的。公元1090年前后建造的河北涿县双塔，就是模仿应县木塔的形式的砖塔。这两座塔外表的处理上全部用砖砌出柱梁斗拱檐椽，但是由于材料本身的限制，出檐就比较短促，整个轮廓线就是一个砖结构形式。此外，塔上每层八面中的四面所开的门是券门，因此，尽管它们是模仿木结构的，但是没有失去砖结构的特征。从应县木塔和涿县双塔的对比来看，我们可以明显地看到建筑材料对于建筑形式的影响。但另一方面也看到，材料的影响却没有影响到木塔和砖塔的共同风格。

在这时期，从现在河北省中部以北一直到辽宁、热河等地区出现了一个新的塔型，那就是平面八角形，忠实地模仿木结构的密檐塔。上面已经提到，中国现存最古的砖塔就是嵩山嵩岳寺第六世纪前半叶的密檐塔。在唐代，密檐塔采用了四方形的平面，它们都是用叠涩出檐的，并且在唐代塔身上也没有砌出木结构的形式。但到了第

10世纪，在这个契丹族统治的地区，匠师们却在八角平面上用木结构的柱梁和斗拱处理了塔身的外表；上面一层层的密檐，也全部用砖砌的斗拱承托，创造了一个崭新的塔型。公元1083年建造的北京天宁寺塔就是其中一个最杰出的典范。令人注意的事实是，在河北省中部以南，在这时期，在广大的中国土地上，在汉族统治的地区，并没有这种塔型，而在北方契丹族统治地区却为数甚多。我们从这一现象可以得出结论说，这一塔型是契丹族对于中国建筑的一个伟大贡献。同样地，像涿县双塔那种形式的仿木结构多层塔也应该说是在契丹族统治下的匠师们的重要贡献。

涿县双塔的类型在后代建造不多，但是天宁寺塔的类型却成为后代中国北部塔型中一个最常见的样式。

此外，我们还有必要转回到更南方在汉族统治下的福建和四川，看几个比较少见的例子。在福建泉州市的一双石塔，是在公元13世纪三四十年代建造的。它们都是八角五层的塔，全部用石料构成，但是在石料的使用上不是传统的运用压砌的方法，而是把石料完全当作木材处理，用石头的柱、梁、斗拱、檐、椽等构成一座塔。按照近代技术科学对于材料力学的理解，这种结构是极不合理的。值得我们惊讶的是700年来，这两座塔依然屹立无恙，这是工程界一个罕见的现象。

此外，在四川宜宾县的白塔（公元1102－1109年）和洛阳的白马寺塔（公元12世纪后半叶），是两座保存了唐朝风格的正方形密檐砖塔。

从第10到13世纪末年之间，中国的佛塔已经演变、发展、创造出许许多多的类型。虽然基本上还是属于多层和密檐这两类，但是整体和细节的处理却是十分多样化

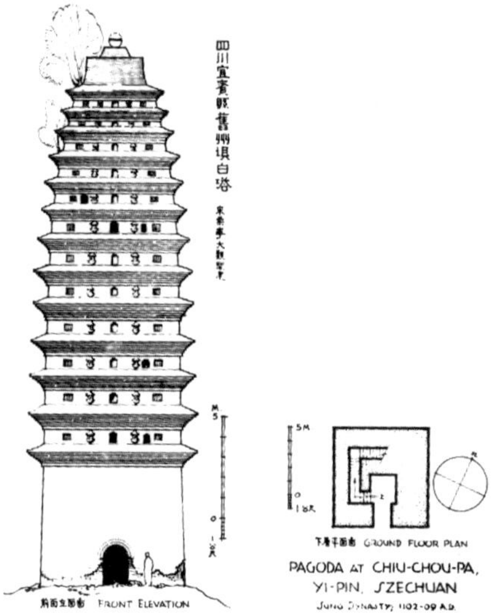

四川宜宾县白塔平立面图

的，不可能在这里详细介绍了。

13世纪中叶以后，在汉族居住的地区出现了西藏式的瓶形塔。在这里我们再一次看见了外围民族对于以汉族为主的中国文化的贡献。特别值得指出的是，西藏塔型是由蒙古族介绍到汉地来的。当时蒙古族在成吉思汗以及他的孙子忽必烈的领导下，正在企图征服全世界。忽必烈是一个伟大的战略家和政治家，他自己是崇奉佛教的。在征服中国的过程中，他只进兵到长江以北，然后从中国的西北部征服了现在的青海和昌都地区，然后沿着长江东下，最后消灭了汉族统治的南宋，并且定都于现在的北京，命名为大都。他这种迂回战略，通过藏族地区，也就带来了藏族的文化和匠师，带来了喇嘛教，因此在公元1271年在北京城里，在一座辽塔的旧基上出现了一座高度在70米以上的西藏瓶形塔。一直到今天，它还是北京城市轮廓线上一个极其突出的标志。从此以后，在中国全国各地都出现了这一类型的塔，例如山西五台山塔院寺塔（公元1577年建），北京北海公园白塔（公元1651年建），可以说都是北京这座白塔的子孙。这类塔型到了清朝，那就是17世纪中叶以后，在中国各地出现得更多，在这方面也反映了当时的满族统治者对于汉族、蒙古族、藏族等民族的民族政策的一个方面。

在一个曾经出家做和尚的农民的领导下，汉族人民经过长时间的战斗，在1368年把蒙古族的政权摧毁了。整个中国又回到汉族的统治之下，建立了明朝。1644年，东北的满洲族又征服了汉族政权，1911年中国又摧毁了满族政权，建立了一个共和国。在这三个朝代中，在全国各地新建了无数的佛寺和佛塔。中国现存的佛塔大部分是属于这个时期的。在传统的塔型方面，一般地说来没有什么特殊的创造，绝大部分的塔都属于多层塔这一类型。在这500多年之间木结构建筑的斗拱比例和屋檐的深度都相对地缩小了，木结构的这种倾向也在砖塔上反映出来。因此，在这个时期从比例上说，塔身的每一层和斗拱塔檐对比就显得高些；反过来斗拱塔檐就显得像塔身上一围围纤细的环带，在总的轮廓线上和14世纪以前的塔，有很大的区别。例如山西太原永祚寺的双塔（16世纪末期）就是典型的例子。此外，北京玉泉山塔（18世纪）也是一个典范。

在八角密檐塔方面，虽然这期间建造的也为数不少，但大多数是不很大的高僧的墓塔。重要的例子只有一个，那就是北京八里庄慈寿寺塔。这个塔是公元1578年建成的。在形式上它完全模仿第10世纪末年的天宁寺塔；但是从建筑处理的细节上看却完全用的是明朝的制度。

山西洪赵县广胜寺的飞虹塔，值得作为一个突出的范例提出。前面我们已经提到河南开封第10世纪中叶的全部用赭色琉璃面砖的所谓铁塔。在这里我们第一次看见了一座在砖塔上大量镶砌彩色琉璃面砖作为建筑装饰的佛塔。这座八角形的塔共高十三层，高度在40米以上。每层塔身的柱梁斗拱檐椽等等都用琉璃砖瓦嵌砌。砖墙壁上也镶嵌了大量的琉璃佛像和装饰花纹，外观至为华丽。塔的轮廓线不是像其他的塔向上每层逐渐增加缩小的尺度而呈现曲线型，而是直线的，因此呈现一个八角锥体型，显得有一点生硬。塔内最下层供极大的释迦坐像一尊，以上各层事实上是实心的，但内部有梯可达塔的上部。这座塔是在公元1417年兴建的，但琉璃面砖上，多有1515年的

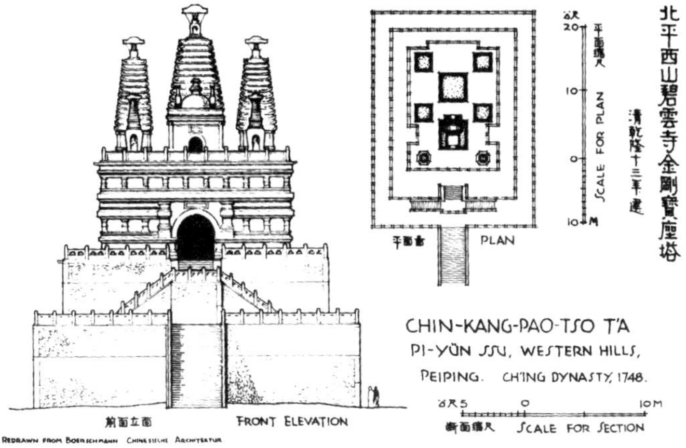

北京西山碧云寺金刚宝座塔平立面图

标志。由此看来这座塔由动工到完成可能经历了一个世纪的时间。

现在在北京颐和园、玉泉山和香山一带还有几座清朝（大约属于18世纪）的琉璃塔。在使用琉璃方面就不是和砖壁并用，而是全部用琉璃的。其中颐和园和玉泉山的塔，都是很小的，只能说是一座大塔的模型。

在15世纪后半叶，在中国的土地上又出现了一种新的塔型。这是藏族人民对于中国建筑的又一个重要贡献。在15世纪前半叶，西藏喇嘛班迪达来到北京，贡献了一尊金佛像。当时的皇帝为它建了一个寺，到1473年皇帝下诏在寺内（按照中印度的形式）建了一座金刚宝座塔。在一个长方形的高台上，建立五座塔。这五座塔是采用正方形平面的密檐塔。我们推测，这座塔是模仿佛陀伽耶的部署而设计的。在云南昆明妙湛寺也有一座金刚宝座塔，比北京的这一座略早十年，从年代上说是中国现存最早的一座金刚宝座塔。昆明的这座塔比北京的这座规模小得多，上面的五个塔都是西藏式的瓶形塔。从昆明这座塔上也可以看到这一塔型传入中国的来龙去脉了。

现存最大的一座金刚宝座塔在北京西山碧云寺，在上文已经提到。碧云寺塔上面不是五座而是七座塔，其中五座是密檐塔，两座是喇嘛式的瓶形塔，是1747年建成的。在1929年这座塔被改用为中国民族革命的先行者孙中山博士衣冠冢。在满洲族统治期间，这一类型的塔还在许多地方建造起来。其中还应该提到北京黄寺的金刚宝座塔，是班禅三世的墓塔（1779年入寂），全部是用白色大理石砌成的，雕刻异常精美。由于宝顶下面垂下两片巨大的塔耳，因此呈现了非常特殊的形象，形成了它独有的风格。值得指出的是，在这一宝座上，正中主塔是一座喇嘛式瓶形塔，而四角的小塔，却采用汉族传统的八角塔的形式，在比例上也相对地显得很小，从而更突出了主塔的重要性。

在这500多年期间，在中国的土地上，还出现了另外一种塔，在形式上和佛塔没有区别，但它是一种非宗教的塔，也可以说是种儒教的塔——假使我们也可以说儒教是一种宗教的话。它是在过去科举时代为了祈求本地的文人能够在国家考试中及第作为一种能够发生巫术力量的纪念性建筑物而建造的。这种塔虽然不是佛教塔，但作为一个类型，它是以佛塔为蓝本而建造的。从这里也可以看到佛教以及佛教建筑对于中国人民生活的影响。

到了19世纪以后，中国建造的佛塔是越来越少了。然而在1960年，在中华人民共和国成立了十年以后，在人民中国首都附近的西山灵光寺，又建起了一座新的佛塔。这座佛塔是由人民政府为了佛教徒们供奉著名的佛牙而建造的。在这里有必要追述一下这座塔的前身的命运。在灵光寺西面原来有一座辽朝建造的砖塔，但在1900年英法德意奥俄日美八个帝国主义的侵略联军占领了当时大清帝国的首都北京，那座11世纪的塔被毁坏了。残破的塔基在这个北京近郊的风景区供人凭吊，历60年之久。现在全中国的佛教徒以无比兴奋的心情看到了这新塔的涌现。塔的位置，距离残留的塔基约百米，在形式上虽然还是参照原塔的形象；但是新中国的建筑师在佛教徒的建议下采用了近代的钢筋混凝土结构，建成这座八角十三层高51米的密檐塔。在内部空间的利用和文物的保存方法上都有了新的创造，是在传统的基础上革新、创造的一个很好的典型。塔顶上金光灿烂的塔刹是按照1957年中赵朴初居士从锡兰得到的一座小铜塔的形式塑造的。在这座塔上体现了在中国共产党和人民政府的领导下伟大的信仰自由的宗教政策。它将作为一个辉煌灿烂的标志在今后几十个世纪中屹立在北京近郊的这个风景区里。可以附带提到，旧塔的残基也由人民政府很好地保存下来作为历史中两个时代的鲜明对比。

佛教建筑是我们一份珍贵的文化遗产

在中国人民过去2000年的历史中，佛教在他们的生活中发生了巨大的影响。在思想意识方面许多佛教教义已经成为传统的中国哲学的一部分。在语言文字、诗词、绘画、雕刻和日用工艺品中，到处都可以看到佛教的影响。这一深刻的广泛的影响更具体地从建筑中表现出来。从建筑的历史观点说来，我们应该感谢佛教给中国的建筑带来了一个新的类型。虽然说最早的佛寺是按照世俗建筑的形式，或者就是用世俗原有的建筑来满足佛教的宗教生活的需要的，但是反过来佛教建筑又给中国的世俗建筑提供了一些新的部署和处理方法。在2000年的发展过程中，佛教建筑和世俗建筑彼此影响也促进了中国建筑的发展。另一方面佛教建筑的出现，在古代的城市中，在很大的程度上改变了当时的城市面貌，丰富了当时人民的生活。在这一点上，不仅城市如此，在广大的中国土地上，在山林深处，在河流岸边乃至在广阔的原野上，佛寺不但丰富了中国的风景，不但给信徒提供了修养的环境，也给广大人民从文学家诗人、画家，一直到简朴善良的农民，提供了幽雅的休息地方。佛教对于中国文化的贡献是巨大的。上面所提到的塔、寺更是一份丰富多彩极其可贵的遗产，像一颗颗灿烂宝石一样，它们点缀着中国的锦绣河山，无论在铁路上、公路上、水路上，我们都可以时不时地看见处处突出的一个塔尖和在下面衬托着它的寺院殿堂，或是近处巍峨的高耸云霄的塔影。这些已经成为中国风景轮廓线上一个最突出的特征了。

在我们日常生活所用的家具、装饰等等小品中，我们也可以看到，由于佛教传入中国而带来的许多装饰纹样。

进入19世纪以后，新建佛寺的活动就越来越少了，反映着佛教在中国已经逐渐衰退，原有的寺院已足够为数量还是不少的佛教徒满足宗教生活的要求。但是不少的寺院也逐渐颓圮或被破坏了。1949年中华人民共和国成立以后，人民政府坚决贯彻了中国共产党的宗教政策和民族政策，使宗教信仰自由得到了真正的保证；一个多世纪以来失修的寺塔，也由人民政府选择其中为佛教徒的宗教生活所需要的以及具有重大文化、历史、艺术价值的寺塔，予以史无前例的科学的、慎重的重修，使它们作为民族的珍贵遗产长久地屹立在人民自己的土地上。今天中国人民正在建造他们新的城市和农村。中国的建筑师们得到了史无前例地发展他们的才能的机会，新的材料技术给他们提供了在创作上更大的可能性。他们在运用新材料新技术的时候绝不会忘记一个民族的新建筑，作为一个民族文化的一部分，必须是从他们的旧文化旧建筑的基础上发展而来的。在这个旧建筑的尊贵传统中，佛教以及佛教建筑也有很大的一份贡献。

[1] 本篇为《正定调查纪略》的选章。

正定纪游 [1]

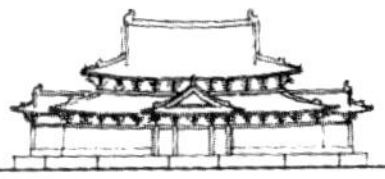

正定龍興寺摩尼殿 CA. 970?
MO-NI TIEN · LUNG-HSING SSU
CHENG-TING

“榆关变后还不见有什么动静，滦东形势还不算紧张，要走还是趁这时候走”，朋友们总这样说，所以我带着绘图生莫宗江和一个仆人，于四月十六日由前门西站出发，向正定去。平汉车本来就糟，七时十五分的平石通车更糟，加之以“战时”情形之下，其糟更不可言。沿途接触的都是些武装同志，全车上买票的只有我们，其余都是用免票“因公”乘车的健儿们。

车快到涿州，已经缓行，在铁路的西边五六十米，忽见一堆惹人注目的小建筑物。围墙之内在主要中线上；前面有耸起的塔，后面有高起的台基，上有出檐深远歇山的正殿；两山没有清式通用的山花板，而有悬鱼；塔之前有发券的三座门。我正在看得高兴，车已开过了这一堆可爱的小建筑，而在远处突然显出涿州的城墙，不到一分钟，车已进站停住，窗前只是停在那里的货车和车上的军需品。回程未得在此停留，回来后在《畿辅通志》卷一七九翻得“普寿寺在州东三里，浮图高十丈……”又曰“一名清凉寺，在城东北三里，地名北台，浮图石台俱存……中有万历时碑记，传为宋太祖毓灵之所云。”

车过保定，下去了许多军人，同时又上来了不少，其中有一位八十八师的下级军官，我们自然免不了谈些去年“一二八”的战事。

下午五时到正定，我和那位同座的军官告别下车。为工作便利计，我们雇了车直接向东门内的大佛寺去。离开了车站两三里，穿过站前的村落，又走过田野，我们已来到小北门外，洋车拉下了干枯的护城河，又复拉上，然后入门。进城之后，依然是一样的田野，并没有丝毫都市模样。车在不平的路上，穿过青绿的菜田，渐渐地走近人烟比较稠密的部分。这些时左边已渐繁华，右边仍是菜圃。在东（左）边我们能看见远处高大的绿色玻璃庑殿顶；东南极远处有似瞭望台的高建筑物。顺着地平由左向右看（由东而南而西），更有教堂的塔尖；八角形的塔（那是在照片里已瞻仰过的天宁寺木塔）；绿色玻璃屋顶；四方形的开元寺砖塔。我因在进城后几分钟内所得到的印象，才恍然大悟正定城之大出乎意料之外。但是当时我却不知在我眼前这一大片鳞次栉比屋舍之中，还蕴藏着许多宝贝。

在正定的街市上穿过时最惹我注目的有三样东西：一，每个大门内照壁上的小神龛，白灰的照壁，青砖的小龛，左右还有不到一尺长的红纸对联；壁前一株夹竹桃或杨柳，将清凉的疏影斜晒在壁上，家家如此，好似在表明家家照壁后都有无限清幽的境界。二，鼓镜特高的柱础；沿街两旁都有走廊，廊柱下石础上有八九寸高的鼓镜，高略如柱径；沿街铺廊的柱础都是如此，显然是当地的特征。三，在铺廊或住宅大门檐下，檐檩与檐枋之间，都不用北平所常见的垫板，而用三朵荷叶或荷花垫托，非常可爱。此外在东西大街两旁的屋顶上，用砖砌成小墩，上面有遮过全街宽的凉棚架，令我想到他们夏天街上的清凉。

在一架又一架凉棚架下穿行了许久，我左右顾看高起的鼓镜和檩枋间的小垫块，

河北正定临济寺青塔

[1] 隆兴寺位于河北省正定县城内，又称大佛寺，始建于隋朝，时称“龙藏寺”，唐朝改名为“龙兴寺”，康熙年间赐额“隆兴寺”。

忽然已到了敕建隆兴寺[1]山门之前。车未停留，匆匆过去，一瞥间，我只看见山门檐下斗拱结构非常不顺眼。车绕过了山门，向北顺着一道很长的墙根走，墙上免不了是“党权高于一切”“三民主义……”一类的标语。我们终于被拉到一个门前放下，把门的兵用山西口音问我来做什么。门上有陆军某师某旅某团机关枪连的标志。我对他们说明我们的任务，候了片刻，得了连长允许，被引到方丈去。

一位60岁左右的老和尚出来招待我们，我告诉他，我们是来研究隆兴寺建筑的，并且表示愿在此借住。他因方丈不在家，不能作主，请我们在客堂等候。到方丈纯三回来，安排停当之后，我们就以方丈的东厢房做工作的根据地。但因正定府城之在，使我们住在城东的，要到西门发封电信都感到极不方便。

在黄昏中，莫君与我开始我们初步的游览。由方丈处穿过关帝庙，来到慈氏阁的北面，我们已在正院的边上；在这里我才知道刚才进小北门时所见类似瞭望台式的高建筑物，原来是纯三方丈所重修的大悲阁。在须弥座上，砌起十丈多高的半圆拱龛，类似罗马教堂宫苑中的大松球龛（Nich of the Pine Cone），龛上更有三楹小殿，这时木匠正忙着在钉殿顶上的望板。在大悲阁前，有转轮藏与慈氏阁两座显然相同的建筑相对而立。我们先进慈氏阁看看内部的构架，下层向南的下檐已经全部毁坏，放入惨淡的暮色。殿内有弥勒（？）立像，两旁有罗汉。我们上楼，楼梯的最下几级已没有了，但好在还爬得上去。上层大部没有地板，我们战兢地看了一会儿，在几不可见的苍茫中，看出慈氏阁上檐斗拱没有挑起的后尾，于是大失所望地下楼。我们越过院子，看了转轮藏殿的下部，与显然由别处搬来寄居的坦腹阿弥陀佛，不竟相对失笑，此后又凭吊了他背后破烂的转轮藏，却没有上楼。

慈氏阁转轮藏殿之间，略南有戒坛，显是盛清的形制。戒坛前面有一道小小的牌楼，形制甚为古劲。穿过牌楼门，庞大的摩尼殿整个横在前面。天已墨黑，殿里阻深，对面几不见人，只听到上面蝙蝠唧唧叫唤。在殿前我们向南望了六师殿的遗址，和山门的背面，然后回到方丈处去晚斋。豆芽、菠菜、粉丝、豆腐、面、大饼、馒头、窝窝头，我们竟然为研究古建筑而茹素，虽然一星期的斋戒，曾被荤浊的罐头宣威火腿破了几次。

晚上纯三方丈来谈，说起前几天燕京大学许地山、容希伯、顾颉刚诸先生的来游。我将由故宫摹得乾隆年间重修正定隆兴寺图与和尚看，感叹了行宫之变成天主教堂，并且得悉可贵的《隆兴寺志》[1]已于民国十八年寺产被没收为国民党党部的失却，现在已无法寻找。

第二天早六时，被寺里钟声唤醒，昨日的疲乏顿然消失。这一天主要工作仍是将全寺详游一遍，以定工作的方针。大悲阁的宋构已毁去什九，正由纯三重修拱形龛，龛顶上工作纷纭，在下面测画颇不便，所以我们盘桓一会儿，向转轮藏殿去。大悲阁与藏殿之间，及大悲阁与慈氏阁之间，都有一座碑亭，完全是清式。转轮藏前的阿弥陀佛依然笑脸相迎，于是绕到轮藏之后，初次登楼。越过没有地板的梯台，再上大半没有地板的楼上，发现藏殿上部的结构，有精巧的构架，与《营造法式》完全相同的斗拱，和许多许多精美奇特的构造，使我们高兴到发狂。

摩尼殿是隆兴寺现在诸建筑中最大最重要者。十字形的平面，每面有歇山向前，

正定隆兴寺摩尼殿

[1]《隆兴寺志》为乾隆十三年手抄本，解放后已找到，现存隆兴寺保管所。

[1] 花塔，在河北正定县城内，形制甚为特殊，为国内佛塔中一孤例。一般称为广惠寺华塔，俗呼“花塔”。

隆兴寺摩尼殿檐角铺作

略似北平紫禁城角楼，这式样是我们在宋画里所常见，而在遗建中尚未曾得到者。斗拱奇特：柱头铺作小而简单；补间铺作大而复杂，而且在正角内有四十五度的如意拱，都是后世所少见。殿内供释迦及二菩萨，有阿难迦叶二尊者，并天王侍立。摩尼殿前有甬道，达大觉六师殿遗址，殿已坍塌，只剩一堆土丘，约高丈许。据说燕大诸先生将土丘发掘，曾得了些琉璃，惜未得见。土丘东偏有高约七尺武装石坐像，雕刻粗劣，无美术价值，且时代也很晚，大概是清代遗物。这像本来已半身埋在土中，亦经他们掘出。

由土丘南望，正见山门之背。山门已很破，一部分屋顶已见天。东西间内供有四天王，并不高明。山门宋式斗拱之间，还夹有清式平身科（补间铺作），想为清代匠人重修时蛇足的增加，可谓极端愚蠢的表现。山门之北，左右有钟楼鼓楼遗址，钟楼的四根角柱石还矗立在土堆中，铁钟卧倒在地上。但在乾隆重修图上，原来的钟鼓楼并不在此。也许是后来移此，也许是乾隆时并没有依图修理，都有可疑。

寺的主要部分，如此看了一遍。次步工作便须将全城各处先游一周。依遗物之多少，分配工作的时间。稍息之后，我们带了摄影机和速写本出去“巡城”。我所知道的古建只有“四塔 ”和名胜一处——数百年来修葺多次的阳和楼。天宁寺木塔离大佛寺最近，所以我们就将它作第一个目标，然后再去看临济寺的青塔，广惠寺的花塔[1]，开元寺的砖塔。

初夏天气，炎热已经迫人，我们顺着东大街西走，约有两里来到寺前空地。空地比寺低洼许多。塔的周围便是这空地和水塘，天宁寺全部仅存塔前小屋一院。塔前有明碑，一立一卧，字迹已不甚可辨。我勉强认读碑文，但此文于塔的已往并未有所记述。我们只将塔基平面测绘而已。回到大街，过街南行，不到几步，又看见田野。正定城大人稀，城市部分只沿着主要的十字街。临济寺的青塔，就在城东南部田野与住宅区相接处。青塔是四塔中之最小者，不似其他三塔之耸起，由形制上看来，也是其中之最新者。我们对青塔上的工作只是平面图的测量，和几张照片，不幸照片大部分走了光，只剩一张全影。

正定阳和楼

阳和楼斗拱

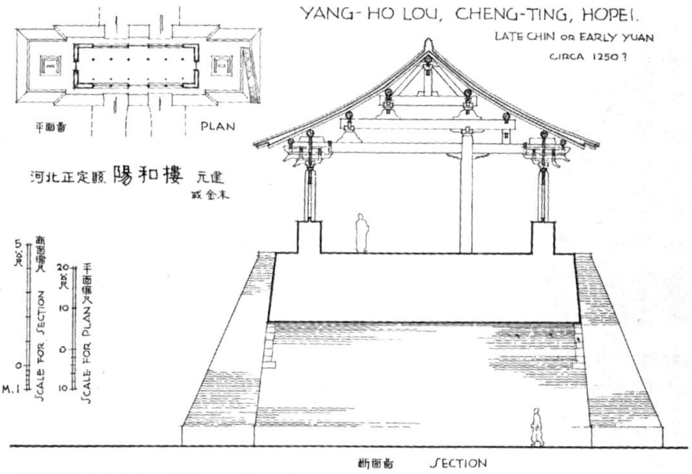

手绘河北正定县阳和楼平面及断面图

我们走了许多路，天气又热，不竟觉渴，看路旁农人工作正忙，由井中提起一桶一桶的甘泉，决计过去就饮，但是因水里满是浮沉的微体，只得忍渴前行。

青塔南约里许，也在田野住宅边上，立着奇特的花塔。原来的广惠寺也是只余小殿三楹，且塔基部分破坏已甚，塔门已经堵塞，致我们不能入内参看。

我们看完这三座塔后，便向南大街走。沿南大街北行，不久便被一座高大的建筑物拦住去路。很高的砖台，上有七楹殿，额曰阳和楼，下有两门洞，将街分左右，由台下穿过。全部的结构就像一座缩小的天安门。这就是《县志》里有多少篇重修记的名胜阳和楼。砖台之前有小小的关帝庙，庙前有台基和牌楼。阳和楼的斗拱，自下仰视，虽不如隆兴寺的伟大，却比明清式样雄壮得多，虽然多少次重修，但仍得幸存原构，这是何等侥幸。我私下里自语，“它是金元间的作品，殆无可疑。”但是这样重要的作品，东西学者到过正定的全未提到，我又觉得奇怪。门是锁着的，不得而入，看楼人也寻不到，徘徊瞻仰了些时，已近日中时分，我们只得向北回大佛寺去。在南大街上有好几道石牌楼，都是纪念明太子太保梁梦龙的。中途在一个石牌楼下的茶馆里，竟打听到看楼人的住处。

开元寺俗称砖塔寺。下午再到阳和楼时，顺路先到此寺，才知现在是警察教练所。砖塔的平面是四方形，各层的高度也较平均，其形制显然是四塔中最古者，但是砖石新整，为后世重修，实际上又是四塔中最新的一个。

开元寺除塔而外，尚存一殿一钟楼，而后者却是我们意外的收获。钟楼的上层外檐已非原形，但是下檐的斗拱和内部的构架，赫然是宋初（或更古！）遗物。楼上的大钟和地板上许多无头造像，都是有趣的东西。这钟楼现在显然是警察的食堂。开元寺正殿却是毫无趣味的清代作品，里面站在大船上的佛像，更是俗不可耐。

离开开元寺，我们还向阳和楼去。在楼下路东一个街民家里，寻到管理人。沿砖台东边拾级而登，台上可以瞭望全城。台上有殿七楹，东西碑亭各一。殿身的梁拱斗拱，使我们心花怒放，知道这木构是宋式与明清式间紧要的过渡作品。这一下午的工作，就完全在平面和斗拱之测绘。

回到寺里，得到滦东紧急的新闻，似乎有第二天即刻回平之必要。虽然后来又得到缓和的消息，但是工作已不能十分的镇定。原定两星期工作的日程，赶紧缩短，同时等候更坏的消息，预备随时回平。

第三天游城北部，北门里的崇因寺和北门外的真武庙。崇因寺是万历年间创建，我们对它并没有多大的奢望。真武庙《县志》称始于宋元，但是现存者乃是当地的现代建筑。正脊垂脊和搏风头上却有点有趣的雕饰。

回途到府文庙，现在的第七中学。在号房久候之后，蒙教务主任吴冶民先生领导参观。我们初次由小北门内远见的绿琉璃殿顶，原来就是大成殿，现在的“中山堂”；正脊虽短促， 但柱高，斗拱小，出檐短，显然是明末作品。前殿至图书馆的斗拱却惹人注意，可惜殿内斗拱的后尾被白灰顶棚所遮藏，不得见其底细。记得进门时，在墙上仿佛见有“教育要艺术化”的标语，不知是否就如此解法。殿前泮水池上的石桥，雕工虽不精细而古雅，大概也是明以前物。

由府文庙出来，我们来到县政府，从前的正定府衙门。府衙门的大堂是一座庞大

梁思成在转轮藏殿檐下

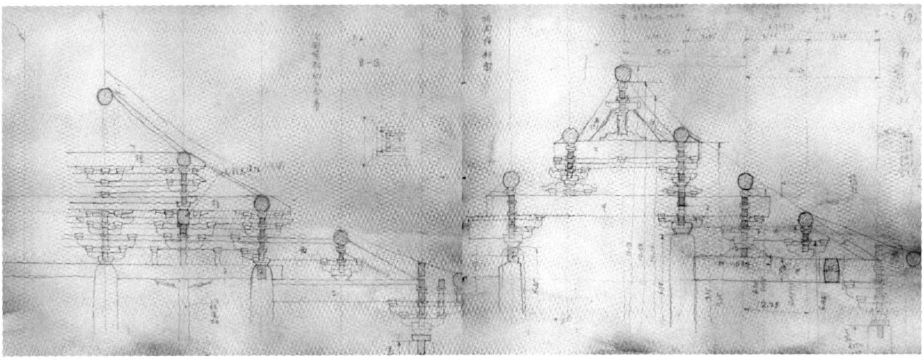

梁思成的正定隆兴寺实测记录手稿

而无斗拱的古构，由规模上看来，或许也是明构。府衙门和文庙前的牌楼，都用一种类似“偷心”华拱的板块代替斗拱，这个结构还是初次见到。府衙门之外，还有一座楼，现在改为民众图书馆，形式颇为丑怪。在回寺途中，路过镇台衙门，现在的七师附小，在门内看见一对精美绝伦的铁狮，座上有元至正二十八年年号，和铸铁匠人的名姓。

第三天的工作如此完结，我觉得我对正定的主要建筑物已大略看过一次，预备翌晨从隆兴寺起，做详测工作。

第四天棚匠已将转轮藏殿所需要用的架子搭妥。以后两天半，由早七时到晚八时，完全在转轮藏殿、慈氏阁、摩尼殿三建筑物上细测和摄影。其中虽有一天的大雷雨雹，晚上骤冷，用报纸辅助薄被之不足，工作却还顺利。这几天之中，一面拼命赶着测量，在转轮藏平梁叉手之间，或摩尼殿替木襻间之下，手按着两三寸厚几十年的积尘，量着材梁拱斗，一面心里惦记着滦东危局，揣想北平被残暴的邻军炸成焦土，结果是详细之中仍多遗漏，不禁感叹“东亚和平之保护者”的厚赐。

第六天的下午在隆兴寺测量总平面，便匆匆将大佛寺做完。最后一天，重到阳和楼将梁架细量，以补前两次所遗漏。余半日，我忽想到还有县文庙不曾参看，不妨去碰碰运气。

县文庙前牌楼上高悬着正定女子乡村师范学校的匾额。我因记起前次在省立七中的久候，不敢再惹动号房，所以一直向里走，以防时间上不必需的耗失，预备如果建筑上没有可注意的，便立刻回头。走进大门，迎面的前殿便大令人失望；我差不多

河北正定县隆兴寺转轮藏殿

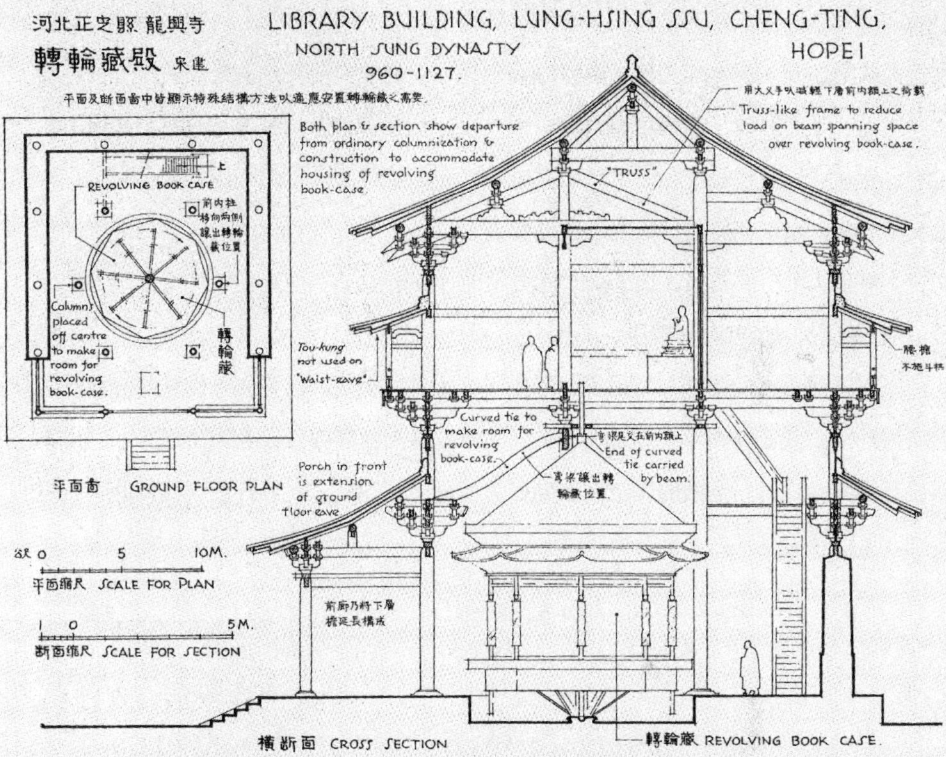

手绘河北正定县隆兴寺转轮藏殿平面及断面图

回头不再前进了，忽想“既来之则看完之”比较是好态度，于是信步绕越前殿东边进去。果然！好一座大成殿，雄壮古劲的五间，赫然现在眼前。正在雀跃高兴的时候，觉得后面有人在我背上一拍，不竟失惊回首。一位须发斑白的老者，严重地向着我问来意，并且说这是女子学校，其意若曰“你们青年男子，不宜越礼擅入”。经过解释之后，他自通姓名，说乃是校长，半信半疑地引导着我们“参观”。我又解释我们只要看大成殿，并不愿参观其他。因为时间短促，我们匆匆便开始测绘大成殿——现在的食堂——平面。校长起始耐心陪着，不久或许是感着枯燥，或许是看我们并无不轨行动，竟放心地回校长室去。可惜时间过短，断面及梁架均不暇细测。完了之后，校长又引导我们看了几座古碑，除一座元碑外，多是明物。我告诉他，这大成殿也许是正定全城最古的一座建筑，请他保护不要擅改，以存原形。他当初的怀疑至时仿佛完全消失，还殷勤地送别我们。

下午八时由大佛寺向车站出发，等夜半的平汉特别快。因为九点闭城的缘故，我们不得不早出城，到站等候。站上有整列的敞车，上面满载着没有炮的炮车，据说军队已开始向南撤退。全站的黑暗忽被惨白的水月电灯突破，几分钟后，我们便与正定告别北返。翌晨醒来，车已过长辛店了。

[1] 本文是梁思成为外国读者写的英文稿，写于1940年，未曾发表。另据费正清夫人费慰梅女士所著《梁思成与林徽因》一书第11章的注释，费慰梅亦保存有本文打字稿，并注明该文1940年写于昆明（Wilma Fairbank:《liang and lin》University of Pennsylvania Press, Philadephia, 1994.p.199）。本文的部分内容后来整理成《中国最古老的木构建筑》及《五座中国古塔》两篇文章，分别发表于英文《亚洲杂志》1941年7月号和8月号，见本书。——林鹤、李道增注

[2] vignola，意大利建筑师，五柱式建筑的创造者。——林鹤、李道增注

151

华北古建调查报告[1]

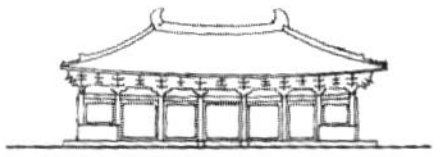

过去9年间，我参加的中国营造学社经常派出野外考察小分队，由一名资深研究人员带队，在乡间探觅古代遗迹。这种考察每年两次，每次为时两到三个月。我们的最终目标是编撰一部中国建筑的历史，过去的学者们实未涉足这一课题。典籍中的材料寥寥无几，我们必须去搜寻实际遗例。

迄今为止，我们到过十五个省，二百多个县，研究过两千余处遗迹。作为技术研究部门的主管，我得以亲临这些遗迹中的大多数。我们的目标尚遥不可期，但是我们发现了一些极重要的材料，或许普通读者也会对之深感兴趣。

任凭自然与人类肆意毁坏的中国木建筑

欧洲建筑主要取材于石料，与此不同，中国建筑是木构的，这种材料极易受损。纵有砖石建筑，亦以砖或石材模仿木建筑的结构形式。因而，学生的首要任务便是熟悉木构体系，就像研习欧洲建筑之前必先研习维诺拉[2]一样。同样，在野外考察时，学生必将主要精力集中于木结构上。他实际上是在与时间赛跑，因为这些建筑无

时无刻不在遭受着难以挽回的损害。在较保守的城镇里，新潮激发了少数人的奇思异想，努力对某个“老式的”建筑进行所谓的“现代化”，原先的杰作随之毁于愚妄。最先蒙受如此无情蹂躏的，总是精致的窗牖、雕工俊极的门屏等物件。我们罕有机会心满意足地找到一件真正的珍品，宁静美丽，未经自然和人类的损伤。一炷香上飞溅的火星，也会把整座寺宇化为灰烬。

此外还有日本侵略战争的威胁，它是如此不请自来，例证了人类的残忍和毁灭性。日本军阀全然不知珍爱与保存古迹，尽管照理说他们的国民也应该和我们一样，对我们古老的文化特别地热爱与敬重，因为这也是他们自己文化的源泉。早在1931年、1932年，日军的炮声一天近似一天，我的旅行就多次被迫蓦然中止。显然，我们还能在华北工作的时日有限了。我们决定，抓紧最后的机会，竭尽全力考察这个地区。近三年半来，当时这令人难过的预感已成惨痛的事实。目前，营造学社的机构迁至中国西南边陲，北方的土地遭受着敌军铁蹄的践踏，我们的怀念和关注与日俱增，曾经在那里进行过的野外考察的记忆愈发鲜活而亲切。

我们的旅行

一年四季，出行之前都要在图书馆里认真进行前期研究。根据史书、地方志和佛教典籍，我们选列地点目录，盼望在那里有所发现。考察分队在野外旅行中就依此目录寻访。必须找到与验明目录上的每一条，并对尚存者进行测绘和拍照。

旅行中的寻获和发现极多，其趣味与意义各有千秋。时常，我们从文学典籍中读到某个古代遗迹的精妙景致，但满怀期望的千里朝拜只找到一堆荒墟，或许尚余零星瓦片和雕石柱础聊充慰藉。

我们的旅途本身同样是心情沉浮不可期的探险。身体的苦楚被视作当然，我们常在无比迷人而快乐的难忘经历中锐感快意。旅途常像古怪的、拖长了的野餐，遇到滑稽而惨痛的麻烦时，既惶急无比，又乐不可支。

不比耗费巨资的考古探险队、追踪狮虎的猎人，抑或任何热带与极地的科学探险队，我们的旅途中仪器奇缺。除了测绘和摄影的仪器以外，我们的行囊里，最常见的装备多由队员们根据经验，在家自行设计改装而成。像电工包似的旅行背包，就是我们最心爱的宝贝，登上一座建筑物任何部位的高处工作时都可以背着它，里面什么都可以装，从一团绳子，到可以变成一根刚硬的长钓竿状的伸缩竿。我们遵奉《爱丽丝漫游仙境》里著名的白骑士的哲学，深信在急难中万物皆有用，于是不惜离开马背，以便多运些装备。

日复一日，我们扎营、举炊和食宿的条件悬殊，交通方式亦全无定式，从最古旧离奇的，到比较现代普通的，无奇不有，而我们最看重的莫过于形形色色奇特的、颠簸的老式汽车。

除建筑而外，我们常会不期而遇有趣的艺术品或民族用品——各地的手工艺品、偏僻小镇的古戏、奇异的风俗、五光十色的集市，诸如此类——但是，由于胶卷匮乏，我难得随心所欲地拍摄这些东西。我的多数行程都有我的妻子相伴，她也是一名建筑师。此外她更是作家，深爱戏剧艺术。因此，她比我更会转移注意力，热切地坚持不惜代价地拍摄某些主题。归程之后，我总是庆幸获得了这些珍贵照片，其中的景色与建筑原本可能被忽略。但是，途中遇到的许多趣物趣事无法逐一细述。限于篇幅，在此我只能从我们的探索与研究当中，信手拈来若干最精彩的部分作一说明。

从北平的皇宫开始

很自然，我最早从北平的皇宫开始进行“野外考察”，营造学社的办公室就妥帖地安置在其中一角的院落里。然而，测绘整个宫殿群的完整计划直至若干年后方得施行。由于西方世界已经熟知了故宫，而且我们的“发现”主要是技术性的，在此不作详论。

蓟县观音阁与塑像

由城墙拱卫着的蓟县去北平东约50英里[1]。1932年春，我首次目睹此地的一座木构，其比例迥异于满族宫殿，后者建造时所依据的主要是1733年敕令发布的一整套“法式”。那次难忘的旅程是我第一次体验远离主要交通干线，远离北平和上海这类大都市。如果是在美国，老式的福特T型车早就只能卖作废铁了，而在北平和小城之间，它还被用作定期的——毋宁说是不定期的——交通工具。出北平东门数英里以外，我们来到了箭杆河。河水的宽度在旱季萎缩至不足30英尺。但是，细沙的河床大

[1] 本文中“英里”、“英尺”等度量单位据原文均为英制，但根据梁思成中文著作比较，应为中国度量单位“里”、“尺”。下同。——林鹤、李道增注

独乐寺观音阁中的观音是迄今中国已知的现存最大泥塑像

约宽达一英里半。乘船渡过主流以后，汽车陷入松软的地面寸步难行。我们这些旅客只得帮着把这辆老破车推过整个河床，同时引擎轰鸣，后轮疯转，把细河沙掀得我们满眼满鼻。此后尚有其他崎岖路段，我们不得不反复地从汽车里跳上跳下。50英里的路程耗时3个小时不止，但那真是刺激有趣。那时我尚懵然不知，今后数年我会习于这样的奔波且安之若素。

我此行的目标是独乐寺的观音阁。它高耸于城墙之上，遐迩可见。远观时愈觉其活力与祥和。那是我首次看见一座真正古趣盎然的建筑。

观音阁建于公元984年。彼时宋朝初立，而此地尚为凶悍的辽人所踞。观音阁分两层，其间夹有平座一层。中国建筑用独有的结构体系“斗拱”支撑出檐，在此为一系列巨大而简洁的双下昂。其下支柱中段微凸，顶上是深远的屋檐。环绕上层的平座同样由这种“斗拱”支撑。于是，它们构成了三条基本上是结构性的饰带。这些与后世的直柱、细小密集的斗拱形成了鲜明对照。凡熟悉敦煌石窟中唐代壁画者，均感觉它与那些壁画中的殿宇惊人地相似。

观音阁中有一庞大泥塑，为高达60英尺的十一面观音。靠上的两层阁板只得在中央留出空腔，在像股及像胸的高度上形成展廊状空间。这是迄今中国已知的现存最大泥塑像。

顺便提及，这座观音阁和它前面的山门——我最早的两个发现——在营造学社的记录中长期保持为最古的木构，且其年代记录一直未被打破，直到1937年7月初我偶遇一座唐代建筑；数日后，现正进行的中日战争就爆发了。

一座七十英尺高的铜像

精彩的隆兴寺位于北平—汉口铁路线上的正定。这处寺宇建于6世纪，在以往13个世纪里，它曾相继经历过多次的倾圮与重建。群殿之间，几座宋代（公元960－1127年）的建筑至今犹存。一个天主教的传教团住在这群古建筑旁，上世纪时哥特式天主教堂赫然拔地而起，替代了一度坐落于此的乾隆皇帝的行宫。

隆兴寺最醒目处是它巨大的四十二臂青铜观音像，约70英尺高，立于雕工精美的大理石宝座上。其上原覆有一座三层阁，曾在18世纪大举修葺过，但目前已复倾颓，阁上部消失得无影无踪，露天而立的菩萨像上，40只“多余的手臂”都不见了。

庙中一座石碑记载了铸造铜像的传奇[1]。宋朝的开国之君太祖皇帝在一次征战中驾临正定，欲拜谒此处著名的铜像，据说该像高达40英尺。太祖是一个虔诚的佛教徒，听说铜像已于几年前被毁，他深感痛心。此后，庙后菜园“常放赤光一道时人皆见”。随即“天降云雨于五台山北冲刷下枋栏约及千余条于频龙河[2]内一条大木前面拦住”，停在了正定。狂热的信徒得出的结论是，“五台山文殊菩萨送下木植来与镇府大悲菩萨盖阁也！”

皇帝见此奇迹龙颜大悦，敕令新铸铜像。宣派八作司十将及铸钱监内差负责建阁铸像。下军三千人工役于阁下。

碑上记载亦提及，“留六尺深海子自方四十尺，海子内栽七条熟铁柱……海子内生铁铸满六尺。”菩萨像的设计“三度画相仪进呈方得圆满”。铸造分七段而成。完工后的塑像“举高七十三尺”。工程“至开宝四年七月二十日下手修铸”（公元971

[1] 清·王昶辑，《金石萃编》，卷一百二十三，宋一，“正定府龙兴寺铸铜像记，乾德元年五月”。——林鹤、李道增注
[2] 此处原文Fu—t'o River，据《金石萃编》记载碑文应为频龙河。——林鹤、李道增注

正定隆兴寺的十世纪七十尺观音铜像，我国现存最高的铜铸观音菩萨像

年），但是完工的日期在石碑上未见提及。

我们上次探访此地时。犹见三层阁的零星遗构，混于后世修葺部分之间。后来，虔诚而愚妄的住持“翻新”了观音像。我所心爱的铜绿被覆以一层艳丽的原色油漆，菩萨像变成了丑陋不堪的巨偶。见此唯有自我开解，油漆不耐光阴，也许熬不过一个世纪！为遮蔽这座装点一新的神像，建造了一座佛龛，高度类于梵蒂冈的大松球龛。

1937年秋，正定遭日军猛烈炮轰，随即沦陷。塑像的命运存疑。

“花塔”

正定城内另有四塔。其中一座金代砖塔“花塔”（即广惠寺华塔），得名于其繁复外形。其平面呈八角形，四正面辟门。四隅面各附以六角形单层子塔。抹灰外墙模仿木构建筑的柱、梁与斗拱。塔尖装饰丰富，有高浮雕的大象、狮子和小型的单层窣堵坡。印度的窣堵坡和中国式宝塔浑然融合为一，有点不伦不类，但并不太坏，它集中体现了“五塔”的组合方式。日后的所有旅程再也未曾遇见类似的建筑。它是中国建筑保存下来的一个孤例。

6世纪的开拱桥

青铜巨像所在的正定县城外，去城西南40英里许，是中国古迹中最惊人的桥梁工程作品。赵县的“大石桥”[1]，我不是通过精研典籍，而是由一首妇孺皆知的民

正定广慧寺华塔，它集中了“五塔”的组合方式，是中国建筑保存下来的一个孤例

[1] 作者的一篇文章《中国古代的开拱桥》于1938年2月与3月发表于《铅笔尖》上。——梁思成注
[2] 梁思成著《中国建筑史》中称"空撞券"，现通称敞肩拱。——林鹤、李道增注

安济桥，又叫赵州桥，建于隋代之初，是中国尚存最古老的桥梁

歌指引，发现了这座精妙绝伦的桥梁。我以为它只是又一座在中国俯拾即是的普通拱桥。但是，它的单拱跨度将近120英尺，两端各有两个比较小的空撞券[2]。面对此桥，几乎不敢相信自己的眼睛。它完全相仿于当代工程里所谓的"开拱桥"！

如此建造方法直至本世纪方才普遍运用于西方，尽管法国曾在14世纪出现过一个例子。但是，这座中国桥建于隋代之初，公元591年至599年之间。一本考古典籍记载，其中一个桥墩上一度镌刻着建桥者李春的签名，后为时光剥蚀。但我们依旧可以看见自唐（公元618－907年）以来心怀崇敬的无数过客的名号。有一段铭文引用了唐时一位中书令的话，特地提及了两端非凡的小券和建桥者的名字。中国古代很少会有建筑师或工匠得获荣名，因此这样特地的提及多少可以证实，这座桥的造法与式样不是沿袭当时的定式，而是天才的独创。

虽已历时十三个半世纪，这高贵的建筑物看去犹如最新型的超级摩登桥梁。若非上面那些不同年代的铭记，它极其古老的年代简直令人难以置信。据我所知，它是中国尚存最古老的桥梁。

同一县城里尚有另外一座桥，设计相仿而尺寸远逊，名为"小石桥"。建于女真族的金朝（12世纪末），由一名女真人褒钱而建造。它显然是"大石桥"的摹本。即以那时论，它也比法国的单拱桥提早百年不止。

古老的“中原”——河南省

河南省在中国向以“中原”闻名，几千年来，它是中国文明与文化的中心。得天下关键处即在中原，乃兵家必争之地。中国历史上，大多数重要战役都在这个著名的舞台上演。早在基督教兴起之前一个世纪，河南的重镇、历朝故都洛阳，就建起了中国的第一座寺庙。溯河上行至河南群山间，我们发现了一些最恢弘的佛教遗迹。

中国最古老的砖塔

古老的嵩岳禅寺位于登封县的中岳嵩山里。殿宇之间，最不凡的宝塔卓然而立。它建于公元523年，是中国目前现存最古老的砖塔。

寺宇原为北魏孝明帝的夏季别墅，当时正是第一次兴佛时期。为孝明帝的母亲即皇太后禳病而建此塔。此后1400年里，它为她带来绵绵至福。凸肚形塔身外廓略如现代的炮弹壳形，既秀丽又雄浑。它的平面独特，呈十二角形，与当时常见的正方形平面、后世的八角形平面都不同。

塔身有十五层，也是一个罕见的特点。阶基之上，矗立着高耸的首层塔身，其上有十五层出檐或称屋檐。虽然人们把它看成是十五层，但是这样的屋顶设计也许叫做一层塔身、十五层出檐更加恰当。首层塔身各隅立多边形倚柱一根，柱头垂莲饰。四正面砌圆券门，其拱背形似莲瓣，在起拱线处以涡形图案收束。其余八面俱有佛龛，状如单层、四门、方形平面的四门塔。无疑龛内原有佛像，现早已荡然无存。建筑母

中国现存最古老的砖塔，嵩山嵩岳寺塔，大塔的总体构图是日后中国普通佛塔的外形之祖

[1] 梁思成著《中国建筑史》中称“观星台”，即今之观象台。——林鹤、李道增注

[2] 一元尺约合23.9厘米或$9\frac{7}{16}$英寸。——梁思成注

周公测景台，中国少数几个古观星台之一

题确切无误地显示出印度的影响。大塔的总体构图是日后中国普通佛塔外形之祖。

古观星台[1]

去嵩山不远，告成镇有中国少数古观星台之一。这处周公测景台为元代郭守敬所建。

在水平面上立起一根垂直的立表，通过测量日影可以算出太阳年的确切时间。建此台的目的是立起高达40元尺[2]的立表。此台北侧，有一直漕。圭面长128元尺，为一长条石或石台，上有通长水渠。注水其中则可获完美的水平面。台顶有一小屋，为后世加建，与其原本用途毫无关系。除此而外，这座观星台完全符合《元史·天文志》中的描述。

这座珍贵的遗迹形似城门，立于广阔平坦的原野上。1936年，蒋介石下令修复，营造学社担任了技术监理。

中国的两千年皇城——西安

西安是陕西省的省会，古代的“长安”。从公元前1132年至公元906年，中国的皇都几乎毫无间断地设在此地，尤其毗邻西安一带。该省的历史遗迹极其丰富。每个朝代的开国君主都视此都城为必得之物，因此它罕有机会逃脱战祸；每逢改朝换代，它似乎理所当然地要遭受灭顶之灾。因而，后人已经见不到任何有年代可考的木构建

筑，然而尚存无数有历史意义的残迹。如更早期的汉代宫殿与陵墓的废墟等，当令研习建筑历史的学生深感兴趣。

规模宏大的陵墓区

在丰富的历史遗址当中，周、汉、唐诸代的陵墓值得一提。它们位于西安的西侧，咸阳、兴平和武功县境内，在方圆达三四十英里的区域，隆起无数庞然土堆。这些帝王、公主、文臣武将的陵墓陆续建于以往两千年。其平面多为方形。立面多为梯形，像似巨型石室坟墓。可以确知有些墓主是历史上某个人物，但是大多数陵墓的主人尚待考证。

最有趣的一座陵墓属于汉代远征匈奴的征服者——大将军霍去病（公元前2世纪）。在他身后，汉武帝敕令建陵如祁连山形，他曾在那里赢得最伟大的胜利。这是唯一饰以岩石的陵墓。在此发现的几件花岗岩石雕，描摹着这位武士的征战生涯。最著名的一件是"马踏匈奴"，已经介绍给了西方世界。最近的挖掘又有新的发现。看来雕刻家善于利用大石材的天然形状，以此雕作栩栩如生的人像，出奇地相似于史前巨石碑。而对动物，艺术家的认识似乎更加深刻且有所不同，例如大环眼的牛像所体现的。

距霍去病墓约15英里外，是唐代的武后之父那顾盼自雄的陵墓。神道两侧俱为麒麟、狮子、马和军民侍役。此类布置亦见于后世皇家陵墓。唐代的雄浑和工艺无与伦比。但是此地的雕像似觉对动物缺乏认识，逊于汉代的动物雕刻。

霍去病墓石雕，"马踏匈奴"

[1] 据史书记载应为十七年，详见《五座中国古塔》一文之注脚。——王世仁注

现存于西安慈恩寺里的大雁塔

中国最伟大的僧人与朝圣者玄奘的纪念碑

西安四外，无数唐代佛教遗迹遍布乡间。其中以大雁塔和小雁塔最为著名。它们耸立在广袤的原野上，去城南二英里许，彼此相距二英里许。它们均建于唐代，以大雁塔略早亦更重要。它矗立在慈恩寺中，古人建之以收藏佛经。

公元652年，玄奘大和尚首建五层塔。据说，大师朝印度十九年[1]，归国后获皇帝敕令建此塔，收藏他带回的经书。破土动工的那一天，他把第一铲土洒在自己的肩上，绕场三周，喃喃祝祷。不幸的是，此塔刚刚建成，就罹于战祸，在公元701年至705年间得以重建，并且建作十层。现存塔为七层。

塔平面作正方形。通体砖构，每层外壁均有扁柱和阑额，饰以精细的浮雕和出檐。大雁塔的总体轮廓在中国其他地方不太常见。与常见的凸肚形秀丽外形不同，它的上方诸层以强硬的斜线收分。它的形象明确而庄严，是对伟大的朝圣者及学者最恰当的纪念。

中国的圣地——山东省

山东省在周朝时是齐国和鲁国，后来成了孔夫子的故乡。今曲阜城内有圣人庙。也许举世再无另一建筑工程能够夸口其历史更为久远。孔夫子逝于公元前479年，一些门生在他身后维持乃师的居处如其生前状况，在此定时拜祭。三间屋的简朴住处在后世逐渐演变为尊严的象征。自汉代以降，一件国家大事就是，不仅要有序地维护圣

地，而且要将圣人的后裔封为世袭贵族“公”。两千年来，孔庙日益扩大、日渐复杂，直至今日，它覆盖了曲阜城墙内三分之一的区域。

在孔庙建筑群中有无数石碑，记录了孔府和孔庙自汉而今发生的大事。然现存建筑物中，最古老的碑亭，其纪年亦只及女真族的金代（1195年）。楼宇多建于明弘治年间（约1500年），最重要的代表是奎文阁，或称“书楼”。祭祀孔夫子巨像处为大成殿，它的大理石雕刻石柱美丽精致，西方人因此熟悉了它。而在研习中国建筑历史的学生心目中，这座建于1730年的大殿并没有独到的意义，除非作为实施1733年“法式”的佳例。

殿内享祀者除孔夫子外，尚有七十二门徒“配享”在侧。大成殿前，于天井两侧厢房供奉大量灵位，其上神主均为两千年间的硕儒或良臣。历年历代，由皇帝敕令庄严地批准这些人选。一位儒者身后的哀荣莫过于此。

左跨院内大殿祭祀孔夫子上五代先祖，右跨院内祭祀夫子考妣。大成殿后设一殿专供其妻。孔庙建筑群另有其他多种仪式功能。整个建筑群前面，层层天井与重门使得孔庙的入口无比醒目。

作为一个整体，孔庙出色地例证了中国规划思想，而且，在世界历史上，可能亦无他处能与它的持续发展相提并论。

1935年，中国政府计划再次大规模修缮孔庙，我有幸入选为负责修缮的建筑师。但是，日军开始入侵华北，计划被迫搁置。如今，曲阜城和孔庙一起落入了日军掌中。现由民国政府授职“祀圣高级专员”的圣人七十七世孙、衍圣公孔德成飞去了重

山东曲阜孔庙奎文阁

神通寺的四门塔，中国同类宝塔中最古老的一座

庆，他恪守先祖尽忠国家的教诲，不愿落入日本人手中，成为政治工具。

一座小石塔：类中最古之一例

孔庙而外，山东省另有一些有趣的遗迹。位于济南南部30英里外的群山之间，至要而罕为人知的一座单层小石塔，即为神通寺的四门塔。我们沿山间石径愉快地奔波终日，当令的山花和初夏的馥郁气息令人愉快，遥望天边连绵的山形起伏不定，在东岳泰山背后，我们来到了一处人迹罕至之地。

小石塔内一尊石像的纪年为公元544年。因此这是中国同类宝塔中最古老的一座。初一看去，其短拙到令人误认它为一座方亭，中立方墩，四面辟有拱券门道。顶为退台式方锥形，上有攒尖宝刹，基本上是印度式窣堵坡的缩影。

我根据对大量中国塔的研究得知，中国宝塔有趣地组合了中国原有的多层楼阁，而以印度式窣堵坡踞乎其上。神通寺的四门塔是这种结合最早，最简单的例子，应该占据中国宝塔发展史中最突出的地位。

四门塔立身的石壁俯视深谷，上有若干唐代造像，维护至善。罕有刻像状况不佳。早年的斧凿线条尚深刻清晰，与1200年前刻工方完时并无二致。它们属唐代最高的雕刻成就之列。在益都、临朐、济南及山东他处，尚存隋唐时期的窟崖石刻。但我在此只能一笔带过。

佛教石窟造像

中国崖壁间的佛教石窟造像是中国艺术里最重要的一章，惜乎曩日为国人所忽视。古人的方志和游记对此类遗迹常一笔带过，儒者有时竟至于轻藐以对。佛教造像，或毋宁说任何种类的雕塑，从未被国人目为艺术，士大夫辈不齿为此花费心思。直到近年，国人才开始发现这些遗迹之伟大，并且还雕塑艺术以应有的重视。

云冈石窟

关心中国雕塑艺术的人，或以云冈为最令人激动之地。它位于武周河岸，去大同十英里许。1935年，铁路局由北平通汽车至大同，旅行者辄易于抵此北魏国都（公元386—534年）。但是，我的头几次探访尚在此前的骡车年代里。接近云冈的时候，艰涩的车行不得不颠簸于一里又一里犬牙交错的倾斜石面上。这种经历终生难忘。

垂直的砂石质崖壁高约150英尺，一英里长，被无数石窟和佛龛镂空。里面有数以千计的佛教诸神之像。其中，五座巨型塑像高约70英尺，为履及北平和云冈的旅客所熟知。崖壁脚下的村落目前约有人口二百。一些石窟竟至于被村民占据，成为方便现成的居家。但是，依据旧时记载，我们很容易想见当日寺宇居鼎盛时何其宏伟壮丽。

我们第一次探访期间，在庙里住了几天。我们极其沮丧地发现，连最简单的食物亦无处可觅。最终，我们用了半打大头钉，从派驻此地的一支小部队的排长手里换得

云冈最大的佛像，南派风格的代表

[1] 此处原文"孝武帝"（Hsiao—wu—ti），然梁著《中国建筑史》等各处均为"文成帝"，疑为当年笔误，据诸本改。——林鹤、李道增注

几盎司芝麻油和两棵卷心菜!

云冈石窟始建于北魏文成帝时期（公元454年）[1]。石刻群像是中国早期佛教艺术最重要的遗例。石崖表面随机散布石窟与佛龛。上自帝王下至庶民，均可随意各择尺寸位置，凿龛造像为至爱祝祷。云冈的造像活动持续了半个世纪，至公元494年魏室南迁定都洛阳时，方兀然中止。

云冈的石窟有若干庞大卓异者，有些带有前廊。窟殿中心通常有一中央塔柱，是印度支提塔的中式翻版，为中国石窟模仿的蓝本。我们在此发现了"希腊—佛教"的元素相互掺杂。有些柱上坐斗甚至如同爱奥尼式卷纹的柱头，而中国本土的斗拱灵活地变形为波斯"双牛"的兽形柱头母题。然建筑物大体仍为中式。我们从这些石窟里采得北魏木构建筑的大量资料，这段时期迄今尚无实际遗例。中国各地后世出现了大量石窟，除了太原附近的天龙山石窟以外，无一如早期石窟般具有如此丰富的建筑处理细节。

龙门石窟

在研习中国雕塑者心目中，洛阳南面10英里的龙门石窟当与云冈石窟同等重要。当北魏鲜卑族从大同迁都至此时，造像艺术亦随之而来。伊河两岸连绵的石灰石崖壁为雕刻作品之上佳基址。造像活动始于公元495年，持续时间逾250年而不止。

早期石窟造像具有和云冈相似的古雅感觉——主要形式为圆雕。雕像的表情异常静谧而迷人。近年来，这些雕像遭到古董商的恶意毁坏，最杰出的作品流落到了欧美

的博物馆中。

龙门最不朽的雕像群成于武后时，即公元676年开凿卢舍那龛。据一处铭文记载，皇后陛下颁旨所有宫人捐献“脂粉钱”为基金，雕刻80英尺高的坐佛、胁侍尊者、菩萨及金刚神王。群像原覆以面阔九楹的木构寺阁，惜早已不存。但崖上龛壁处尚有卯孔和凹槽历历在目，明确指示出屋顶刻槽的位置和许多梁楣的位置。

与云冈不同，逾百龛壁上铭文无数，记录了功德主的名字与捐献日期，便于确认大多数雕像的年代。然而，从建筑考古的角度来看，龙门石窟的重要性远逊于云冈石窟。

除龙门石窟以外，河南境内尚有其他早期石窟，较大者有磁县、浚县及巩县各处。作为组群，其规模与重要性都不如龙门石窟和云冈石窟。

天龙山石窟

山西首府太原西北40英里许，有天龙山石窟，它为研究北齐与北魏的建筑提供了许多珍贵资料。云冈石窟和龙门石窟开凿于岸边崖壁，而天龙山石窟则高踞于群山之上的旱地。这里的组群相对较小，统共仅约20窟。最大的佛像高约30英尺，与云冈或龙门的巨像相比，简直像是侏儒。其他诸窟的塑像多为真人尺寸。它们代表着中国雕塑史上造诣高超的一段时期。不幸的是，除最大的一尊而外，几乎所有塑像都被无情地凿下，流落于古董商手中。失窃的残片现在散见于世界各地的博物馆里。其中一些在纽约的温思罗普藏品中为人称羡，另外若干照例落入了某些日本私

龙门尤以卢舍那龛卢舍那像最为精彩

人收藏家之手。

这些石窟在建筑意义上极其重要。其中一些前有柱廊，极为忠实地模仿当时的木构建筑。尽管只有立面，我们从中不仅大致认识到了总体组合的思路，甚至于还认识到了具体的比例和细部的阴影。

山西太原天龙山唐代窟菩萨像

木质古构的富饶温床——山西省

山西省东倚太行山，西、南临壮丽的黄河，北有长城和蒙古沙漠拱卫，因此有宋（公元960年）以来一直远离战祸，而其他省份却于改朝换代之际反复地在层层焦土之上重建新城。直至1937年秋日军入侵。山西安享太平几近千年，于是这富饶的温床孕育了大量的木质古构。在1931年至1937年之间，我六度赴晋，三次访晋北，其余三次访晋中与晋南。

几乎在每座小城镇里，或在群山之间，总会遇到一些外貌古旧的楼宇、佛寺或道观，其年代

林徽因在雨华宫测绘

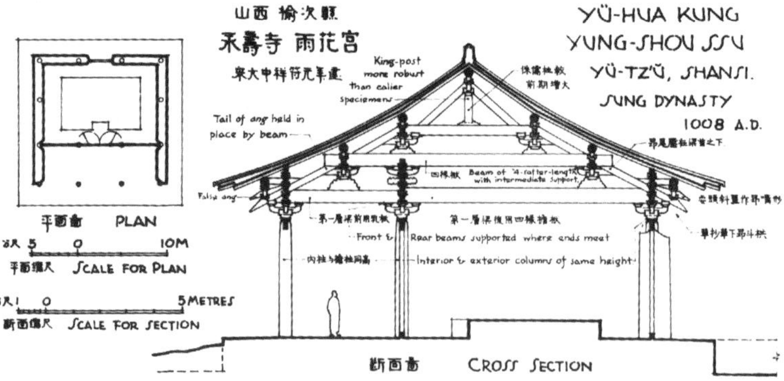

太原永寿寺雨华宫，中国第三古老的木建筑，唐宋木构过渡形式的重要实例，可惜的是已被拆除，不复存在

[1] 即永寿寺雨华宫。——林鹤、李道增注

小相村灵岩寺的大佛似乎在与林徽因说话

早至12、13世纪或更久远。正是在山西省，在我们赴太原中途，位于榆次附近离火车铁轨不到20码处，一座小建筑与我们不期而遇。它极为匀称，纪年为1008年，是迄今已知第三古老的木构建筑[1]；在太谷，三座宋、金时期的庙宇保存完好；祭祀清泉圣母的花园寺庙晋祠，建于1023年至1031年间，是最美丽的并垣名胜；奇特的小建筑如俯瞰汾河的灵石民房，地基为高达100英尺的挡土墙；汾阳附近大路边，铸铁佛像趺坐于灵岩寺堂皇残址的瓦砾间；如此等等不一而足。我不可能逐一讲述在山西省的所有重要发现，只能挑选一些最出色的例子。

11世纪早期的薄伽教藏

大同之盛名不仅得之于云冈伟大的北魏石窟，亦得之于城中辽（公元937－1125年）、金（1125－1234年）时期的寺宇。上下华严寺原为一体，占地辽阔，楼阁有上百之数。然近千年内，大多庙宇逐渐为世俗用途所蚕食。从此薄伽教藏彻底脱离上寺，开始以下寺而知名；它是一座特别有趣的建筑。建殿意在收藏佛经，沿大殿三面墙上置壁柜式经橱藏之。这些经橱极罕见，橱顶有微缩楼阁以象征天宫。殿心大坛上为中国最精美的泥塑佛像群之一。三本尊趺坐于宝座，胁侍尊者、菩萨、金刚护卫。这组群像外形秀丽，色泽柔美黯淡，逃脱了中国古老造像的常例，未遭后世“翻新”之厄。在一根梁下用墨汁写有建殿年代，为公元1038年。这种做法是中国旧例，而此年代亦为至今尚存的极少数早期纪年之一。

山西大同华严寺内吉祥天女像，合掌微笑露齿，最不经见

山西大同华严寺薄伽教藏殿

中国唯一的木塔

应县去大同西50英里许，靠近长城向内的延线处。这个小镇的盐碱地令它饱尝穷困之苦，镇上仅见几百家土坯房、十余株树木。值得它自夸的是，这里有中国现存的唯一木塔。

通汽车的大路距小镇最近处约25英里，旅客须从那里换乘骡车，忍受6个小时的颠簸。我到镇西5英里外时，正是落日时辰。前方几乎笔直的道路尽头，兀然间看见暗紫色天光下远远闪烁着的珍宝：红白相间的宝塔映照着金色的夕阳，掩映在远山之上。这座五层的宝塔从四周原野上拔地而起，高约200英尺，天晴时分从20英里外就能看见。

我进入城垣时天色已黑。塔身如黑色巨人般笼罩全镇，但顶层南侧犹见一丝光亮，自一片漆黑中透出一个亮点。后来我发现，那是“长明灯”，自九百年前日日夜夜地亮到如今。

宝塔建于1056年。平面作八角形，通身木构，将五个单层的中国建筑层层相叠为五层。首层重檐承以巨大的斗拱，类似蓟县观音阁的形式。其上四层均环有平座及出檐。各以斗拱支撑。每层四正面辟门，另外四面俱作板条抹灰墙，饰以尊者和菩萨的画像。

底层的八角形佛殿中央为释迦牟尼的巨型泥塑，而以上诸层各有不同的佛像，多有胁侍尊者及菩萨。

木塔顶部结以一个精致的锻铁攒尖顶，以八条铁链系于顶层屋角。一个晴朗的午后，我专心致志地在塔尖测量和拍摄，未曾注意头顶的云层迅速地合拢了。随即一声惊雷突然在身边爆响，我大吃一惊，险些在高出地面200英尺的上空松开手中冰凉的铁链。我与此相仿的唯一历险是，没有依例听见空袭警报，日军的飞机在我家四周投下了几枚250磅的炸弹，其中最近的一枚仅在20英尺外。

这座木塔如此见宠于自然界，已经进入了千年轮回的最后一百年，但它现在也许正在日本人的手中挣扎着。1937年秋，日军围困并占领了应县。

霍山广胜寺，非凡的建筑与非凡的壁画

1933年，在广胜寺发现一整套金代版《三藏经》（1149年），这是中国佛教典籍研究界的一件大事。正是经书的发现把我们引向了这里。

上下广胜寺位于赵城以东约15英里的霍山山口。我们在那里发现了两组建筑，可能俱为元代的罕贵遗构（1280—1376年）。建筑外形与常见的中国建筑很吻合，但支撑屋顶的梁枋体系却绝非正统。自由运用了出挑深远的斜昂，展示出设计师的巨大原创力和天才。对木结构如此灵活有机的运用在我们的旅途中尚属初见。

下寺旁边是拜祭山麓泉水的龙王庙。殿宇本身重建于1319年，并无出色之处，但其壁上有一些壁画吸引了我们的注意。以往在旅途中，我们所遇壁画均取宗教题材，而在这里，我们首次目睹了如此描绘的世俗场面。其中最有趣的是一个演戏的场景，演员们的服饰宋（汉）蒙互见，程式化的面部化妆显为后世精研的舞台化妆的原型。这幅壁画对研究中国绘画和元剧都至为重要。更珍贵的是，它的铭文纪年为

应县木塔，中国现存的唯一的木塔

霍山广胜寺殿内支撑屋顶的梁枋体系，自由运用了出挑深远的斜昂，展示出设计师巨大的原创力和天才

公元1326年。

最后的华北之行，五台山

五台山是文殊师利菩萨（中国人称为文殊菩萨）的道场，远自唐代即为中国的佛教圣地。逾千年来，豪门贵族施功德的珍宝已遍布山中庙宇。因此，殿阁不断重修，涂金与油彩闪亮耀目，每年有二到三次香客云集。但在群山外缘，时髦照顾不到的地方，寒素的寺僧们负担不起大规模的修建工程，或能找到未经触动的遗构。于是，1937年6月，我自北平首途五台山。

中国最古的木构

从太原驱车约80英里路到东冶，我们换乘骡车，取僻径进入五台。南台之外去豆村3英里许，我们进入了佛光寺的山门。这座宏伟巨刹建于山麓的高大台基上，门前大天井环立古松二十余株。殿仅一层，斗拱巨大、有力、简单，出檐深远。它典型地相似于蓟县观音阁。随意一瞥，其极古立辨。但是，它会早于迄今所知最古的建筑吗？

我们怀着兴奋与难耐的猜想，越过訇然开启的巨大山门，步入大殿。殿面阔七楹，昏暗的室内令人印象非常深刻。一个巨大的佛坛上迎面端坐着巨大的佛陀、普贤和文殊，无数尊者、菩萨和金刚侍立两侧，如同魔幻的神像森林。佛坛最左端坐着一尊真人大小的女像，世俗服饰，在神像群间显得渺小而卑微。据寺僧说，这是邪恶的武后。尽管最近的“翻新”把整个神像群涂上了鲜亮的油彩，它们却无疑是晚唐的作品，一眼就可看出它们极类似敦煌石窟的塑像。

我们分析，如果面前这些塑像是幸存的唐代泥塑，则其头顶的建筑就只可能是唐代原构。显然，殿内任何东西在重建中都会毁于一旦。

次日，我们开始仔细调查整个建筑群。斗拱、梁枋、变幻的平暗[1]、石雕柱础，都被我们急切地检查一过。它们均明确无疑地显示出晚唐特征，但那还不是最奇特处。当我们爬进平暗上的黑暗空间时，我大为惊讶地发现，屋顶梁架作法仅见于唐代壁画，此前我从未亲睹实物。（借用现代的名称）使用双“椽”[2]而不用“王柱”[3]，与后世中国建筑方法相反，全然出乎我的意料。

平暗上的“阁楼”里，上千蝙蝠丛生于脊桁四周，如同厚敷其上的一层鱼子酱，竟至于无法看见上面可能标明的年代。蝙蝠身上寄生的臭虫数以百万计，于木料上大量孳生着。我们立足的平暗上面厚积微尘，也许历几个世纪方积淀至此，其上到处点缀着小小的蝙蝠尸体。我们的口鼻上蒙着厚面罩，几乎透不过气，在一片漆黑与恶臭之间，借手电光进行着测绘和拍摄。几个小时以后，当我们钻出檐下呼吸新鲜空气时，发现无数臭虫钻进了留置平暗上的睡袋及睡袋内的笔记本里。我们也被咬得很厉害，但我追猎遗构多年，以此时刻最感快慰。不出所料，队中同人均对身体的苦楚一笑了之。

大殿墙面原本定有壁画为饰，早已不存。至今唯一留存壁画之处是“拱眼壁”，

[1] 原文为“天花板”，据梁思成著《中国建筑史》称“平暗”。——林鹤、李道增注
[2] 梁思成著《中国建筑史》称“双叉手”。——林鹤、李道增注
[3] 梁思成著《中国建筑史》称“侏儒柱”。——林鹤、李道增注

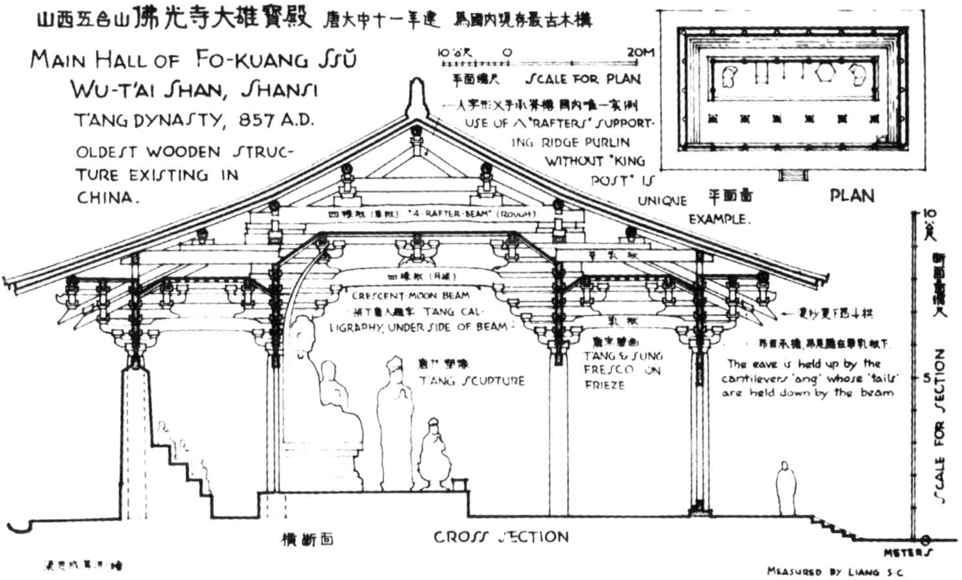

佛光寺大雄宝殿横断面图

山西五台山佛光寺全景

梁思成在佛光寺大殿内测绘拍照

佛光寺大殿内，巨大的佛坛上端坐着巨大的佛陀、普贤、文殊，无数尊者、菩萨、金刚伺立两侧

过梁上斗拱间抹灰的部分。拱眼壁的不同部分，彩画的工艺水准悬殊，年代也明显不同。其中一段画有佛像，后有背光花纹，纪年为公元1122年。旁边一段画有佛和胁侍菩萨，显然年代更早，艺术特点更佳。这一段与敦煌石窟壁画相似处最为惊人。它只会是唐代的。尽管只是一小片墙面，位于不起眼处，据我所知，它却是除敦煌壁画以外，中国本土现存唯一的唐代壁画。

确认功德主与年代

在大殿工作的第三天。我的妻子注意到，在一根梁底有非常微弱的墨迹——它蒙尘很厚，模糊难辨。但是这个发现在我们中间就像电光一闪。我们最乐意在梁上或在旁边的碑石上读到建筑的确切年代。以风格为据判断一处古构的大致年代，是一个费力不讨好的过程。虽手边有令人信服的材料且苦苦研究过，在证据不足时，我们还是不得不谦抑地将建筑的年代假设在二三十年之间，有时斟酌范围竟达半个世纪！此处，高山孤松之间即是伟大的唐代遗构，首次完璧现于世人面前，值得我们仔细研究、特别认识。但是它的年代如何确定？伟大的唐朝自公元618年延续至907年，300年间各门类文化均得以强盛发展。在这300年中间，这座生动的古刹始建于哪一年，这个疑问难道过于好奇了吗？

现在，带有模糊笔迹的梁枋很快就会告诉我们这个迫切的答案。但是它们被后世的淡赭色涂层所蔽。必须在价值连城的佛像之间搭造灵活的脚手架，以接近那些有字的梁。而在我们得以靠近上面由建殿匠人写下的启示性文字之前，这些梁本身也需要

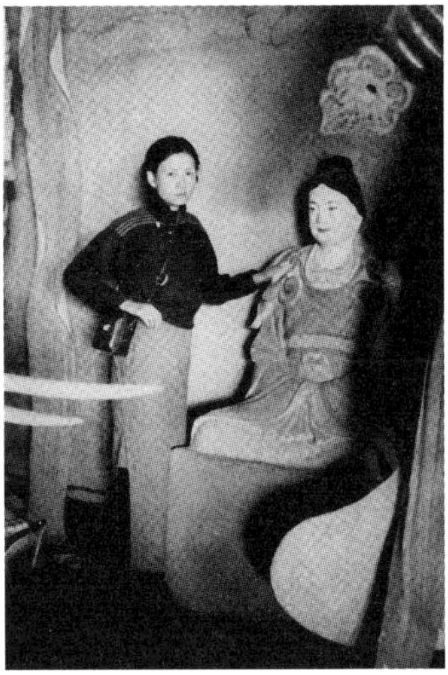

林徽因，第一个发现了这座最珍贵的古刹是由一位女性捐献的，图为林徽因与佛殿施主宁公遇

用毛巾清水洗净。但是这里远离人烟，人手难觅。等待做出必需的安排之际，我的妻子尽心地投入了工作。她把头弯成最难受的姿势，急切地从下面各种角度审视着这些梁。费力地试了几次以后，她读出了一些不确切的人名，附带有唐代的冗长官衔。但是最重要的名字位于最右边一根梁上，只能读出一部分："佛殿主上都送供女弟子宁公遇。"她，一位女性，第一个发现这座最珍贵的中国古刹是由一位女性捐建的，这似乎太不可能是个巧合。当时她担心自己的想象力太活跃，读错了那些难辨的字。她离开大殿，到阶前重新查对立在那里的石经幢。她记得曾看见上面有一列带官衔的名字，与梁上写着的那些有点相仿。她希望能够找到一个确切的名字。于一长串显贵的名字间，她大喜过望地清晰辨认出了同样的一句："女弟子佛殿主宁公遇。"

这个经幢的纪年为"唐大中十一年"，即公元857年。

随即我们醒悟，寺僧说是"武后"的那个女人，世俗穿戴、谦卑地坐在坛梢的小塑像，正是功德主宁公遇本人！让功德主在佛像下坐于一隅，这种特殊的表现方法常见于敦煌的宗教绘画中。于此发现庙中的立体塑像取同一布置惯例，这喜悦非同小可。

设此经幢于殿成后不久即树于此地，则大殿的年代即可确认。它比蓟县观音阁只早了127年。经年搜求中，这是我们至今所遇唯一的唐代木构建筑。不仅如此，在同一座大殿里，我们同时发现了唐代的绘画、唐代的书法、唐代的雕塑和唐代的建筑。此四者一已称绝，而四艺集于一殿更属海内无双。我最重要的发现当是此处。恐怕将来未必能够更见任何同等古迹，更何况四艺合一之处。

战争：营造学社迁往华南

离开佛光寺前，我将此处发现报告给山西省政府及国家古迹保护委员会，我是这个委员会的一个成员。向长老道别时我的兴致颇高，应承明年重来时携政府基金以广为修葺。我们在五台人迹稠密区进行了普查，未见重大遗构值得多耗时日。我们取道北麓通代县的路线离开山区；代县的规划十分精彩。我们在那里舒坦地工作了几天。

7月15日，一天劳作之余，我们见到了由太原运抵的成捆报纸，洪水冲溃大路将这些报纸耽搁了几天。我们放松地躺上行军床开始读报："日军猛烈进攻我平郊据点"，战争已经爆发一个星期了。我们几经波折，设法绕路回到北平。

一个月后，北平沦陷。不久，中国营造学社和许多文化教育机构一样迁往华南。过去三年，我们在华南诸省进行了更多野外考察。我将留俟他日讲述其结果。

我曾在华北调研过的多数地方现在都落入了日军手中。比如我最牵怀的唐代遗构所在的豆村，过去在外界并不知名，现在却再三见诸报端，或为日本人进攻五台的基地，或为中国人反攻的目标。我怀疑唐代遗构能否在战后幸免于难。万望我的照片和测绘不会是它目前所遗之唯一记录。

待战争结束，除了寻找更多新资料用于深入研究以外，当另有一项额外的任务，就是重访我们旧日的足迹，看看日军的炮火毁掉了多少无可替代的珍宝。

[1] 本文原载1935年《中国营造学社汇刊》第五卷第三期，由林徽因、梁思成合著。

晋汾古建筑预查纪略[1]

文水聖母廟 1283
SHENG-MU MIAO · WEN-SHUI

去夏乘暑假之便，作晋汾之游。汾阳城外峪道河，为山右绝好消夏的去处。地据白彪山麓，因神头有“马跑神泉”，自从宋太宗的骏骑蹄下踢出甘泉，救了干渴的三军，这泉水便没有停流过，千年来为沿溪数十家磨坊供给原动力，直至电气磨机在平遥创立了山西面粉业的中心，这源源清流始闲散地单剩曲折的画意。辘辘轮声既然消寂下来，而空静的磨坊，便也成了许多洋人避暑的别墅。

说起来中国人避暑的地方，哪一处不是洋人开的天地，北戴河、牯岭、莫干山……所以峪道河也不是例外。其实去年在峪道河避暑的，除去一位娶英籍太太的教授和我们外，全体都是山西内地传教的洋人，还不能说是中国人避暑的地方呢。在那短短的十几天，令人大有“人何寥落”之感。

以汾阳峪道河为根据，我们曾向邻近诸县作了多次的旅行，计停留过八县地方，为太原、文水、汾阳、孝义、介休、灵石、霍县、赵城，其中介休至赵城间300余里，因同蒲铁路正在炸山兴筑，公路多段被毁，故大半竟至徒步，滋味尤为浓厚。餐风宿雨，两周艰苦简陋的生活，与寻常都市相较，至少有两世纪的分别。我们所参诣的古构，不下三四十处，元明遗物，随地遇见，现在仅择要纪述。

汾阳县 峪道河 龙天庙

在我们住处，峪道河的两壁山崖上，有几处小小庙宇。东崖上的实际寺，以风景幽胜著名。神头的龙王庙，因马跑泉享受了千年的烟火，正殿前有拓黑了的宋碑，为这年代的保证，这碑也就是这庙里唯一的“古物”。西岩上南头有一座关帝庙，几经修建，式样混杂，别有趣味。北头一座龙天庙，虽然在年代或结构上并无可以惊人之处，但秀整不俗，我们却可以当它作山西南部小庙宇的代表作品。

龙天庙在西岩上，庙南向，其东边立面，厢庑后背。钟楼及围墙，成一长线剪影，隔溪居高临下，隐约白杨间。在斜阳掩映之中，最能引起沿溪行人的兴趣。山西庙宇的远景，无论大小都有两个特征：一是立体的组织，权衡俊美，各部参差高下，大小相依附，从任何视点望去均恰到好处；一是在山西，砖筑或石砌物，斑彩淳和，多带红黄色，在日光里与山冈原野同醉，浓艳夺人，尤其是在夕阳西下时，砖石如染，远近殷红映照，绮丽特甚。在这两点上，龙天庙亦非例外。谷中外人30年来不识其名，但据这种印象，称这庙作“落日庙”并非无因的。

庙周围土坡上下有盘旋小路，坡孤立如岛，远距村落人家。庙前本有一片松柏，现时只剩一老松，孤傲耸立，缄默如同守卫将士。庙门整日闭锁，少有开时，苟遇一老人耕作门外，则可暂借锁钥，随意出入；本来这一带地方多是道不拾遗、夜不闭户的，所谓锁钥亦只余一条铁钉及一种形式上的保管手续而已。这现象竟亦可代表山西内地其他许多大小庙宇的保管情形。

庙中空无一人，蔓草晚照，伴着殿庑石级，静穆神秘，如在画中。两厢为“窑”，上平顶，有砖级可登，天晴日美时，周围风景全可入览。此带山势和缓，平趋连接汾河东西区域；远望绵山峰峦，竟似天外烟霞，但傍晚时，默立高处，实不竟古原夕阳之感。近山各处全是赤土山级，层层平削，像是出自人工；农民多辟洞“穴居”耕种其上。麦黍赤土，红绿相间成横层，每级土崖上所辟各穴，远望似平列桥洞，景物自成一种特殊风趣。沿溪白杨丛中，点缀土筑平屋小院及磨坊，更显错落可爱。

龙天庙的平面布置南北中线甚长，南面围墙上辟山门。门内无照壁，却为戏楼背面。山西中部南部我们所见的庙宇多附属戏楼，在平面布置上没有向外伸出的舞台。楼下部实心基坛，上部三面墙壁，一面开敞，向着正殿，即为戏台。台正中有山柱一列，预备挂上帏幕可分成前后台。楼左阙门，有石级十余可上下。在龙天庙里，这座戏楼正堵截山门入口处成一大照壁。

转过戏楼，院落甚深，楼之北，左右为钟鼓楼，中间有小小牌楼，庭院在此也高起两三级划入正院。院北为正殿，左右厢房为砖砌窑屋各三间，前有廊檐，旁有砖级，可登屋顶。山西乡间穴居仍盛行，民居喜砌砖为窑（即券洞），庙宇两厢亦多砌窑以供僧侣居住。窑顶平台均可从窑外梯级上下。此点酷似墨西哥红印人之叠层土屋，有立体堆垒组织之美。钟鼓楼也以发券的窑为下层台基，上立木造方亭，台基外亦设砖级，依附基墙，可登方亭。全建筑物以砖造部分为主，与他省木架钟鼓楼异其风趣。

正殿前廊外尚有一座开敞的过厅，紧接廊前称“献食棚”。这个结构实是一座卷棚式过廊，两山有墙而前后檐柱间开敞，没有装修及墙壁。它的功用则在名义上已很明了，不用赘释了。在别省称祭堂或前殿的，与正殿都有相当的距离，而且不是开敞的，这献食棚实是祭堂的另一种有趣的做法。

龙天庙里的主要建筑物为正殿。殿三间，前出廊，内供龙天及夫人像。按廊下清乾隆十二年碑说：

龙天者，介休令贾侯也。公讳浑，晋惠帝永兴元年，刘元海……攻陷介休，公……死而守节，不愧青天。后人……故建庙崇祀，……像神立祠，盖自此始矣。……

这座小小正殿，“前廊后无廊”，本为山西常见的做法，前廊檐下用硕大的斗拱，后檐却用极小，乃至不用斗拱，将前后不均齐的配置完全表现在外面，是河北省所不经见的，尤其是在旁面看其所呈现象，颇为奇特。

至于这殿，按乾隆十二年“重增修龙天庙碑记”说：

按正殿上梁所志系元季丁亥元顺帝至正七年（公元1347年）重建。

正殿三小间，献食棚一间，东西厦窑二眼，殿旁两小房二间，乐楼三间。……鸠工改修，计正殿三大间，献食棚三间，东西窑六眼，殿旁东西房六间，大门洞一座……零余银备异日牌楼钟鼓楼之费。……

所以我们知道龙天庙的建筑，虽然曾经重建于元季，但是现在所见，竟全是乾、嘉增修的新构。

殿的构架，由大木上说，是悬山造，因为各檩头皆伸出到柱中线以外甚远；但是由外表上看，却似硬山造，因为山墙不在山柱中线上，而向外移出，以封护檩头。这种做法亦为清代官式建筑所无。

这殿前檐的斗拱，权衡甚大，斗拱之高，约及柱高之四分之一；斗拱之布置，亦极疏朗，当心间用补间铺作一朵，次间不用。当心间左右两柱头并补间铺作均用四十五度斜拱。柱身微有卷杀，阑额为月梁式，普拍枋宽过阑额。这许多特征，在河北省内唯在宋元以前建筑乃得见；但在山西，明末清初比比皆是，但细查各拱头的雕饰，则光怪陆离，绝无古代沉静的气味；两平柱上的丁头拱（清称雀替），且刻成龙头象头等形状。

殿内梁架所用梁的断面，亦较小于清代官式的规定，且所用驼峰、替木、叉手等等结构部分，都保留下古代的作法，而在清式中所不见的。

全殿最古的部分是正殿匾牌。这牌的牌首、牌带、牌舌，皆极奇特，与古今定制都不同，不知是否原物，虽然牌面的年代是确无可疑的。

汾阳县　大相村　崇胜寺

由太原至汾阳公路上，将到汾阳时，便可望见路东南百余米处，耸起一座庞大的殿宇，出檐深远，四角用砖筑立柱支着，引人注意。由大殿之东，进村之北门，沿寺东墙外南行颇远，始到寺门。寺规模宏敞，连山门一共六进。山门之内为天王门，天王门内左右为钟鼓楼，后为天王殿，天王殿之后为前殿、正殿（毗卢殿）及后殿（七佛殿）。除去第一进院之外，每院都有左右厢，在平面布置上，完全是明清以后的式样，而在构架上，则差不多各进都有不同的特征，明初至清末各种的式样都有代表“列席”。在建筑本身以外，正殿廊前放着一造像碑，为北齐天保三年物。

天王殿正中弘治元年（公元1488年）碑说：

大相里横枕卜山之下……古来舍剎稽自大齐天保三年（公元552年），大元延祐四年（公元1317年）……奉敕建立后殿，增饰慈尊，额题崇胜禅寺，于是而渐成规模……大明宣德庚戌五年（公元1430年），功竖中殿，廊庑翼如；周植树千本。……大明成化乙未十一年（公元1475年）……构造天王殿，伽蓝宇祠，堂室俱备。……

按现在情形看，天王殿与中殿之间，尚有前殿，天王殿前尚有钟楼鼓楼，为碑文中所未及。而所“植树千本”，则一根也不存在了。

山门三间，最平淡无奇；檐下用一斗三升斗拱，权衡甚小，但布置尚疏朗。

天王门三间，左右挟以斜照壁及掖。斗拱权衡颇大，布置亦疏朗，每间用补间铺作二朵，角柱微生起，乍看确有古风。但是各拱昂头上过甚的雕饰，立刻表示其较晚的年代。天王门内部梁架都用月梁。但因前后廊子均异常的浅隘，故前后檐部斗拱的布置都有特别的结构，成为一个有趣的断面；前面用两列斗拱，高下不同，上下亦不相列，后檐却用垂莲柱，使檐部伸出墙外。

钟鼓楼天王门之后，左右为钟鼓楼，其中钟楼结构精巧，前有抱厦，顶用十字脊，山花向前，甚为奇特。

天王殿五间，即成化十一年所建，弘治元年碑，就立在殿之正中；天王像四尊，坐在东西梢间内。斗拱颇大，当心间用补间铺作两朵，次梢间用一朵，雄壮有古风。

前殿五间，大概是崇胜寺最新的建筑物，斗拱用品字式，上交托角替，垫拱板前罗列着全副博古，雕工精细异常，不唯是太琐碎了，而且是违反一切好建筑上结构及雕饰两方面的常规的。

前殿的东西配殿各三间，亦有几处值得注意之点。在横断面上，前后是不均齐的；如峪道河龙天庙正殿一样，“前廊后无廊”，而前廊用极大的斗拱，后廊用小斗拱，使侧面呈不均齐象。斗拱布置亦疏朗，每间用补间铺作一朵。出跳虽只一跳，在昂下及泥道拱下，却用替木式的短拱实拍承托，如大同华严寺海会殿及应县木塔顶层所见；但在此短拱拱头，又以极薄小之翼形拱相交，都是他处所未见。最奇特的乃在阑额与柱头的联接法，将阑额两端斫去一部，使额之上部托在柱头之上，下部与柱相交，是以一构材而兼阑额及普拍枋两者的功用的。阑额之下，托以较小的枋，长尽梢间，而在当心间插出柱头作角替，也许是《营造法式》卷五所谓“绰幕方”一类的东西。

正殿（毗卢殿）大概是崇胜寺内最古的结构，明弘治元年碑所载建于宣德庚戌五年（公元1430年）的中殿即指此，殿是硬山造，“前廊后无廊”，前檐用硕大的斗拱，前后亦不均齐。斗拱布置，每间只用补间铺作一朵。前后各出两跳，单抄单下昂，重拱造，昂尾斜上，以承上一缝槫。当心间补间铺作用四十五度斜拱。阑额甚小，上有很宽的普拍枋，一切尚如古制。当心间两柱，八角形，这种柱常见于六朝隋唐的砖塔及石刻，但用木的，这是我们所得见唯一的例。檐出颇远，但只用椽而无飞椽，在这种大的建筑物上还是初见。

前廊西端立北齐天保三年任敬志等造像碑，碑阳造像两层，各刻一佛二菩萨，额亦刻佛一尊。上层龛左右刻天王，略像龙门两大天王。座下刻狮子二：碑头刻蟠龙，都是极品，底下刻字则更劲古可爱。可惜佛面已毁，碑阴字迹亦见剥落了。清初顾亭林到汾访此碑，见先生《金石文字记》。

最后为七佛殿七间，是寺内最大的建筑物，在公路上可以望见。按明万历二十年《增修崇胜寺记》碑，乃“以万历十二年动工，至二十年落成”。无疑的，这座晚明结构已替换了“大元延祐四年”的原建，在全部权衡上，这座明建尚保存着许多古代的美德；例如斗拱疏朗，出檐深远，尚表现一些雄壮气概。但各部本身，则尽雕饰之能事。外檐斗拱，上昂嘴特多，弯曲已甚；要头上雕饰细巧；替木两端的花纹盘缠；阑额下更有龙形的角替；且金柱内额上斗拱坐斗之剔空花，竟将荷载之集中点（主要的建筑部分），作成脆弱的纤巧的花样；匠人弄巧，害及好建筑，以至如此，实令人怅然。虽然在雕工上看来，这些都是精妙绝伦的技艺，可惜太不得其道，以建筑物作卖技之场，结果因小失大，这巍峨大殿，在美术上竟要永远蒙耻低头。

七佛殿格扇上花心，精巧异常，为一种菱花与球纹混合的花样，在装饰图案上，实是登峰造极的，殿顶的脊饰，是山西所常见的普通做法。

汾阳县 杏花村 国宁寺

杏花村是做汾酒的古村，离汾阳甚近。国宁寺大殿，由公路上可以望见。殿重檐，上檐檐椽毁损一部，露出檩檐枋及阑额，远望似唐代刻画中所见双层额枋的建筑，故引起我们绝大的兴趣及希望，及到近前才知道是一片极大的寺址中仅剩的、一座极不规矩的正殿；前檐倾圮，檐檩暴落，竟给人以奢侈的误会。廊下乾隆二十八年碑说“敕赐于唐贞观，重建于宋，历修于明代”。现存建筑大约是明时重建的。

在山西明代建筑甚多，形形色色，式样各异，斗拱布置或仍古制，或变换纤巧，陆离光怪，几不若以建筑规制论之。大殿的平面布置几成方形，重檐金柱的分间，与外檐柱及内柱不相排列。而在结构方面，此殿做法很奇特，内部梁架，两山将采步金梁经过复杂勾结的斗拱，放在顺梁上，而采步金上，又承托两山顺扒梁（或大昂尾），法式新异，未见于他处。

至于下檐前面的斗拱，不安在柱头上，致使柱上空虚，做法错谬，大大违反结构原则，在老建筑上是甚少有的。

文水县 开栅镇 圣母庙

开栅镇并不在公路上，由大路东转沿着山势，微微向下曲折，因为有溪流，有大树，庙宇村巷全都隐藏，不易即见。庙门规模甚大，丹青剥落。院内古树合抱，浓荫四布，气味严肃之极。建筑物除北首正殿，南首乐楼，巍峨对峙外，尚有东西两堂，皆南向与正殿并列，雅有古风；廊庑，碑碣，钟楼，偏院，给人以浪漫印象较他庙为深，尤其是因正殿屋顶歇山向前，玲珑古制，如展看画里楼阁。屋顶歇山，山面向前，是宋代极普通的式制，在日本至今还用得很普遍；然而在中国，由明以后，除去城角楼外，这种做法已不多见。正定隆兴寺摩尼殿，是这种做法的，且由其他结构部分看去，我们知道它是宋初物。据我们所见过其他建筑歇山向前的，共有元代庙宇两处，均在正定。此外即在文水开栅镇圣母庙正殿又得见之。

殿平面作凸字形，后部为正方形殿三间，屋顶悬山造，前有抱厦，进深与后部同，面阔则较之稍狭，屋顶歇山造，山面向前。

后部斗拱，单昂出一跳，抱厦则重昂出两跳，布置极疏朗，补间仅一朵。昂并没有挑起的后尾，但斗拱在结构上还是有绝对的机能。耍头之上，撑头木伸出，刻略如麻叶云头，这可说是后来清式桃尖梁头之开始。前面歇山部分的构架，榑枋全承在斗拱之上，结构精密，堪称上品。正定阳和楼前关帝庙的构架和斗拱，与此多有相同的特征。但此处内部木料非常粗糙，呈简陋印象。

抱厦正面骤见虽似三间，但实只一间，有角柱而无平柱，而代之以槏柱（或称抱框），额枋是长同通面阔的。额枋的用法正面与侧面略异，亦是应注意之点，侧面额枋之上用普拍枋，而正面则不用；正面额枋之高度，与侧面额枋及普拍枋之总高度相同，这也是少见的做法。

至于这殿的年代，在正面梢间壁上有元至元二十年（公元1283年）嵌石，刻文说：

夫庙者元近西溪，未知何代……后于此方要修其庙……梁书万岁大汉之时。天会十年季春之月……今者石匠张莹，嗟岁月之弥深，睹栋梁之抽换……恐后无闻，发愿刻碑。……

刻石如是。由形制上看来，殿宇必建于明以前，且因与正定关帝庙相同之点甚多，当可断定其为元代物。

圣母庙在平面布置上有一特殊值得注意之点。在正殿之东西，各有殿三间，南向，与正殿并列，尚存魏晋六朝东西堂之制。关于此点，刘敦桢先生在本刊五卷二期已申论得很清楚，不必在此赘述了。

文水县 文庙

文水县，县城周整，文庙建筑亦宏大出人意外。院正中泮池，两边廊庑，碑石栏杆，围衬大成门及后殿，壮丽较之都邑文庙有过无不及；但建筑本身分析起来，颇多弱点，仅为山西中部清以后虚有其表的代表作之一种。庙里最古的碑记，有宋元符三年的县学进士碑，元明历代重修碑也不少。就形制看来，现在殿宇大概都是清以后所重建。

正殿，开间狭而柱高，外观似欠舒适。柱头上用阑额和由额，二者之间用由额垫板，间以“荷叶墩”，阑额之上又用肥厚的普拍枋，这四层构材，本来阑额为主，其他为辅，但此处则全一样大小，使宾主不分，极不合结构原则。斗拱不甚大，每间只用补间铺作一朵。坐斗下面，托以“皿板”刻作古玩座形，当亦是当地匠人，纤细弄巧做法之一种表现。斗拱外出两跳华拱，无昂，但后尾却有挑杆，大概是由耍头及撑头木引上。两山柱头铺作承托顺扒梁外端，内端坦然放在大梁上却倒率直。

戟门三间，大略与大成殿同时。斗拱前出两跳，单抄单下昂，正心用重拱，第一跳单拱上施替木承罗汉枋，第二跳不用拱，跳头直接承托替木，以承挑檐枋及檐桁，也是少见的做法。转角铺作不用中昂，也不用角神或宝瓶，只用多跳的实拍拱（或鞾絜），层层伸出，以承角梁，这做法不只新颖，且较其他常见的尚为合理。

汾阳县　小相村　灵岩寺

小相村与大相村一样在汾阳文水之间的公路旁，但大相村在路东，而小相村却在路西，且离汾阳亦较远。灵岩寺在山坡上，远在村后，一塔秀挺，楼阁巍然，殿瓦琉璃，辉映闪烁夕阳中，望去易知为明清物，但景物婉丽可人，不容过路人弃置不睬。

离开公路，沿土路行可四五里达村前门楼。楼跨土城上，下圆券洞门，一如其他山西所见村落。村内一路贯全村前后，雨后泥泞崎岖，准同入蜀，愈行愈疲，愈觉灵岩寺之远，始悟汾阳一带，平原楼阁远望转近，不易用印象来计算距离的。及到寺前，残破中虽仅存在山门券洞，但寺址之大，一望而知。

进门只见瓦砾土丘，满目荒凉，中间天王殿遗址，隆起如冢，气象皇堂。道中

山西汾阳县小相村灵岩寺正殿遗址三尊佛像

山西汾阳小相村灵岩寺前殿正中一尊佛像已半埋入土，堪称明代佛像的上品

所见砖塔及重楼，尚落后甚远，更进又一土丘，当为原来前殿——中间露天趺坐两铁佛，中挟一无像大莲座；斜阳一瞥，奇趣动人，行人倦旅，至此几顿生妙悟，进入新境。再后当为正殿址，背景里楼塔愈迫近，更有铁佛三尊，趺坐慈静如前，东首一尊且低头前伛，现悯恻垂注之情。此时远山晚晴，天空如宇，两址反不殿而殿，严肃丽都，不藉梁栋丹青，朝拜者亦更沉默虔敬，不由自主了。

铁像有明正德年号，铸工极精，前殿正中一尊已倾欹坐地下，半埋入土，塑工清秀，在明代佛像中可称上品。

灵岩寺各殿本皆发券窑洞建筑，砖砌券洞繁复相接，如古罗马遗建，由断墙土丘上边下望，正殿偏西，残窑多眼尚存。更像隧道密室相关连，有阴森之气，微觉可怕。中间多停棺柩，外砌砖椁，印象亦略如罗马石棺，在木造建筑的中国里探访遗迹，极少有此经验的。券洞中一处，尚存券底画壁，颜色鲜好，画工精美，当为明代遗物。

砖塔在正殿之后，建于明嘉靖二十八年。这塔可作晋冀两省一种晚明砖塔的代表。

砖塔之后，有砖砌小城，由旁面小门入方城内，别有天地，楼阁廊舍，尚极完整，但阒无入声，院内荒芜，野草丛生，幽静如梦；与“城”以外的堂皇残址，露坐铁佛，风味迥殊。

这院内左右配殿各窑五眼，窑筑巩固，背面向外，即为所见小城墙。殿中各余明刻木像一尊。北面有基窑七眼，上建楼殿七大间，即远望巍然有琉璃瓦者。两旁更有簃楼，石级露台曲折，可从窑外登小阁，转入正楼。夕阳落寞，淡影随人转移，处处是诗情画趣，一时记忆几不及于建筑结构形状。

下楼徘徊在东西配殿廊下看读碑文，在荆棘拥护之中，得朱之俊崇祯年间碑，碑文叙述水陆楼的建造原始甚详。

朱之俊自述：

夜宿寺中，俄梦散步院落，仰视左右，有楼翼然，赫辉壮观，若新成形……觉而异焉，质明举似普门师，师为余言水陆阁像，颇与梦合。余因征水陆缘起，慨然首事。……

各处尚存碑碣多座，叙述寺已往的盛史。唯有现在破烂的情形，及其原因，在碑上是找不出来的。

正在留恋中，老村人好事进来，打断我们的沉思，开始问答，告诉我们这寺最后的一页惨史。据说是光绪二十六年替换村长时，新旧两长各竖一帜，怂恿村人械斗，将寺拆毁。数日间竟成一片瓦砾之场，触目伤心；现在全寺余此一院楼厢，及院外一塔而已。

孝义县 吴屯村 东岳庙

由汾阳出发南行，本来可雇教会汽车到介休，由介休改乘公共汽车到霍州赵城等县。但大雨之后，道路泥泞，且同蒲路正在炸山筑路，公共汽车道多段已拆毁不能通行，沿途跋涉露宿，大部竟以徒步得达。

我们曾因道阻留于孝义城外吴屯村，夜宿村东门东岳庙正殿廊下；庙本甚小，仅余一院一殿，正殿结构奇特，屋顶的繁复做法，是我们在山西所见的庙宇中最已甚的。小殿向着东门，在田野中间镇座，好像乡间新娘，满头花钿，正要回门的神气。

庙院平铺砖块，填筑甚高，围墙矮短如栏杆，因墙外地洼，用不着高墙围护；三面风景，一面城楼，地方亦极别致。庙厢已作乡间学校，但仅在日中授课，顽童日出即到，落暮始散。夜里仅一老人看守，闻说日间亦是教员，薪金每年得二十金而已。

院略为方形，殿在院正中，平面则为正方形，前加浅隘的抱厦。两旁有斜照壁，殿身屋顶是歇山造；抱厦亦然，但山面向前，与开栅圣母正殿极相似，但因前为抱厦，全顶呈繁乱状，加以装饰物，愈富缛不堪设想。这殿的斗拱甚为奇特，其全朵的权衡，为普通斗拱的所不常有，因为横拱——尤其是泥道拱及其慢拱——甚短，以致斗拱的轮廓耸峻，呈高瘦状。殿深一间，用补间斗拱三朵。抱厦较殿身稍狭，用补间铺作一朵，各层出四十五度斜昂。昂嘴纤弱，颧入颇深。各斗拱上的耍头，厚只及材之半，刻作霸王拳，劣匠弄巧的弊病，在在可见。

侧面阑额之下，在柱头外用角替，而不用由额，这角替外一头伸出柱外，托阑额头下，方整无饰，这种做法无意中巧合力学原则，倒是罕贵的一例。檐部用椽子一层，并无飞椽，亦奇。但建造年月不易断定。我们夜宿廊下，仰首静观檐底黑影，看凉月出没云底，星斗时现时隐，人工自然，悠然溶合入梦，滋味深长。

霍县 太清观

以上所记，除大相村崇胜寺规模宏大及圣母庙年代在明以前，结构适当外，其他建筑都不甚重要。霍州县城甚大，庙观多，且傀伟，登城楼上望眺，城外景物和城内嵯峨的殿宇对照，堪称壮观。以全城印象而论，我们所到各处，当无能出霍州右者。

霍县太清观在北门内，志称宋天圣二年，道人陶崇人建，元延祐三年道人陈泰师修。观建于土丘之上，高出两旁地面甚多，而且愈往后愈高，最后部庭院与城墙顶平，全部布局颇饶趣味。

观中现存建筑多明清以后物。唯有前殿，额曰“金阙玄元之殿”，最饶古趣。殿三间，悬山顶，立在很高的阶基上；前有月台，高如阶基。斗拱雄大，重拱重昂造，当心间用补间铺作两朵，梢间用一朵。柱头铺作上的耍头，已成桃尖梁头形式，但昂的宽度，却仍早制，未曾加大。想当是明初近乎官式的作品。这殿的檐部，也是不用飞椽的。

最后一殿，歇山重檐造，由形制上看来，恐是清中叶以后新建。

霍县 文庙

霍县文庙，建于元至元间，现在大门内还存元碑四座。由结构上看来，大概有许多座殿宇，还是元代遗构。在平面布置上，自大成门左右一直到后面，四周都有廊庑，显然是古代的制度。可惜现在全庙被划分两半，前半——大成殿以南——驻有军队，后半是一所小学校，前后并不通行，各分门户，与我们视察上许多不便。

前后各主要殿宇，在结构法上是一贯的。棂星门以内，便是大成门，门三间，屋顶悬山造。柱瘦高而额细，全部权衡颇高，尤其是因为柱之瘦长，颇类唐代壁画中所常视的现象。斗拱简单，单抄四铺作，令拱上施替木，以承橑檐槫。华拱之上施耍头，与令拱及慢拱相交，耍头后尾作楷头，承托在梁下；梁头也伸出到楷头之上，至为妥当合理。斗拱布置疏朗，每间只用补间铺作一朵，放在细长的阑额及其厚阔的普拍枋上。普拍枋出柱头处抹角斜割，与他处所见元代遗物刻海棠卷瓣者略同。中柱上亦用简单的斗拱，华拱上一材，前后出楷头以承大梁。左右两中柱间用柱头枋一材在慢拱上相联；这柱头枋在左右中柱上向梢间出头作蚂蚱头，并不通排山。大成门梁架用材轻爽经济，将本身的重量减轻，是极妥善的做法。我们所见檐部只用圆椽，其上无飞檐椽的，这又是一例。

大成殿亦三间，规模并不大。殿立在比例高耸的阶基上，前有月台；上用砖砌栏杆（这矮的月台上本是用不着的）。殿顶歇山造。全部权衡也是峻耸状。因柱子很高，故斗拱比例显得很小。

斗拱，单下昂四铺作，出一跳，昂头施令拱以承橑檐槫及枋。昂嘴颤势圆和，但转角铺作角昂及由昂，则较为纤长。昂尾单独一根斜挑下平槫下，结构异常简洁，也许稍嫌薄弱。斗拱布置疏朗，每间只用补间铺作一朵，三角形的垫拱版在这里竟成扁长形状。

歇山部分的构架，是用两层的丁栿，将山部托住。下层丁栿与阑额平，其上托斗拱。上层丁栿外端托在外檐斗拱之上，内端在金柱上，上托山部构架。

霍县 东福昌寺

祝圣寺原名东福昌寺，明万历间始改今名。唐贞观四年，僧清宣奉敕建。元延祐四年，僧圆琳重建，后改为霍山驿。明洪武十八年，仍建为寺。现时因与西福昌寺关系，俗称上寺下寺。就现存的建筑看，大概还多是元代的遗物。

东福昌寺诸建筑中，最值得注意的，莫过于正殿。殿七楹，斗拱疏朗，尤其在昂嘴的鰤势上，富于元代的意味。殿顶结构，至为奇特。乍见是歇山顶，但是殿本身屋顶与其下围廊顶是不连续成一整片的，殿上盖悬山顶，而在周围廊上盖一面坡顶（围廊虽有转角绕殿左右，但只及殿左右朵殿前面为止）。上面悬山顶有它自己的勾滴，降一级将水泄到下面一面坡顶上。汉代遗物中，瓦顶有这种两坡做法，如高颐石阙及纽约博物馆藏汉明器，便是两个例，其中一个是四阿顶，一个是歇山顶。日本奈良法隆寺玉虫厨子，也用同式的顶。这种古式的结构，不意在此得见其遗制，是我们所极高兴的。关于这种屋顶，已在本刊五卷二期《汉代建筑式样与装饰》一文中详论，不必在此赘述。

在正殿左右为朵殿，这朵殿与正殿殿身，正殿围廊三部屋顶连接的结构法，至为妥善，在清式建筑中已不见这种智巧灵活的做法，官式规制更守住呆板办法删除特种变化的结构，殊可惜。

正殿阶基颇高，前有月台，阶基及月台角石上，均刻蟠龙，如《营造法式》石作之制；此例雕饰曾见于应县佛宫寺塔月台角石上。可见此处建筑规制必早在辽明以前。

后殿由形制上看，大概与正殿同时，当心间补间铺作用斜拱斜昂，如大同善化寺金建三圣殿所见。

后殿前庭院正中，尚有唐代经幢一柱存在，经幢之旁，有北魏造像残石，用砖龛砌护。石原为五像，弥勒（？）正中坐，左右各二菩萨挟侍，惜残破不堪；左面二菩萨且已缺毁不存。弥勒垂足交胫坐，与云冈初期作品同，衣纹体态，无一非北魏初期的表征，古拙可喜。

霍县　西福昌寺

西福昌寺与东福昌寺在城内大街上东西相称。按《霍州志》，贞观四年，敕尉迟恭监造。初名普济寺。太宗以破宋老生于此，贞观三年，设建寺以树福田，济营魄。乃命虞世南、李百药、褚遂良、颜师古、岑文本、许敬宗、朱子奢等为碑文。可惜现时许多碑石，一件也没有存在的了。

现在正殿五间。左右朵殿三间，当属元明遗构。殿廊下金泰和二年碑，则称寺创自太平兴国三年。前廊檐柱尚有宋式覆盆柱础。

前殿三间，歇山造，形制较古，门上用两门簪，也是辽宋之制。殿内塑像，颇似大同善化寺诸像。惜过游时，天色已晚，细雨不辍，未得摄影。但在殿中摸索，燃火在什物尘垢之中，瞻望佛容而已。

全寺地势前低后高。庭院层层高起，亦如太清观，但跨院旧址尚广，断墙倒壁，老树荒草中，杂以民居，破落已极。

霍县　火星圣母庙

火星圣母庙在县北门内。这庙并不古，却颇有几处值得注意之点。在大门之内，左右厢房各三间，当心间支出垂花雨罩，新颖可爱，足供新设计参考采用。正殿及献食棚屋顶的结构，各部相互间的联络，在复杂中倒合理有趣。在平面的布置上，正殿三间，左右朵殿各一间，正殿前有廊三间，廊前为正方形献食棚，左右廊子各一间。这多数相连络殿廊的屋顶，正殿及朵殿悬山造，殿廊一面坡顶，较正殿顶低一级，略如东福昌寺大殿的做法。献食棚顶用十字脊，正面及左右歇山，后面脊延长，与一面坡相交；左右廊子则用卷棚悬山顶。全部联络法至为灵巧，非北平官式建筑物屋顶所能有。

献食棚前琉璃狮子一对，塑工至精，纹路秀丽，神气生猛，堪称上品。

东廊下明清碑碣及嵌石颇多。

203

霍县 县政府大堂

在霍县县政府的大堂的结构上，我们得见到滑稽绝伦的建筑独例。大堂前有抱厦，面阔三间。当心间阔而梢间稍狭，四柱之上，以极小的阑额相联，其上却托着一整根极大的普拍枋，将中国建筑传统的构材权衡完全颠倒。这还不足为奇；最荒谬的是这大普拍枋之上，承托斗拱七朵，朵与朵间都是等距离，而没有一朵是放在任何柱头之上，作者竟将斗拱在结构上之原意义，完全忘却，随便位置。斗拱位置不随立柱安排，除此一例外，唯在以善于作中国式建筑自命的慕菲氏所设计的南京金陵女子大学得又见之。

斗拱单昂四铺作，令拱与耍头相交，梁头放在耍头之上。补间铺作则将撑头木伸出于耍头之上，刻作麻叶云。令拱两散斗特大，两旁有卷耳，略如爱奥尼克（Ionic）柱头形。中部几朵斗拱，大斗之下，用版块垫起，但其作用与皿版并不相同。阑额两端刻卷草纹，花样颇美。柱础宝装莲瓣覆盆，只分八瓣，雕工精到。

据壁上嵌石，元大德九年（公元1305年），某宗室“自明远郡（现地名待考）朝觐往返，霍郡适当其冲，虑郡廨隘陋”，所以增大重建。至于现存建筑物的做法及权衡，古今所无，年代殊难断定。

县府大门上斗拱华拱层层作卷瓣，也是违背常规的做法。

霍县 北门外桥及铁牛

北门桥上的铁牛，算是霍州一景，其实牛很平常，桥上栏杆则在建筑师的眼中，不但可算一景，简直可称一出喜剧。

桥五孔，是北方所常见的石桥，本无足怪。少见的是桥栏杆的雕刻，尤以望柱为甚。栏版的花纹，各个不同，或用莲花、如意万字、钟、鼓等等纹样，刻工虽不精而布置尚可，可称粗枝大叶的石刻。至于望柱，柱头上的雕饰，则动植物，博古，几何形，无所不有，各个不同，没有重复，其中如猴子、人手、鼓、瓶、佛手、仙桃、葫芦、十六角形块，以及许多无名的怪形体，粗糙罗列，如同儿戏，无一不足，令人发笑。

至于铁牛，与我们曾见过无数的明代铁牛一样，笨蠢无生气，虽然相传为尉迟恭铸造，以制河保城的。牛日夜为村童骑坐抚摸，古色光润，自是当地一宝。

赵城县 侯村 女娲庙

由赵城县城上霍山，离城八里，路过侯村，离村三四里，已看见巍然高起的殿宇。女娲庙《志》称唐构，访谒时我们固是抱着很大的希望的。

庙的平面，地面深广，以正殿——娲皇殿——为中心，四周为廊屋，南面廊屋中部为二门，二门之外，左右仍为廊屋，南面为墙，正中辟山门，这样将庙分为内外两院。内院正殿居中，外院则有碑亭两座东西对立，印象宏大。这种是比较少见的平面布置。

按庙内宋开宝六年碑：

乃于平阳故都，得女娲原庙重修……南北百丈，东西九筵；雾罩檐楹，香飞户牖……

但《志》称天宝六年重修，也许是开宝六年之误。次古的有元至元十四年重修碑，此外明清两代重修或祭祀的碑碣无数。

现存的正殿五间，重檐歇山，额曰娲皇殿。柱高瘦而斗拱不甚大。上檐斗拱，重拱双下昂造，每间用补间铺作一朵；下檐单下昂，无补间铺作。就上檐斗拱看，柱头铺作的下昂，较补间铺作者稍宽，其上有颇大的梁头伸出，略具“桃尖”之形，下檐亦有梁头，但较小。就这点上看来，这殿的年代，恐不能早过元末明初。现在正脊桁下且尚大书崇祯年间重修的字样。

柱头间联络的阑额甚细小，上承宽厚的普拍枋。歇山部分的梁架，也似汾阳国宁寺所见，用斗拱在顺梁（或额）上承托采步金梁。因顺梁大小只同阑额，颇呈脆弱之状。这殿的彩画，尤其是内檐的，尚富古风，颇有《营造法式》彩画的意味。殿门上铁铸门钹，门钉铸工极精俊。

二门内偏东宋石经幢，全部权衡虽不算十分优美，但是各部的浮雕精绝，如图版里下段（为须弥座之上枋）的佛迹图，正中刻城门，甚似敦煌壁画中所绘，左右图“太子”所见。中段覆盘，八面各刻狮像。上段仰莲座，各瓣均有精美花纹，其上刻花蕊。除大相村天保造像外，这经幢当为此行所见石刻中之最上妙品。

赵城县 广胜寺下寺 [1]

一年多以前，赵城宋版藏经之发现，轰动了学术界，广胜寺之名，已传遍全国了。国人只知藏经之可贵，而不知广胜寺建筑之珍奇。

广胜寺距赵城县城东南约40里，据霍山南端。寺分上下两院，俗称“上寺”“下寺”。上寺在山上，下寺在山麓，相距里许（但是照当地乡人的说法，却是上山五里，下山一里）。

由赵城县出发，约经20里平原，地势始渐高，此20里虽说是平原，但多黏土平头小岗，路陷赤土谷中，蜿蜒出入，左右只见土崖及其上麦黍，头上一线蓝天，炎日当顶，极乏趣味。后20里积渐坡斜，直上高冈，盘绕上下，既可前望山峦屏嶂，俯瞰田陇农舍，乃又穿行几处山庄村落，中间小庙城楼，街巷里井。均极幽雅有画意，树亦渐多渐茂，古干有合抱的，底下必供着树神，留着香火的痕迹。山中甘泉至此已成溪，所经地域，妇人童子多在濯菜浣衣，利用天然。泉清如琉璃，常可见底，见之使人顿觉清凉，风景是越前进越妩媚可爱。

但快到广胜寺时，却又走到一片平原上，这平原浩荡辽阔乃是最高一座山脚的干河床，满地石片，几乎不毛，不过霍山如屏，晚照斜阳早已在望，气象开朗宏壮，现出北方风景的性格来。

因为我们向着正东，恰好对着广胜寺前行，可看其上下两院殿宇，及宝塔，附依着山侧，在夕阳渲染中闪烁辉映，直至日落。寺由山下望着虽近，我们却在暮霭中兼

[1] 广胜寺下寺、上寺及明应王殿，于1961年经国务院公布为“第一批全国重点文物保护单位”（编号96）。——祁英涛注

鸟瞰广胜寺下寺

程一时许，至人困骡乏，始赶到下寺门前。

下寺据在山坡上，前低后高，规模并不甚大。前为山门三间，由徒峻的甬道可上。山门之内为前院，又上而达前殿。前殿五间，左右有钟鼓楼，紧贴在山墙上，楼下券洞可通行，即为前殿之左右掖门。前殿之后为后院，正殿七间居后面正中，左右有东西配殿。

山门 山门外观奇特，最饶古趣。屋盖歇山造，柱高，出檐远，主檐之下前后各有“垂花雨搭”，悬出檐柱以外，故前后面为重檐，侧面为单檐。主檐斗拱单抄单下昂造，重拱五铺作，外出两跳。下昂并不挑起。但侧面小柱上，则用双抄。泥道重拱之上，只施柱头枋一层，其上并无压槽枋。外第一跳重拱，第二跳令拱之上施替木以承挑檐槫。耍头斫作蚂蚱头形，斜面微䫜，如大同各寺所见。

雨搭由檐柱挑出，悬柱上施阑额，普拍枋，其上斗拱单抄四铺作单拱造。悬柱下端截齐，并无雕饰。

殿身檐柱甚高，阑额纤细，普拍枋宽大，阑额出头斫作蚂蚱头形。普拍枋则斜抹角。

内部中柱上用斗拱，承托六椽栿下，前后平椽缝下，施替木及襻间。脊槫及上平槫，均用蜀柱直接立于四椽栿上。檐椽只一层，不施飞椽。

如山门这样外表，尚为我们初见；四椽栿上三蜀柱并立，可以省却一道平梁，也是少见的。

前殿 前殿五间，殿顶悬山造，殿之东西为钟鼓楼。阶基高出前院约3米，前有月

广胜寺下寺山门

广胜寺下寺大殿

台；月台左右为礓礤甬道，通钟鼓楼之下。

前殿除当心间南面外，只有柱头铺作，而没有补间铺作。斗拱，正心用泥道重拱，单昂出一跳，四铺作，跳头施令拱替木，以承榛檐榑，甚古简。令拱与梁头相交，昂嘴颧势甚弯。后面不用补间铺作，更为简洁。

在平面上，南面左右第二缝金柱地位上不用柱，却用极大的内额，由内平柱直跨至山柱上，而将左右第二缝前后檐柱上的“乳栿”（？）尾特别伸长，斜向上挑起，中段放在上述内额之上，上端在平梁之下相接，承托着平梁之中部，这与斗拱的用昂，在原则上是相同的，可以说是一根极大的昂。广胜寺上下两院，都用与此相类的结构法。这种构架，在我们历年国内各地所见许多的遗物中，这还是第一个例。尤其重要的，是因日本的古建筑，尤其是飞鸟灵乐等初期的遗构，都是用极大的昂，结构与此相类。这个实例乃大可佐证建筑家早就怀疑的问题，这问题便是日本这种结构法，是直接承受中国宋以前建筑规制，并非自创，而此种规制，在中国后代反倒失传或罕见。同时使我们相信广胜寺各构，在建筑遗物实例中的重要，远超过于我们起初所想象的。

两山梁架用材极为轻秀，为普通大建筑物中所少见。前后出檐飞子极短，博风版狭而长。正脊垂脊及吻兽均雕饰繁富。

殿北面门内供僧像一躯，显然埃及风味，煞是可怪。

两山墙外为钟鼓楼，下有砖砌阶基。下为发券门道可以通行。阶基立小小方亭。斗拱单昂，十字脊歇山顶。就钟鼓楼的位置论，这也不是一个常见的布置法。

殿内佛像颇笨拙，没有特别精彩处。

正殿 正殿七间居最后。正中三间辟门，门左右很高的直棂槛窗。殿顶也是悬山造。

斗拱，五铺作，重拱，出两跳，单抄单下昂，昂是明清所常见的假昂，乃将平置的华拱而加以昂嘴的。斗拱只施于柱头不用补间铺作。令拱上施替木，以承橑檐槫。泥道重拱之上，只施柱头枋一层，其上相隔颇远，方置压槽枋。论到用斗拱之简洁，我们所见到的古建筑，以这两处为最；虽然就斗拱与建筑物本身的权衡比起来，并不算特别大，而且在昂嘴及普拍枋出头处等详部，似乎倾向较后的年代。但是就大体看，这寺的建筑，其古洁的确是超过现存所有中国古建筑的。这个到底是后代承袭较早的遗制，还是原来古构已含了后代的几个特征，却甚难说。

正殿的梁架结构，与前殿大致相同。在平面上左右缝内柱与檐柱不对中，所以左右第一二缝檐柱上的乳栿，皆将后尾翘起，搭在大内额上，但栿（或昂）尾只压在四椽栿下，不似前殿之在平梁下正中相交。四椽栿以上侏儒柱及平梁均轻秀如前殿，这两殿用材之经济，虽尚未细测，只就肉眼观察，较以前我们所看过的辽代建筑尚过之。若与官式清代梁架比，真可算中国建筑物中梁架轻重之两极端，就比例上计算，这寺梁的横断面的面积，也许不到清式梁的横断面三分之一。

正殿佛像五尊，塑工精极，虽然经过多次的重妆，还与大同华严寺薄伽教藏殿塑像多少相似。侍立诸菩萨尤为俏丽有神，饶有唐风，佛容衣带，庄者庄，逸者逸，塑造技艺，实臻绝顶。东西山墙下十八罗汉，并无特长，当非原物。

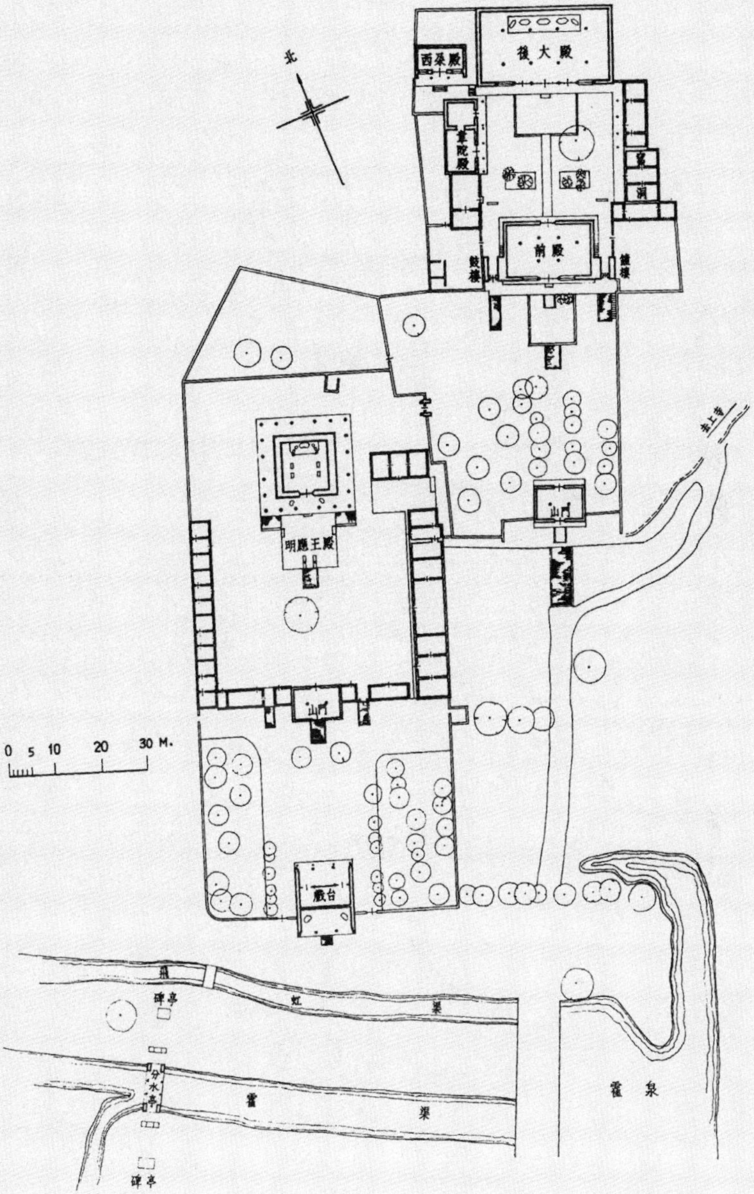

广胜寺下寺和水神庙总平面图

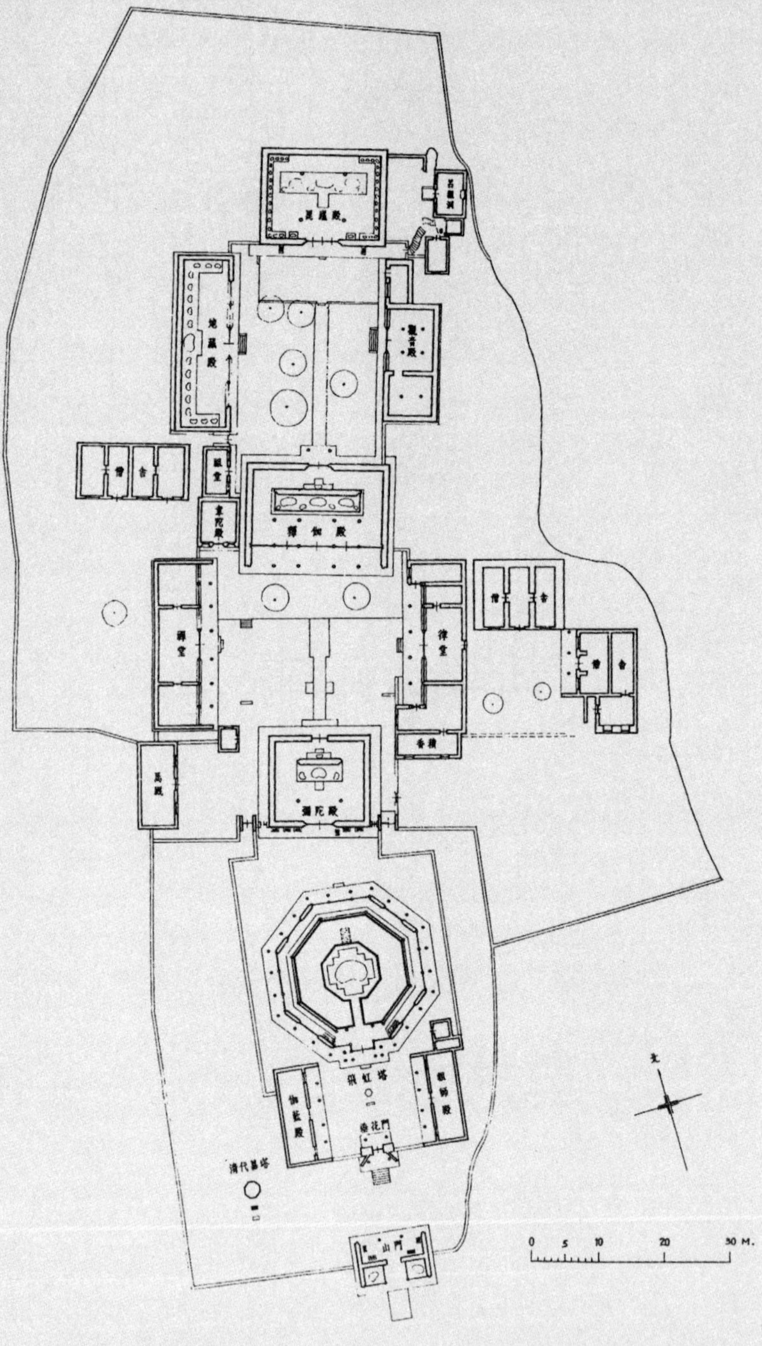

广胜寺上寺的总平面图

东山墙尖象眼壁上，尚有壁画一小块，图像色泽皆美。据说民（国）十六（年）寺僧将两山壁画卖与古玩商，以价款修葺殿宇，唯恐此种计划仍然是盗卖古物谋利的动机。现在美国彭省大学博物院所陈列的一幅精美的称为“唐”的壁画，与此甚似。近又闻美国堪萨斯省立博物院，新近得壁画，售者告以出处，即云此寺。

朵殿 正殿之东西各有朵殿三间。朵殿亦悬山造，柱瘦高，额细，普拍枋甚宽。斗拱四铺作单下昂。当心间用补间铺作两朵，稍间一朵。全部与正殿前殿大致相似，当是同年代物。

赵城县 广胜寺上寺

上寺在霍山最南的低峦上。寺前的“琉璃宝塔”，兀立山头，由四五十里外望之，已极清晰。

由下寺到上寺的路颇兜峻，磐石奇大，但石皮极平润，坡上点缀着山松，风景如中国画里山水近景常见的布局，峦顶却是一个小小的高原，由此望下，可看下寺，鸟瞰全景；高原的南头就是上寺山门所在。山门之内是空院，空院之北，与山门相对者为垂花门。垂花门内在正中线上，立着“琉璃宝塔”。塔后为前殿，著名的宋版藏经，就藏在这殿里。前殿之后是个空敞的前院，左右为厢房，北面为正殿。正殿之后为后殿，左右亦有两厢。此外在山坡上尚有两三处附属的小屋子。

琉璃宝塔亦称飞虹塔。就平面的位置上说，塔立在垂花门之内，前殿之前的正中线上，本是唐制。塔平面作八角形，高十三级，塔身砖砌，饰以琉璃瓦的角柱，斗拱檐瓦佛像等等。最下层有木围廊。这种做法，与热河永庥寺舍利塔及北平香山静宜园琉璃塔是一样的。但这塔围廊之上，南面尚出小抱厦一间，上交十字脊。

全部的权衡上看，这塔的收分特别的急速，最上层檐与最下层砖檐相较，其大小只及下者三分之一强。而且上下各层的塔檐轮廓成一直线，没有卷杀圜和之味。各层檐角也不翘起，全部呆板的直线，绝无寻常中国建筑柔和的线路。

塔之最下层供极大的释迦坐像一尊，如应县佛宫寺木塔之制。下层顶棚作穹隆式，饰以极繁细的琉璃斗拱。塔内有级可登，其结构法之奇特，在我们尚属初见。普通的砖塔内部，大半不可入，尤少可以攀登的。这塔却是个较罕的例外。塔内阶级每步高约60～70厘米，宽约10余厘米，成一个约合60度的兜峻的坡度。这极高极狭的踏步每段到了终点，平常用休息板的地方，却不用了，竟忽然停止，由这一段的最上一级，反身却可迈过空的休息板，攀住背面墙上又一段踏步的最下一级；在梯的两旁墙上，留下小砖孔，可以容两手攀扶及放烛火的地方。走上这没有半丝光线的峻梯的人，在战栗之余，不由得不赞叹设计者心思之巧妙。

关于这塔的年代，相传建于北周，我们除在形制上可以断定其为明清规模外，在许多的琉璃上，我们得见正德十年的年号，所以现存塔身之形成，年代很少可疑之点。底层木廊正檩下，又有“天启二年创建”字样，就是廊子过大而不相称的权衡看来，我们差不多可以断定正德的原塔是没有这廊子的。

虽然在建筑的全部上看来，各种琉璃瓦饰用得繁缛不得当，如各朵斗拱的耍头，

飞虹塔

飞虹塔梯级结构图

广胜寺上寺前殿梁架

均塑作狰狞的鬼脸，尤为滑稽；但就琉璃自身的质地及塑工说，可算无上精品。

前殿 前殿在塔之北：殿的前面及殿前不甚大的院子，整个被高大的塔挡住。殿面阔五间，进深四间，屋顶单檐歇山造。斗拱重拱造，双下昂；正面当心间用补间铺作两朵，次间一朵，稍间不用；这种的布置，实在是疏朗的，但因开间狭而柱高，故颇呈密挤之状，骤看似晚代布置法。但在山面，却不用补间铺作，这种正侧两面完全不同的布置，又是他处所未见。柱头与柱头间之联络，阑额较小而普拍枋宽大，角柱上出头处，阑额斫作楷头，普拍枋头斜抹角。我们以往所见两普拍枋在柱头相接处（即《营造法式》所谓“普拍枋间缝”），都顶头放置，但此殿所见，则如《营造法式》卷三十所见“勾头搭掌”的做法，也许以前我们疏忽了，所以迟迟至今才初次开眼。

前殿的梁架，与下寺诸殿梁架亦有一个相同之点，就是大昂之应用。除去前后檐间的大昂外，两山下的大昂，尤为巧妙。可惜摄影失败，只留得这帧不甚准确的速写断面图。这大昂的下端承托在斗拱耍头之上，中部放在“采步金”梁之上，后尾高高翘起，挑着平梁的中段，这种做法，与下寺所见者同一原则，而用得尤为得当。

前殿塑像颇佳，虽已经过多次的重塑，但尚保存原来清秀之气。佛像两旁侍立像，宋风十足，背面像则略次。

正殿 面阔五间，悬山造，前殿开敞的庭院，与前殿隔院相望。骤见殿前廊檐，极易误认为近世的构造，但廊檐之内，抱头梁上，赫然犹见单昂斗拱的原状。如同下寺正殿一样，这殿并不用补间铺作，结构异常简洁。内部梁架，因有顶棚，故未得见，但一定也有伟大奇特的做法。

正殿供像三尊，释迦及文殊普贤，塑工极精，富有宋风；其中尤以菩萨为美。佛帐上剔空浮雕花草龙兽几何纹，精美绝伦，乃木雕中之无上好品。两山墙下列坐十八罗汉铁像，大概是明代所铸。

后殿 居寺之最后。面阔五间，进深四间，四阿顶。因面阔进深为五与四之比，所以正脊长只及当心间之广；异常短促，为别处所未见。内柱相距共远，与檐柱不并列。斗拱为五铺作双下昂。当心间用补间铺作两朵，次间梢间及两山各用一朵。柱头作两下昂平置，托在梁下，补间铺作则将第二层昂尾挑起。柱瘦高，额细长，普拍枋较阑额略宽。角柱上出头处，阑额斫作楷头，普拍枋抹角，做法与前殿完全相同。殿内梁架用材轻巧，可与前殿相埒。山面中线上有大昂尾挑上平槫下。内柱上无内额，四阿并不推山。梁架一部分的彩画，如几道槫下红地白绿色的宝相华（？）及斗拱上的细边古织锦文，想都是原来色泽。

殿除南面当心间辟门外，四周全有厚壁。壁上画像不见得十分古，也不见得十分好。当心间格扇，花心用雕镂拼镶极精细的圆形相交花纹，略如《营造法式》卷三十二所见“挑白毬文格眼”，而精细过之。这格扇的格眼，乃由许多各个的梭形或箭形雕片镶成，在做工上是极高的成就。在横披上，格扇纹样与下面略异，而较近乎清式“菱花格扇”的图案。

后殿佛像五尊。塑工甚劣，面貌肥俗，手臂无骨，衣褶圆而不垂，背光繁缛不堪，佛冕及发全是密宗的做法。侍立菩萨较清秀，但都不如正殿塑像远甚。

广胜寺上下两院的主要殿宇，除琉璃宝塔而外，大概都属于同一个时期，它们的结构法及作风都是一致的。

上下两寺壁间嵌石颇多，碑碣也不少，其中叙述寺之起源者，有治平元年重刻的郭子仪奏碣。碣字体及花边均甚古雅。文如下：

晋州赵城县城东南三十里，霍山南脚上，古育王塔院一所。右河东□观察使司徒□兼中书令，汾阳郡王郭子仪奏；臣据□朔方左厢兵马使，开府仪同三司，试太常卿，五原郡王李光瓒状称前塔接山带水，古迹见存，堪置伽蓝，自愿成立。伏乞奏置一寺，为国崇益福□，仍请以阿育王为额者。巨准状牒州勘责，得耆寿百姓陈仙童等状，与光瓒所请，置寺为广胜。因伏乞天恩，遂其诚愿，如蒙特命，赐以为额，仍请于当州诸寺选僧住持洒扫。中书门下牒河东观察使牒奉敕故牒。大历四年五月二十七日牒。住寺阇梨僧□切见当寺石碣岁久，隳坏年深，今欲整新，重标斯记。治平元年，十一月二十九日。

由右碣文看来，寺之创立甚古，而在唐代宗朝就原有塔院建立伽蓝，敕名广胜。至宋英宗时，伽蓝想仍是唐代原建。但不知何时伽蓝颓毁，以致需要将下寺整新。

计九殿自（金）皇统元年辛酉（公元1141年）至贞元元年癸酉（公元1153年）历二十三年，无年不兴工。……

却是这样大的工程，据元延祐六年（公元1319年）石，则：

大德七年（公元1303年），地震，古刹毁，大德九年修渠（按即下寺前水渠），木装。延祐六年始修殿。

大德七年的地震一定很剧烈，以致“古刹毁”。现存的殿宇，用大昂的梁架虽属初次拜见，无由与其他梁架遗例比较。但就斗拱枋额看，如下昂嘴纤弱的卷杀，普拍枋出头处之抹去方角，都与他处所见相似。至于瘦高的檐柱和细长的额枋，又与霍县文庙如出一手。其为元代遗物，殆少可疑。不过梁架的做法，极为奇特，在近数年寻求所得，这还是唯一的一个孤例，极值得我们研究的。

赵城县　广胜寺　明应王殿

广胜寺在赵城一带，以其泉水出名。在山麓下下寺之前，有无数的甘泉，由石缝及地下涌出，供给赵城洪洞两县饮料及灌溉之用。凡是有水的地方都得有一位龙王，所以就有龙王庙。

这一处龙王庙规模之大，远在普通龙王庙之上，其正殿——明应王殿——竟是个五间正方重檐的大建筑物。若是论到殿的年代，也是龙王庙中之极古者。

明应王殿平面五间，正方形，其中三间正方为殿身，周以回廊。上檐显山顶，檐下施重拱双下昂斗拱。当心间施补间铺作两朵，次间施一朵。斗拱权衡颇为雄大，但两下昂都是平置的华拱，而加以昂嘴的。下檐只用单下昂，次间梢间不施补间铺作，当心间只施一朵，而这一朵却有四十五度角的斜昂。额的权衡上下两檐有显著之异点，上檐阑额较高较薄，下檐则极小；而普拍枋则上檐宽薄，而下檐高厚。上檐以阑额为主而辅以普拍枋，下檐与之正相反，且在额下施繁缛的雕花罩子。殿身内前面两

山西赵城县广胜寺明应王殿

[1] 此殿壁画内容为道教题材，其中戏剧壁画是壁画中的珍品。

金柱省去，而用大梁由前面重檐柱直达后金柱，而在前金柱分位上施扒梁。并无特殊之点。

明应王殿四壁皆有壁画，为元代匠师笔迹。据说正门之上有画师的姓名及年月，须登梯拂尘燃灯始得读，惜匆匆未能如愿。至于壁画，其题材纯为非宗教的，现有古代壁画，大多为佛像，这种题材，至为罕贵。[1]

至于殿的年代，大概是元大德地震以后所建，与嵩山少林寺大德年间所建鼓楼，有许多相似之点。

明应王殿的壁画，和上下寺的梁架，都是极罕贵的遗物，都是我们所未见过的独例。由美术史上看来，都是绝端重要的史料。我们预备再到赵城作较长时间的逗留，俾得对此数物，作一个较精密的研究。目前只能作此简略的记述而已。

赵城县　霍山　中镇庙

照《县志》的说法，广胜寺在县城东南40里霍山顶。兴唐寺唐建，在城东30里霍山中，所以我们认为他们在同一相近的去处，同在霍山上，相去不过20余里，因而预定先到广胜寺，再由山上绕至兴唐寺去。却是事实乃有大谬不然者。到了广胜寺始知到兴唐寺远须下山绕到去城8里的侯村，再折回向东行再行入山，始能到达。我心想既称唐建，又在山中，如果原构仍然完好，我们岂可惮烦，轻轻放过。

我们晨九时离开广胜寺下山，等到折回又到了霍山时已走了12小时！沿途风景较广胜寺更佳，但近山时实已入夜，山路崎岖峰峦迫近如巨屏，谷中渐黑，凉风四起，只听脚下泉声奔湍，看山后一两颗星点透出夜色，骡役俱疲，摸索难进，竟落后里许。我们本是一直徒步先行的，至此更得奋勇前进，不敢稍怠（怕夫役强主回头，在小村落里住下），入山深处，出手已不见掌，加以脚下危石错落，松柏横斜，行颇不易。喘息攀登，约一小时，始见远处一灯高悬，掩映松间，知已近庙，更急进敲门。

等到老道出来应对，始知原来我们仍远离着兴唐寺三里多，这处为霍岳山神之庙亦称中镇庙。乃将错就错，在此住下。

我们到时已数小时未食，故第一事便到“香厨”里去烹煮，厨在山坡上窑穴中，高踞庙后左角，庙址既大，高下不齐，废园荒圃，在黑夜中更是神秘，当夜我们就在正殿塑像下秉烛洗脸铺床，同时细察梁架，知其非近代物。这殿奇高，烛影之中，印象森然。

第二天起来忙到兴唐寺去，一夜的希望顿成泡影。兴唐寺虽在山中，却不知如何竟已全部拆建，除却几座清式的小殿外，还加洋式门面等等；新塑像极小，或罩以玻璃框，鄙俗无比，全庙无一样值得记录的。

中镇庙虽非我们初时所属意，来后倒觉得可以略略研究一下。据《山西古物古迹调查表》，谓庙之创建在隋开皇十四年，其实就形制上看来，恐最早不过元代。

殿身五间，周围廊，重檐歇山顶。上檐施单抄单下昂五铺作斗拱，下檐则仅单下昂。斗拱颇大，上下檐俱用补间铺作一朵。昂嘴细长而直；耍头前面微顱，而上部圆头突起，至为奇特。

[1] 1961年经国务院公布为“第一批全国重点文物保护单位”（编号85）。——祁英涛注

太原县　晋祠[1]

晋祠离太原仅50里，汽车一点多钟可达，历来为出名的“名胜”，闻人名士由太原去游览的风气自古盛行。我们在探访古建的习惯中，多对“名胜”怀疑：因为最是“名胜”容易遭“重修”的大毁坏，原有建筑故最难得保存！所以我们虽然知道晋祠离太原近在咫尺，且在太原至汾阳的公路上，我们亦未尝预备去访“胜”的。

直至赴汾的公共汽车上了一个小小山坡，绕着晋祠的背后过去时，忽然间我们才惊异地抓住车窗，望着那一角正殿的侧影，爱不忍释。相信晋祠虽成“名胜”却仍为“古迹”无疑。那样魁伟的殿顶，雄大的斗拱，深远的出檐，到汽车过了对面山坡时，尚巍巍在望，非常醒目。晋祠全部的布置，则因有树木看不清楚，但范围不小，却也是一望可知。

我们惭愧不应因其列为名胜而即定其不古，故相约一月后归途至此下车，虽不能详察或测量，至少亦得浏览摄影，略考其年代结构。

由汾回太原时，我们在山西已过了月余的旅行生活，心力俱疲，远带着种种行李什物，诸多不便，但因那一角殿宇常在心目中，无论如何不肯失之交臂，所以到底停下来预备作半日的勾留，如果错过那末后一趟公共汽车回太原的话，也只好听天由命，晚上再设法露宿或住店！

在那种不便的情形下，带着一不做、二不休的拚命心理，我们下了那挤到水泄不通的公共汽车，在大堆行李中捡出我们的“粗重细软”——由杏花村的酒坛子到峪道

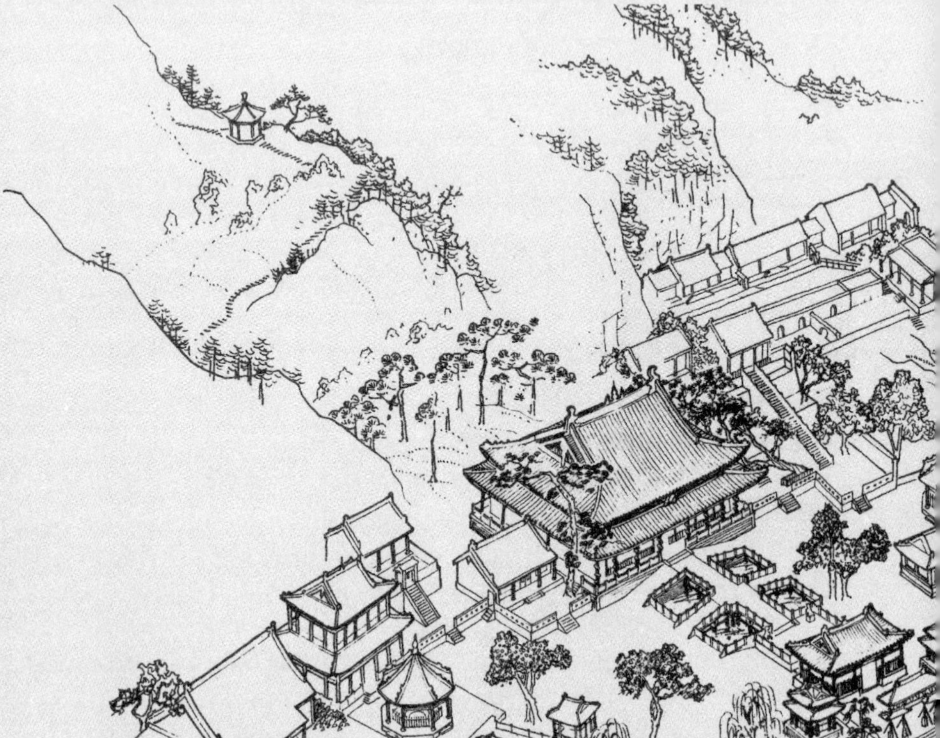

山西太原晋祠鸟瞰手绘图

河边的兰芝种子——累累赘赘的，背着掮着，到车站里安顿时，我们几乎埋怨到晋祠的建筑太像样——如果花花簇簇的来个乾隆重建，我们这些麻烦不全省了么？

但是一进了晋祠大门，那一种说不出的美丽辉映的大花园，使我们惊喜愉悦，过于初时的期望。无以名之，只得叫它做花园。其实晋祠布置又像庙观的院落，又像华丽的宫苑，全部兼有开敞堂皇的局面和曲折深邃的雅趣，大殿楼阁在古树婆娑池流映带之间，实像个放大的私家园亭。

所谓唐槐周柏，虽不能断其为原物，但枝干奇伟，虬曲横卧，煞是可观。池水清碧，游鱼闲逸，还有后山石级小径楼观石亭各种衬托。各殿雄壮，巍然其间，使初进园时的印象，感到俯仰堂皇，左右秀媚，无所不适。虽然再进去即发见近代名流所增建的中西合璧的丑怪小亭子等等，夹杂其间。

圣母庙为晋祠中间最大的一组建筑；除正殿外，尚有前面“飞梁”（即十字木桥）、献殿及

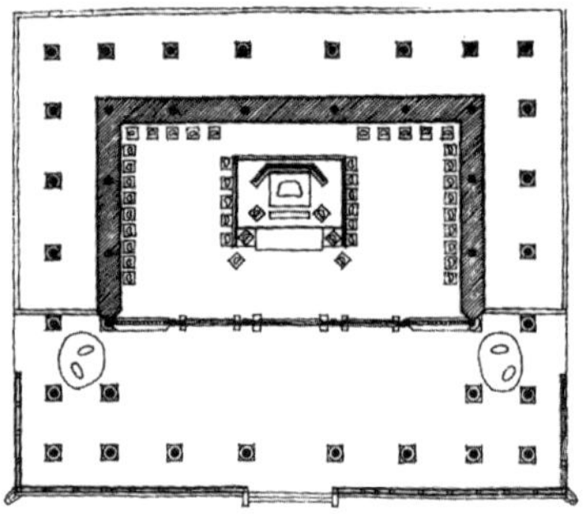

圣母殿平面图

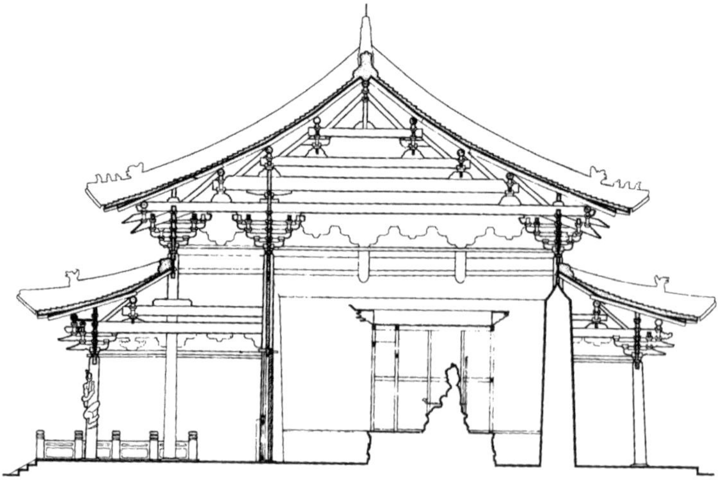

圣母殿横剖面图

圣母殿斗拱

金人台、牌楼等等。今分述如下：

正殿 晋祠圣母庙大殿，重檐歇山顶，面阔七间进深六间，平面几成方形，在布置上，至为奇特。殿身五间，副阶周匝。但是前廊之深为两间，内槽深三间，故前廊异常空敞，在我们尚属初见。

斗拱的分配，至为疏朗。在殿之正面，每间用补间铺作一朵，侧面则仅梢间用补间铺作。下檐斗拱五铺作，单拱出两跳；柱头出双下昂，补间出单杪单下昂。上檐斗拱六铺作，单拱出三跳，柱头出双杪单下昂，补间出单杪双下昂，第一跳偷心，但饰以翼形拱。但是在下昂的形式及用法上，这里又是一种曾未得见的奇例。柱头铺作上极长大的昂嘴两层，与地面完全平行，与柱成正角，下面平，上面斫鰤，并未将昂嘴向下斜斫或斜插，亦不求其与补间铺作的真下昂平行，完全真率地坦然放在那里，诚然是大胆诚实的做法。在补间铺作上，第一层昂昂尾向上挑起，第二层则将与令拱相交的耍头加长斫成昂嘴形，并不与真昂平行地向外伸出。这种做法与正定隆兴寺摩尼殿斗拱极相似，至于其豪放生动，似较之尤胜。在转角铺作上，各层昂及由昂均水平的伸出，由下面望去，颇呈高爽之象。山面除梢间外，均不用补间铺作。斗拱彩画与《营造法式》卷三十四“五彩遍装”者极相似。虽属后世重装，当是古法。

这殿斗拱俱用单拱，泥道单拱上用柱头枋四层，各层枋间用斗垫托。阑额狭而高，上施薄而宽的普拍枋。角柱上只普拍枋出头，阑额不出。平柱至角柱间，有显著的生起。梁架为普通平置的梁，殿内因黑暗，时间匆促，未得细查。前殿因深两间，故在四椽栿上立童柱，以承上檐，童柱与相对之内柱间，除斗拱上之乳袱及劄牵外，柱头上更用普拍枋一道以相固济。

按卫聚贤《晋祠指南》，称圣母庙为宋天圣年间建。由结构法及外形姿势看来，较《营造法式》所订的做法的确更古拙豪放，天圣之说当属可靠。

献殿 献殿在正殿之前，中隔放生池。殿三间，歇山顶。与正殿结构法手法完全是同一时代同一规制之下的。斗拱单拱五铺作；柱头铺作双下昂，补间铺作单杪单下昂，第一跳偷心，但饰以小小翼形拱。正面每间用补间铺作一朵，山面唯正中间用补间铺作。柱头铺作的双下昂，完全平置，后尾承托梁下，昂嘴与地面平行，如正殿的昂。补间则下昂后尾挑起，耍头与令拱相交，长长伸出，斫作昂嘴形。两殿斗拱外面不同之点，唯在令拱之上，正殿用通常的挑檐枋，而献殿则用替木。斗拱后尾唯下昂挑起，全部偷心，第二跳跳头安梭形“拱”，单独的昂尾挑在平榑之下。至于柱头普拍枋，与正殿完全相同。

献殿的梁架，只是简单的四椽栿上放一层平梁，梁身简单轻巧，不弱不费，故能经久不坏。殿之四周均无墙壁，当心间前后辟门，其余各间在坚厚的槛墙之上安直棂栅栏，如《营造法式》小木作中之叉子，当心间门扇亦为直棂栅栏门。

殿前阶基上铁狮子一对，极精美，筋肉真实，灵动如生。左狮胸前文曰“太原文水弟子郭丑牛兄……政和八年四月二十六日”，座后文为“灵石县任章常柱任用段和定……”，右狮字不全，只余“乐善”二字。

飞梁 正殿与献殿之间，有所谓“飞梁”者，横跨鱼沼之上。在建筑史上，这“飞梁”是我们现在所知的唯一的孤例。本刊五卷一期中，刘敦桢先生在《石轴柱桥

正殿与献殿之间，有所谓“飞梁”， 这种石柱桥仅在古画中见到过，这是我们所知的唯一孤本

述要》一文中，对于石柱桥有详细的申述，并引《关中记》及《唐六典》中所记录的石柱桥。就晋祠所见，则在池中立方约30厘米的石柱若干，柱上端微卷杀如殿宇之柱；柱上有普拍枋相交，其上置斗，斗上施十字拱相交，以承梁或额。在形制上这桥诚然极古，当与正殿献殿属于同一时期。而在名称上尚保存着古名，谓之飞梁，这也是极罕贵值得注意的。

金人 献殿前牌楼之前，有方形的台基，上面四角上各立铁人一，谓之金人台。四金人之中，有两个是宋代所铸，其西南角金人胸前铸字，为宋故绵州魏城令刘植……等于绍圣四年立。像塑法平庸，字体尚佳。其中两个近代补铸，一清朝，一民国，塑铸都同等的恶劣。

晋祠范围以内，尚有唐叔虞祠，关帝庙等处，匆促未得入览，只好俟诸异日。唐贞观碑原石及后代另摹刻的一碑均存，且有碑亭妥为保护。

山西民居

门楼 山西的村落无论大小，很少没有一个门楼的。村落的四周，并不一定都有围墙，但是在大道入村处，必须建这种一座纪念性建筑物，提醒旅客，告诉他又到一处村镇了。河北境内虽也有这种布局，但究竟不如山西普遍。

山西民居的建筑也非常复杂，由最简单的穴居到村庄里深邃富丽的财主住宅院落，到城市中紧凑细致的讲究房子，颇有许多特殊之点，值得注意的。但限于篇幅及不多的相片，只能略举一二，详细分类研究，只能等待以后的机会了。

穴居 穴居之风，盛行于黄河流域，散见于河南、山西、陕西、甘肃诸省，龙非了先生在本刊五卷一期《穴居杂考》一文中，已讨论得极为详尽。这次在山西随处得见；穴内冬暖夏凉，住居颇为舒适，但空气不流通，是一个极大的缺憾。穴窑均作抛物线形，内部有装饰极精者，窑壁抹灰，乃至用油漆护墙。窑内除火坑外，更有衣橱桌椅等等家具。窑穴时常据在削壁之旁，成一幅雄壮的风景画，或有穴门权衡优美纯净，可在建筑术中称上品的。

砖窑 这并非北平所谓烧砖的窑，乃是指用砖发券的房子而言。虽没有向深处研究，我们若说砖窑是用砖来摹仿崖旁的土窑，当不至于大错。这是因住惯了穴居的人，要脱去土窑的短处，如潮湿、土陷的危险等等，而保存其长处，如高度的隔热力等，所以用砖砌成窑形，三眼或五眼，内部可以互通。为要压下券的推力，故在两旁须用极厚的墙墩；为要使券顶坚固，故须用土作撞券。这种极厚的墙壁，自然有极高的隔热力的。

这种窑券顶上，均用砖墁平，在秋收的时候，可以用作曝晒粮食的露台；或防匪时村中临时城楼。因各家窑顶多相联，为便于升上窑顶，所以窑旁均有阶级可登。山西的民居，无论贫富，什九以上都有砖窑或土窑的，乃至在寺庙建筑中，往往也用这种做法。在赵城至霍山途中，适过一所建筑中的砖窑，颇饶趣味。

在这里我们要特别介绍在霍山某民居门上所见的木版印门神，那种简洁刚劲的笔法，是匠画中所绝无仅有的。

山西赵城穴居图

磨坊 磨坊虽不是一种普通的民居，但是住着却别有风味。磨坊利用急流的溪水做发动力，所以必须引水入室下，推动机轮，然后再循着水道出去流入山溪。因磨粉机不息的震动，所以房子不能用发券，而用特别粗大的梁架。因求面粉洁净，坊内均铺光润的地板。凡此种种，都使得磨坊成一种极舒适凉爽，又富有雅趣的住处，尤其是峪道河深山深溪之间，世外桃源里，难怪被人看中作消夏最合宜的别墅。

由全部的布局上看来，山西的村野的民居，最善利用地势，就山崖的峻缓高下，层层叠叠，自然成画！使建筑在它所在的地上，如同自然由地里长出来，权衡适宜，不带丝毫勉强，无意中得到建筑术上极难得的优点。

农庄内民居 就是在很小的村庄之内，庄中富有的农人也常有极其讲究的房子，这种房子和北方城市中“瓦房”同一模型，皆以“四合头”为基本，分配的形式，中加屏门、垂花门等等。其与北平通常所见最不同处有四点：

一、在平面上，假设正房向南，东西厢房的位置全在北房“通面阔”的宽度以内，使正院成一南北长东西窄，狭长的一条，失去四方的形式。这个布置在平面上当然是省了许多地盘，比将厢房移出正房通面阔以外经济，且因其如此，正房及厢房的屋顶（多半平顶）极容易联络，石梯的位置，就可在厢房北头，夹在正房与厢房之间，上到某程便可分两面，一面旁转上到厢房屋顶，又一面再上几级可达正房顶。

二、虽说是瓦房，实仍为平顶砖窑，仅留前廊或前檐部分用斜坡青瓦。侧面看去实像砖墙前加用“雨搭”。

三、屋外观印象与所谓三开间同，但内部却仍为三窑眼，窑与窑间亦用发券门，印象完全不似寻常堂屋。

四、屋的后面女儿墙上做成城楼式的箭垛，所以整个房子后身由外面看去直成一座堡垒。

城市中民居 如介休灵石城市中民房与村落中讲究的大同小异，但多有楼，如用窑造亦仅限于下层。城中房屋栉篦，拥挤不堪，平面布置尤其经济，不多占地盘，正院比普通的更瘦窄。

一房与他房间多用夹道，大门多在曲折的夹道内，不像北平房子之庄重均衡，虽然内部则仍沿用一正两厢的规模。

这种房子最特异之点，在瓦坡前后两片不平均的分配。房脊靠后许多，约在全进深四分之三的地方，所以前坡斜长，后坡短促，前檐玲珑，后墙高垒，作内秀外雄的样子，倒极合理有趣。

赵城霍州的民房所占地盘较介休一般从容得多。赵城房子的檐廊部分尤多繁复的木雕，院内真是画梁雕栋琳琅满目，房子虽大，联络甚好，因厢房与正屋多相连属，可通行。

山庄财主的住房 这种房子在一个庄中可有两三家，遥遥相对，仍可以令人想象到当日的气焰，其所占地面之大，外墙之高，砖石木料上之工艺，楼阁别院之复杂，均出于我们意料之外甚多。灵石往南，在汾水东西有几个山庄，背山临水，不宜耕种，其中富户均经商别省，发财后回来筑舍显耀宗族的。

房子造法形式与其他山西讲究房子相同，但较近于北平官式，做工极其完美。

外墙石造雄厚惊人，有所谓“百尺楼”者，即此种房子的外墙，依着山崖筑造，楼居其上。由庄外遥望，十数里外犹可见，百尺矗立，崔嵬奇伟，足镇山河，为建筑上之荣耀！

结尾

这次晋汾一带暑假的旅行，正巧遇着同蒲铁路兴工期间，公路被毁，给我们机会将300余里的路程，慢慢地细看。假使坐汽车或火车，则有许多地方都没有停留的机会，我们所错过的古建，是如何的可惜。

山西因历代争战较少，故古建筑保存得特多。我们以前在河北及晋北调查古建筑所得的若干见识，到太原以南的区域，若观察不慎，时常有以今乱古的危险。在山西中部以南，大个儿斗拱并不稀罕，古制犹存。但是明清期间山西的大斗拱，拱斗昂嘴的卷杀，极其弯矫，斜拱用得毫无节制，而斗拱上加入纤细的三福云一类的无谓雕饰，允其曝露后期的弱点，所以在时代的鉴别上，仔细观察，还不十分扰乱。

殿宇的制度，有许多极大的寺观，主要的殿宇都用悬山顶，如赵城广胜下寺的正殿前殿，上寺的正殿等，与清代对于殿顶的观念略有不同。同时又有多种复杂的屋顶结构，如霍县火星圣母庙、文水县开栅镇圣母庙等等，为明清以后官式建筑中所少见。有许多重要的殿宇，檐椽之上不用飞椽，有时用而极短。明清以后的作品，雕饰偏于繁缛，尤其屋顶上的琉璃瓦，制瓦者往往为对于一件一题雕塑的兴趣所驱，而忘却了全部的布局，甚悖建筑图案简洁的美德。

发券的建筑，为山西一个重要的特征，其来源大概是由于穴居而起，所以民居庙宇莫不用之，而自成一种特征，如太原的永祚寺大雄宝殿，是中国发券建筑中的主要作品。我们虽然怀疑它是受了耶稣会士东来的影响，但若没有山西原有通用的方法，也不会形成那样一种特殊的建筑的。在券上筑楼，也是山西的一种特征，所以在古剧里，凡以山西为背景的，多有上楼下楼的情形，可见其为一种极普遍的建筑法。

赵城县广胜寺在结构上最特殊，所以我们在最近的将来，即将前往详究。晋祠圣母庙的正殿、飞梁、献殿，为宋天圣间重要的遗构，我们也必须去作进一步的研究的。

[1] 本文原载1932年《中国营造学社汇刊》第三卷第四期，由梁思成、林徽因合写。

平郊建筑杂录 [1]

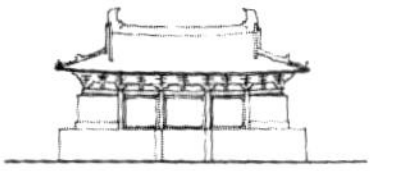
大同華嚴寺薄伽教藏 1038
LIBRARY · HUA-YEN SSU · TA-T'UNG

北平四郊近二三百年间建筑遗物极多，偶尔郊游，触目都是饶有趣味的古建。其中辽金元古物虽然也有，但是大部分还是明清的遗构；有的是煊赫的“名胜”，有的是消沉的“痕迹”；有的按期受成群的世界游历团的赞扬，有的只偶尔受诗人们的凭吊，或画家的欣赏。

这些美的存在，在建筑审美者的眼里，都能引起特异的感觉，在“诗意”和“画意”之外，还使他感到一种“建筑意”的愉快。这也许是个狂妄的说法——但是，什么叫做“建筑意”？我们很可以找出一个比较近理的含义或解释来。

顽石会不会点头，我们不敢有所争辩，那问题怕要牵涉到物理学家，但经过大匠之手艺，年代之磋磨，有一些石头的确是会蕴含生气的。天然的材料经人的聪明建造，再受时间的洗礼，成美术与历史地理之和，使它不能不引起赏鉴者一种特殊的性灵的融会，神志的感触，这话或者可以算是说得通。

无论哪一个巍峨的古城楼，或一角倾颓的殿基的灵魂里，无形中都在诉说，乃至于歌唱，时间上漫不可信的变迁；由温雅的儿女佳话，到流血成渠的杀戮。他们所给的“意”的确是“诗”与“画”的。但是建筑师要郑重地声明，那里面还有超出这

"诗""画"以外的"意"存在。眼睛在接触人的智力和生活所产生的一个结构，在光影可人中，和谐的轮廓，披着风露所赐与的层层生动的色彩；潜意识里更有"眼看他起高楼，眼看他楼塌了"凭吊与兴衰的感慨；偶然更发现一片，只要一片，极精致的雕纹，一位不知名匠师的手笔，请问那时锐感，即不叫他做"建筑意"，我们也得要临时给他制造个同样狂妄的名词，是不？

建筑审美可不能势利的。大名煊赫，尤其是有乾隆御笔碑石来赞扬的，并不一定便是宝贝；不见经传，湮没在人迹罕到的乱草中间的，更不一定不是一位无名英雄。以貌取人或者不可，"以貌取建"却是个好态度。北平近郊可经人以貌取胜的古建筑实不在少数。摄影图录之后，或考证它的来历，或由村老传说中推测它的过往——可以成一个建筑师为古物打抱不平的事业，和比较有意思的夏假消遣，而他的报酬便是那无穷的建筑意的收获。

一　卧佛寺的平面

说起受帝国主义的压迫，再没有比卧佛寺更委屈的了。卧佛寺的住持智宽和尚，前年偶同我们谈天，用"叹息痛恨于桓灵"的口气告诉我，他的先师老和尚，如何如何的与青年会订了合同，以每年一百元的租金，把寺的大部分租借了二十年，如同胶州湾、辽东半岛的条约一样。

其实这都怪那佛一觉睡几百年不醒，到了这危难的关点，还不起来给老和尚当头棒喝，使他早早觉悟，组织个佛教青年会西山消夏团。虽未必可使佛法感化了摩登青年，至少可藉以繁荣了寿安山，不错，那山叫寿安山……又何至等到今年五台山些少的补助，总能修葺开始残破的庙宇呢！

我们也不必怪老和尚，也不必怪青年会……其实还应该感谢青年会。要是没有青年会，今天有几个人会知道卧佛寺那样一个山窝子里的去处。在北方——尤其是北平——上学的人，大半都到过卧佛寺。一到夏天，各地学生们，男的，女的，谁不愿意来消消夏，爬山，游水，骑驴，多么优哉游哉。据说每年夏令会总成全了许多爱人儿们的心愿，想不到睡觉的释迦牟尼，还能在梦中代行月下老人的职务，也真是佛法无边了。

从玉泉山到香山的马路，快近北辛村的地方，有条岔路忽然转北上坡的，正是引导你到卧佛寺的大道。寺是向南，一带山屏障似的围住寺的北面，所以寺后有一部分渐高，一直上了山脚。在最前面，迎着来人的，是寺的第一道牌楼，那还在一条柏荫夹道的前头。当初这牌楼是什么模样，我们大概还能想象，前人做的事虽不一定都比我们强，却是关于这牌楼大概无论如何他们要比我们大方得多。现有的这座只说它不顺眼已算十分客气，不知哪一位和尚化来的酸缘，在破碎的基上，竖了四根小柱子，上面横钉了几块板，就叫它做牌楼。这算是经济萎衰的直接表现，还是宗教力渐弱的间接表现？一时我还不能答复。

顺着两行古柏的马道上去，骤然间到了上边，才看见另外的鲜明的一座琉璃牌楼在眼前。汉白玉的须弥座，三个汉白玉的圆门洞，黄绿琉璃的柱子、横额、斗拱、檐瓦。如果你相信一个建筑师的自言自语，“那是乾嘉间的作法”。至于《日下旧闻考》所记寺前为门的如来宝塔，却已不知去向了。

琉璃牌楼之内，有一道白石桥，由半月形的小池上过去。池的北面和桥的旁边，都有精致的石栏杆，现在只余北面一半，南面的已改成洋灰抹砖栏杆。这也据说是“放生池”，里面的鱼，都是“放”的。佛寺前的池，本是佛寺的一部分，用不着我们小题大作地讲。但是池上有桥，现在虽处处可见，但它的来由却不见得十分古远。在许多寺池上，没有桥的却较占多数。至于池的半月形，也是个较近的做法，古代的池大半都是方的。池的用途多是放生、养鱼。但是刘士能先生[1]告诉我们说，南京附近有一处律宗的寺，利用山中溪水为月牙池，和尚们每斋都跪在池边吃，风雪无阻，吃完在池中洗碗。幸而卧佛寺的和尚们并不如律宗的苦行，不然放生池不唯不能放生，怕还要变成脏水坑了。

与桥正相对的是山门。山门之外，左右两旁，是钟鼓楼，从前已很破烂，今年忽然大大地修整起来。连角梁下失去的铜铎，也用二十一号的白铅铁焊上，油上红绿颜色，如同东安市场的国货玩具一样的鲜明。

山门平时是不开的，走路的人都从山门旁边的门道出入。入门之后，迎面是一座天王殿，里面供的是四天王——就是四大金刚——东西梢间各两位对面侍立，明间面南的是光肚笑嘻嘻的阿弥陀佛，面北合十站者的是韦驮。

再进去是正殿，前面是月台，月台上（在秋收的时候）铺着金黄色的老玉米，像是专替旧殿着色。正殿五间，供三位喇嘛式的佛像。据说正殿本来也有卧佛一躯，雍

[1] 刘士能即刘敦桢，著名建筑学家，我国建筑教育的创始人之一。

正还看见过，是旃檀佛像，唐太宗贞观年间的东西。却是到了乾隆年间，这位佛大概睡醒了，不知何时上哪儿去了。只剩了后殿那一位，一直睡到如今，还没有醒。

从前面牌楼一直到后殿，都是建立在一条中线上的。这个在寺的平面上并不算稀奇，罕异的却是由山门之左右，有游廊向东西，再折而向北，其间虽有方丈客室和正殿的东西配殿，但是一气连接，直到最后面又折而东西，回到后殿左右。这周的廊，东西（连山门和后殿算上）十九间，南北（连方丈配殿算上）四十间，成一个大长方形。中间虽立着天王殿和正殿，却不像普通的庙殿，将全寺用“四合头”式前后分成几进。这是少有的。在这点上，本刊上期刘士能先生在智化寺调查记中说：“唐宋以来有伽蓝七堂之称。唯各宗略有异同，而同在一宗，复因地域环境，互相增省……”现在卧佛寺中院，除去最后的后殿外，前面各堂为数适七，虽不敢说这是七堂之例，但可藉此略规制度耳。

这种平面布置，在唐宋时代很是平常，敦煌画壁里的伽蓝都是如此布置，在日本各地也有飞鸟平安时代这种的遗例。在北平一带（别处如何未得详究），却只剩这一处唐式平面了。所以人人熟识的卧佛寺，经过许多人用帆布床“卧”过的卧佛寺游廊，是还有一点新的理由，值得游人将来重加注意的。

卧佛寺各部殿宇的立面（外观）和断面（内部结构）却都是清式中极规矩的结构，用不着细讲。至于殿前伟丽的娑罗宝树，和树下消夏的青年们所给予你的是什么复杂的感觉，那是各人的人生观问题，建筑师可以不必参加意见。事实极明显的，如东院几进宜于消夏乘凉；西院的观音堂总有人租住；堂前的方池——旧籍中无数记录的方池——现在已成了游泳池，更不必赘述或加任何的注解。

“凝神映性”的池水，用来作锻炼身体之用，在青年会道德观之下，自成道理——没有康健的身体，焉能有康健的精神？——或许！或许！但怕池中的微生物杂菌不甚懂事。

池的四周原有精美的白石栏杆，已拆下叠成台阶，做游人下池的路。不知趣的，容易伤感的建筑师，看了又一阵心酸。其实这不算稀奇，中世纪的教皇们不是把古罗马时代的庙宇当石矿用，采取那石头去修“上帝的房子”吗？这台阶——栏杆——或也不过是将原来离经叛道“崇拜偶像者”的迷信废物，拿去为上帝人道尽义务。“保存古物”，在许多人听去当是一句迂腐的废话。“这年头！这年头！”每个时代都有些人在没奈何时，喊着这句话出出气。

二 法海寺门与原先的居庸关[1]

法海寺在香山之南，香山通八大处马路的西边不远。一个很小的山寺，谁也不会上那里去游览的。寺的本身在山坡上，寺门却在寺前一里多远山坡底下。坐汽车走过那一带的人，怕绝对不会看见法海寺门一类无系轻重的东西的。骑驴或走路的人，也很难得注意到在山谷碎石堆里那一点小建筑物。尤其是由远处看，它的颜色和背景非常相似。因此看见过法海寺门的人我敢相信一定不多。

特别留意到这寺门的人，却必定有。因为这寺门的形式是与寻常的极不相同：有

[1] 文中所指居庸关，为居庸关云台，此台系元代一座过街塔的塔座。——罗哲文注

北京西山法海寺塔门

圆拱门洞的城楼模样，上边却顶着一座喇嘛式的塔——一个缩小的北海白塔（《法海寺图》）。这奇特的形式，不是中国建筑里所常见。

这圆拱门洞是石砌的。东面门额上题着“敕赐法海禅寺”，旁边陪着一行“顺治十七年夏月吉日”的小字。西面额上题着三种文字，其中看得懂的中文是“唵巴得摩乌室尼渴华麻列吽登吒”，其他两种或是满蒙各占其一个。走路到这门下，疲乏之余，读完这一行题字也就觉得轻松许多！

门洞里还有隐约的画壁，顶上一部分居然还勉强剩出一点颜色来。由门洞西望，不远便是一座石桥，微拱的架过一道山沟，接着一条山道直通到山坡上寺的本身。

门上那座塔的平面略似十字形而较复杂。立面分多层，中间束腰石色较白，刻着生猛的浮雕狮子。在束腰上枋以上，各层重叠像阶级，每级每面有三尊佛像。每尊佛像带着背光，成一浮雕薄片，周围有极精致的琉璃边框。像脸不带色釉，眉目口鼻均伶俐秀美，全脸大不及寸余。座上便是塔的圆肚，塔肚四面四个浅龛，中间坐着浮雕造像，刻工甚俊。龛边亦有细刻。更上是相轮（或称刹），刹座刻作莲瓣，外廓微作盆形，底下还有小方十字座。最顶尖上有仰月的教徽。仰月徽去夏还完好，今秋已掉下。据乡人说是八月间大风雨吹掉的，这塔的破坏于是又进了一步。

这座小小带塔的寺门，除门洞上面一围砖栏杆外，完全是石造的。这在中国又是个少有的例。现在塔座上斜长着一棵古劲的柏树，为塔门增了不少的苍姿，更像是作他的年代的保证。为塔门保存计，这种古树似要移去的。怜惜古建的人到了这里真是彷徨不知所措；好在在古物保存如许不周到的中国，这忧虑未免神经过敏！

法海寺门特点却并不在上述诸点，石造及其年代等等，主要的却是它的式样与原先的居庸关相类似。从前居庸关上本有一座塔的，但因倾颓已久，无从考其形状。不想在平郊竟有这样一个发现。虽然在《日下旧闻考》里法海寺只占了两行不重要的位置；一句轻淡的“门上有小塔”，在研究居庸关原状的立脚点看来，却要算个重要的材料了。

三 杏子口的三个石佛龛

由八大处向香山走，出来不过三四里，马路便由一处山口里开过。在山口路转第一个大弯，向下直趋的地方，马路旁边，微偻的山坡上，有两座小小的石亭。其实也无所谓石亭，简直就是两座小石佛龛。两座石龛的大小稍稍不同，而他们的背面却同是不客气的向着马路。因为他们的前面全是向南，朝着另一个山口——那原来的杏子口。

在没有马路的时代，这地方才不愧称作山口。在深入三四十尺的山沟中，一道唯一的蜿蜒险狭的出路；两旁对峙着两堆山，一出口则豁然开朗一片平原田壤，海似的平铺着，远处浮出同孤岛一般的玉泉山，托住山塔。这杏子口的确有小规模的“一夫当关，万夫莫敌”的特异形势。两石佛龛既据住北坡的顶上，对面南坡上也立着一座北向的，相似的石龛，朝着这山口。由石峡底下的杏子口望上看，这三座石龛分峙两崖，虽然很小，却顶着一种超然的庄严，镶在碧澄澄的天空里，给辛苦的行人一种神异的快感和美感。

在调查杏子口佛龛时的林徽因

现时的马路是在北坡两龛背后绕着过去，直趋下山。因其逼近两龛，所以驰车过此地的人，绝对要看到这两个特别的石亭子的。但是同时因为这山路危趋的形势，无论是由香山西行，还是从八大处东去，谁都不愿冒险停住快驶的汽车去细看这么几个石佛龛子。于是多数过路车客，全都遏制住好奇爱古的心，冲过去便算了。

假若作者是个细看过这石龛的人，那是因为他是例外，遏制不住他的好奇爱古的心，在冲过便算了不知多少次以后发誓要停下来看一次的。那一次也就不算过路，却是带着照相机去专程拜谒；且将车驶过那危险的山路停下，又步行到龛前后去瞻仰丰采的。

在龛前，高高地往下望着那刻着几百年车辙的杏子口石路，看一个小泥人大小的农人挑着担过去，又一个带朵鬓花的老婆子，夹着黄色包袱，弯着背慢慢地踱过来，才能明白这三座石龛本来的使命。如果这石龛能够说话，它们或不能告诉得完它们所看过经过杏子口底下的图画——那时一串骆驼正在一个跟着一个的，穿出杏子口转下一个斜坡。

北坡上这两座佛龛是并立在一个小台基上，它们的结构都是由几片青石片合成——（每面墙是一整片，南面有门洞，屋顶每层檐一片）。西边那座龛较大，平面约1米余见方，高约2米。重檐，上层檐四角微微翘起，值得注意。东面墙上有历代的刻字，跑着的马，人脸的正面等等。其中有几个年月人名，较古的有“承安五年四月二十三日到此”和“至元九年六月十五日□□□贾智记”。承安是金章宗年号，五年是公元1200年。至元九年是元世祖的年号，元顺帝的至元到六年就改元了，所以是公元1272年。这小小的佛龛，至迟也是金代遗物，居然在杏子口受了七百年以上的风雨，依然存在。当时巍然顶在杏子口北崖上的神气，现在被煞风景的马路贬到盘坐路旁的谦抑；但它们的老资格却并不因此减损，那种倚老卖老的倔强，差不多是傲慢冥顽了。西面墙上有古拙的画——佛像和马——那佛像的样子，骤看竟像美洲土人的Totam—Pole。

龛内有一尊无头趺坐的佛像，虽像身已裂，但是流利的衣褶纹，还有“南宋期”的遗风。

台基上东边的一座较小，只有单檐，墙上也没字画。龛内有小小无头像一躯，大概是清代补作的。这两座都有苍绿的颜色。

台基前面有宽2米长4米余的月台，上面的面积勉强可以叩拜佛像。

南崖上只有一座佛龛，大小与北崖上小的那座一样。三面做墙的石片，已成纯厚的深黄色，像纯美的烟叶。西面刻着双钩的“南”字，南面“无”字，东面“佛”字，都是径约80厘米。北面开门，里面的佛像已经失了。

这三座小龛，虽不能说是真正的建筑遗物，也可以说是与建筑有关的小品。不只诗意画意都很充足，“建筑意”更是丰富，实在值得停车一览。至于走下山坡到原来的杏子口里望上真真瞻仰这三龛本来庄严峻立的形势，更是值得。

关于北平掌故的书里，还未曾发现有关于这三座石佛龛的记载。好在对于他们年代的审定，因有墙上的刻字，已没有什么难题。所可惜的是他们渺茫的历史无从参考出来，为我们的研究增些趣味。

[1] 本文原载1935年《中国营造学社汇刊》第五卷第四期，由林徽因、梁思成合著。

平郊建筑杂录（续）[1]

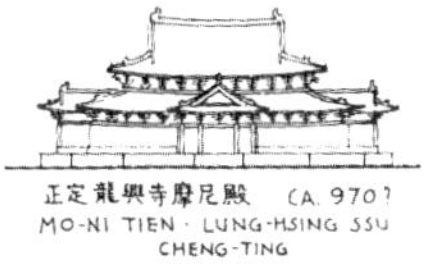

四　天宁寺塔建筑年代之鉴别问题

一年来，我们在内地各处跑了些路，反倒和北平生疏了许多，近郊虽近，在我们心里却像远了一些，北平广安门外天宁寺塔的研究的初稿竟然原封未动。许多地方竟未再去图影实测，一年半前所关怀的平郊胜迹，那许多美丽的塔影、城角、小楼、残碣于是全都淡淡的，委屈地在角落里初稿中尽睡着下去。

我们想国内爱好美术古迹的人日渐增加，爱慕北平名胜者更是不知凡几，或许对于如何鉴别一个建筑物的年代也常有人感到兴趣，我们这篇讨论天宁寺塔的文字或可供研究者的参考。

关于天宁寺塔建造的年代，据一般人的传说及康熙乾隆的碑记，多不负责地指为隋建，但依塔的式样来作实物的比较，将全塔上下各部逐件指点出来，与各时代其他砖塔对比，再由多面引证反证所有关于这塔的文献，谁也可以明白这塔之绝对不能是隋代原物。

国内隋唐遗建，纯木者尚未得见，砖石者亦大罕贵，但因其为佛教全盛时代，常留大规模的图画雕刻教迹于各处，如敦煌云冈龙门等等，其艺术作风，建筑规模，或花纹手法，则又为研究美术者所熟审。宋辽以后遗物虽有不载朝代年月的，可考者终是较多，且同时代、同式样、同一作风的遗物亦较繁伙，互相印证比较容易。故前人拘泥于可疑的文献，相传某物为某代原物的，今日均不难以实物比较方法，用科学考据态度，重新探讨，辩证其确实时代。这本为今日治史及考古者最重要亦最有趣的工作。

我们的《平郊建筑杂录》本预定不录无自己图影或测绘的古迹，且均附游记，但是这次不得不例外。原因是《艺术周刊》已预告我们的文章一篇，一时因图片关系交不了卷，近日这天宁寺又尽在我们心里欠身活动，再也不肯在稿件中间继续睡眠状态，所以决意不待细测全塔，先将对天宁寺简略的考证及鉴定，提早写出，聊作我们对于鉴别建筑年代方法程序的意见，以供同好者的参考。希望各处专家读者给以指正。

广安门外天宁寺塔，是属于那种特殊形式，研究塔者竟有常直称其为“天宁式”的，因为此类塔散见于北方各地，自成一派，天宁则又是其中最著者。此塔不仅是北平近郊古建遗迹之一，且是历来传说中，颇多误认为隋朝建造的实物。但其塔型显然为辽金最普通的式样，细部手法亦均未出宋辽规制范围。关于塔之文献方面材料又全属于可疑一类，直至清代碑记，及《顺天府志》等，始以坚确口气直称其为隋建。传说塔最上一层南面有碑[1]，关于其建造年代，将来或可在这碑上找到最确实的明证，今姑分文献材料及实物作风两方面讨论之。讨论之前，先略述今塔的形状如下。

[1]《日下旧闻考》引《冷然志》。

北京天宁寺塔

简略地说，塔的平面为八角形，立面显著地分三部：一，繁复之塔座；二，较塔座略细之第一层塔身；三，以上十三层支出的密檐。全塔砖造高57.8米，合国尺17丈有奇。

塔建于一方形大平台之上，平台之上始立八角形塔座。座甚高，最下一部为须弥座，其“束腰”[1]有壶门花饰，转角有浮雕像。此上又有镂刻着壶门浮雕之束腰一道。最上一部为勾栏斗拱俱全之平座一围，阑上承三层仰翻莲瓣。

第一层塔身立于仰莲座之上，其高度几等于整个塔座，四面有拱门及浮雕像，其他四面又各有直棂窗及浮雕像。此段塔身与其上十三层密檐是划然成塔座以上的两个不同部分，十三层密檐中，最下一层是属于这第一层塔身的，出檐稍远，檐下斗拱亦与上层稍稍不同。

上部十二层，每层仅有出檐及斗拱，各层重叠不露塔身。宽度则每层向上递减，递减率且向上增加，使塔外廓作缓和之卷杀。

塔各层出檐不远，檐下均施双杪斗拱。塔的转角为立柱，故其主要的柱头铺作，亦即为其转角铺作。在上十二层两转角间均用补间铺作两朵。唯有第一层只用补间铺作一朵。第一层斗拱与上各层做法不同之处在转角及补间均加用斜拱一道。

塔顶无刹，用两层八角仰莲，上托小须弥座，座承宝珠。塔纯为砖造，内心并无梯级可登。

历来关于天宁寺的文献，《日下旧闻考》中，殆已搜集无遗，计有《神州塔传》《续高僧传》《广宏明集》《帝京景物略》《长安客话》《析津日记》《隩志》《民

[1] 须弥座中段板称“束腰”，其上有拱形池子称壶门。

齐笔记》《明典汇》《冷然志》及其他关于这塔的记载，以及乾隆重修天宁寺碑文及各处许多的诗（康熙天宁寺《礼塔碑记》并未在内）。所收材料虽多，但关于现存砖塔建造的年代，则除却年代最后的那个乾隆碑之外，综前代的文献中，无一句有确实性的明文记载。

不过《顺天府志》将《日下旧闻考》所集的各种记述，竟然自由草率地综合起来，以确定的语气说："寺为元魏所造，隋为宏业，唐为天王，金为大万安，寺当元末兵火荡尽，明初重修，宣德改曰天宁，正统更名广善戒坛，后复今名……寺内隋塔高二十七丈五尺五寸……"等。

按《日下旧闻考》中文多重复抄袭及迷信传述，有朝代年月，及实物之记载的，有下列重要的几段。

（一）《神州塔传》："隋仁寿间幽州宏业寺建塔藏舍利。"此书在文献中年代大概最早，但传中并未有丝毫关于塔身形状材料位置之记述，故此段建塔的记载，与现存砖塔的关系完全是疑问的。仁寿间宏业寺建塔，藏舍利，并不见得就是今天立着的天宁寺塔，这是很明显的。

（二）《续高僧传》："仁寿下敕召送舍利于幽州宏业寺，即元魏孝文之所造，旧号光林……自开皇末，舍利到前，山恒倾摇……及安塔竟，山动自息。……"《续高僧传》，唐时书，亦为集中早代文献之一。按此则隋开皇中"安塔"但其关系与今塔如何则仍然如《神州塔传》一样，只是疑问的。

（三）《广宏明集》："仁寿二年分布舍利五十一州，建立灵塔。幽州表云，三月二十六日，于宏业寺安置舍利……”这段仅记安置舍利的年月，也是与上两项一样的与今塔（即现存的建筑物）并无确实关系。

（四）《帝京景物略》：“隋文帝遇阿罗汉授舍利一囊……乃以七宝函致雍岐等十三州建一塔，天宁寺其一也，塔高十三寻，四周缀铎万计，……塔前一幢，书体遒美，开皇中立。”这是一部明末的书，距隋已隔许多朝代。在这里我们第一次见到隋文帝建塔藏舍利的历史与天宁寺塔串在一起的记载。据文中所述高十三寻缀铎的塔，颇似今存之塔，但这高十三寻缀铎的塔，是否即隋文帝所建，则仍无根据。此书行世在明末，由隋至明这千年之间，除唐以外，辽金元对此塔概无记载，隋文帝之塔，本可几经建造而不为此明末作者所识。且六朝及早唐之塔，据我们所知道的，如《洛阳伽蓝记》所述之“胡太后塔”，及日本现存之京都法隆寺塔，均是木构[1]。且我们所见的邓州大兴国寺，仁寿二年的舍利宝塔下铭，铭石圆形，亦像是埋在木塔之“塔心柱”下那块圆础下层石，这使我们疑心仁寿分布诸州之舍利塔均为隋时最普遍之木塔，这明末作者并不及见那木构原物，所谓十三寻缀铎的塔倒是今日的砖塔。至于开皇石幢，据《析津日记》（亦明人书）所载，则早已失所在。

（五）《析津日记》：“寺在元魏为光林，在隋为宏业，在唐为天王，在金为大万安，宣德修之曰天宁，正统中修之曰万寿戒坛，名凡数易。访其碑记，开皇石幢已失所在即金元旧碣亦无片石矣。盖此寺本名宏业，而王元美谓幽州无宏业，刘同人谓天宁之先不为宏业，皆考之不审也。”

《析津日记》与《帝京景物略》同为明人书，但其所载“天宁之先不为宏业”

[1] 日本京都法隆寺五重塔，乃“飞鸟”时代物，适当隋代，其建造者乃由高丽东渡的匠师，其结构与《洛阳伽蓝记》中所述木塔及云冈石刻中的塔多符合。

及“考之不审也”这种疑问态度与《帝京景物略》之武断恰恰相反，且作者“访其碑记”要寻“金元旧碣”，对于考据之慎重亦与《帝京景物略》不同，这个记载实在值得注意。

（六）《陕志》：不知明代何时书，似乎较以上两书稍早。文中：

“天王寺之更名天宁也，宣德十年事也；今塔下有碑勒更名敕，碑阴则正统十年刊行藏经敕也。碑后有尊胜陀罗尼石幢，辽重熙十七年五月立。”

此段记载，性质确实之外，还有个可注意之点，即辽重熙年号及刻有此年号之实物，在此轻轻提到，至少可以证明两桩事：一，辽代对于此塔亦有过建设或增益；二，此段历史完全不见记载，乃至于完全失传。

（七）《长安客话》：“寺当元末兵火荡尽；文皇在潜邸，命所司重修。姚广孝曾居焉。宣德间敕更今名。”这段所记“寺当元末兵火荡尽”，因下文重修及“姚广孝曾居焉”等语气，似乎所述仅限于寺院，不及于塔。如果塔亦荡尽，文皇（成祖）重修时岂不还要重建塔？如果真的文皇曾重建个大塔则作者对于此事当不止用“命所司重修”一句。且《长安客话》距元末，至少已两百年，兵火之后到底什么光景，那作者并不甚了了，他的注意处在诲扬文皇在潜邸重修的事耳。

（八）《冷然志》：书的时代既晚，长篇的描写对于塔的神话式来源又已取坚信态度，更不足凭信。不过这里认塔前有开皇幢，或为辽重熙幢之误。

关于天宁寺的文献，完全限于此种疑问式的短段记载。至于康熙乾隆长篇的碑文，虽然说得天花乱坠，对于天宁寺过去的历史，似乎非常明白，毫无疑问之处，但其所根据，也只是限于我们今日所知道的一把疑云般的不完全的文献材料，其确实性根本不能成立。且综以上文献看来，唐以后关于塔只有明末清初的记载，中间要紧的各朝代经过，除辽重熙立过石幢，金大定易名大万安禅寺外，并无一点记述，今塔的真实历史在文献上可以说并无把握。

文献资料既如上述的不完全，不可靠，我们唯有在形式上鉴定其年代。这种鉴别法，完全赖观察及比较工作所得的经验，如同鉴定字画金石陶瓷的年代及真伪一样，虽有许多为绝对的，且可以用文字笔墨形容之点，也有一些是较难，乃至不能言传的，只好等观者由经验去意会。

其可以言传之点，我们可以分作两大类去观察：一，整个建筑物之形式（也可以说是图案之概念）；二，建筑各部之手法或作风。

关于图案概念一点，我们可以分作平面及立面讨论。唐以前的塔，我们所知道的，平面差不多全作正方形。实物如西安大雁塔、小雁塔、玄奘塔、香积寺塔、嵩山永泰寺塔及房山云居寺四个小石塔……河南山东无数唐代或以前高僧墓塔，如山东神通寺四门塔、灵岩寺法定塔、嵩山少林寺法玩塔等等。刻绘如云冈、龙门石刻，敦煌壁画等等，平面都是作正方形的。我们所知的唯一的例外，在唐以前的，唯有嵩山嵩岳寺塔，平面作十二角形。这十二角形平面，不唯在唐以前是例外，就是在唐以后，也没有第二个，所以它是个例外之最特殊者，是中国建筑史中之独例。除此以外，则直到中唐或晚唐，方有非正方形平面的八角形塔出现，这个罕贵的遗物即嵩山会善寺净藏禅师塔。按禅师于天宝五年圆寂，这塔的兴建，绝不会在这年以前，这塔短稳古拙，亦是孤例，而比这塔还古的八角形平面塔，除去天宁寺——假设它是隋建的话——别处还未得见过。在我们今日，觉得塔的平面或作方形，或作多角形，没甚奇特。但是一个时代的作者，大多数跳不出他本时代盛行的作风或规律以外的——建筑物尤甚——所以生在塔平面作方形的时代，能做出一个平面不作方形的塔来，是极罕有的事。

至于立面方面我们请先看塔全个的轮廓之所以形成。天宁寺的塔，是在一个基坛之上立须弥座，须弥座上立极高的第一层，第一层以上有多层密而扁的檐的。这种第一层高，以上多层扁矮的塔，最古的例当然是那十二角形的嵩山嵩岳寺塔。但除它而外，是须到唐开元以后才见有那类似的做法，如房山云居寺四小石塔。在初唐期间，砖塔的做法，多如大雁塔一类各层均等递减的。但是我们须注意，唐以前

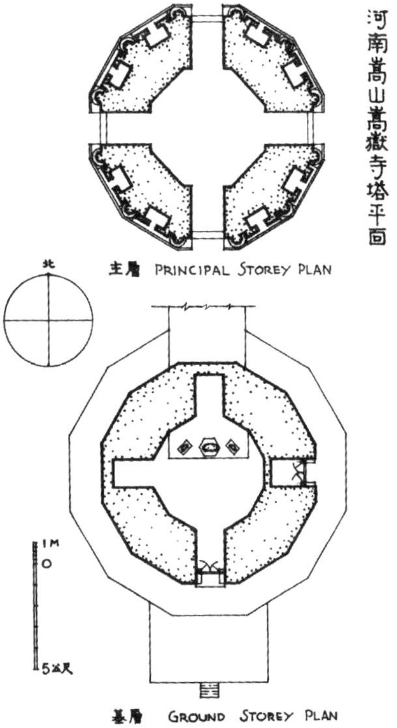

河南嵩山嵩岳寺塔平面图，此塔作十二角形，是中国建筑史上的独例

直到中唐或晚唐，方有非正方形平面的八角塔出现，这个罕贵的遗例就是嵩山会善寺净藏禅师塔

的这类上段多层密檐塔，不唯是平面全作方形而且第一层之下无须弥座等雕饰，且上层各檐是用砖层层垒出，不施斗拱，其所呈的外表，完全是两样的。

所以由平面及轮廓看来，竟可证明天宁寺塔为隋代所建之绝不可能，因为唐以前的建筑师就根本没有这种塔的观念。

至于建筑各部的手法作风，则更可以辅助着图案概念方面不足的证据，而且往往更可靠，更易于鉴别。我们不妨详细将这塔的每个部分提出审查。

建筑各部构材，在中国建筑中占位置最重要的，莫过于斗拱。斗拱演变的沿革，差不多就可以说是中国建筑结构法演变史。在看多了的人，差不多只须一看斗拱，对一座建筑物的年代，便有七八分把握。建筑物之用斗拱，据我们所知道的，是由简而繁。砖塔石塔最古的例如北周神通寺四门塔及东魏嵩岳寺十二角十五层塔，都没有斗拱。次古的如西安大雁塔及香积寺砖塔，皆属初唐物，只用斗而无拱。与之略同时或略后者如西安兴教寺玄奘塔，则用简单的一斗三升交蚂蚱头在柱头上。直至会善寺净藏塔，我们始得见简单人字拱的补间铺作。神通寺龙虎塔建于唐末，只用双杪偷心华拱。真正用砖石来完全模仿成朵复杂的斗拱的，至五代宋初始见，其中便是如我们所见的许多“天宁式”塔。此中年代确实的有辽天庆七年的房山云居寺南塔、金大定二十五年的正定临济寺青塔、辽道宗太康六年（公元1079年）的涿县普寿寺塔，见本刊本期刘士能先生《河北省西部古建筑调查记略》，还有蓟县白塔，等等。在那时候还有许多砖塔的斗拱是木质的，如杭州雷峰塔、保俶塔、六和塔等等。

天宁寺塔的斗拱，最下层平坐，用华拱两跳偷心，补间铺作多至三朵。主要的

陕西西安兴教寺玄奘塔

第一层，斗拱出两跳华拱，角柱上的转角铺作，在大斗之旁，用附角斗，补间铺作一朵，用四十五度斜拱。这两个特点，都与大同善化寺金代的三圣殿相同。第二层以上，则每面用补间铺作两朵；补间铺作之繁重，亦与转角铺作相埒，都是出华拱两跳，第二跳偷心的。就我们所知，唐以前的建筑，不唯没有用补间铺作两朵的，而且虽用一朵，亦只极简单，纯处于辅材的地位的直斗或人字拱等而已。就斗拱看来，这塔是绝对不能早过辽宋时代的。

承托斗拱的柱额，亦极清楚地表示它的年代。我们只须一看年代确定的唐塔或六朝塔，凡是用倚柱的，如嵩岳寺塔、玄奘塔、净藏塔，都用八角形（或六角？）柱，虽然有一两个用扁柱的，如大雁塔，却是显然不模仿圆或角柱形。圆形倚柱之用在砖塔，唐以前虽然不能定其必没有，而唐以后始盛行。天宁寺塔的柱，是圆的。这圆柱之上，有额枋，额枋在角柱上出头处，斫齐如辽建中所常见，蓟县独乐寺、大同下华严寺都有如此的做法。额枋上的普拍枋，更令人疑它年代之不能很古，因为唐以前的建筑，十之八九不用普拍枋，上文所举之许多例，率皆如此。但自宋辽以后，普拍枋已占了重要位置。这额枋与普拍枋，虽非绝对证据，但亦表示结构是辽金以后而又早于元时的极高可能性。

在天宁寺塔的四正面有圆拱门，四隅面有直棂窗。这诚然都是古制，尤其直棂窗，那是宋以后所少用。但是圆门券上，不用火焰形券饰，与大多数唐代及以前佛教遗物异其趣旨。虽然，其上浮雕璎珞宝盖略作火焰形，疑原物或照古制，为重修时所改。至于门扇上的菱花格棂，则尤非宋以前所曾见，唐五代砖石各塔的门及敦煌画壁中我们所见的都是钉门钉的板门。

栏杆的做法，又予我们以一个更狭的年代范围。现在常见的明清栏杆，都是每两栏板之间立一望柱的。宋元以前，只在每面转角处立望柱而“寻杖”符长[1]。天宁寺塔便是如此，这可以证明它是明代以前的形制。这种的栏杆，均用斗子蜀柱分隔各栏板，不用明清式的荷叶墩。我们所知道的辽金塔，斗子蜀柱都做得非常清楚，但这塔已将原形失去，斗子与柱之间，只马马虎虎的用两道线条表示，想是后世重修时所改。至于栏板上的几何形花纹，已不用六朝隋唐所必用的特种卐字纹，而代以较复杂者。与蓟县独乐寺观音阁内栏板及大同华严寺壁藏上栏板相同。凡此种种，莫不倾向着辽金原形而又经明清重修的表示。

平坐斗拱之下，更有间柱及壶门。间柱的位置，与斗拱不相对，其上力神像当在下文讨论。壶门的形式及其起线，软弱柔圆，不必说没有丝毫六朝刚强的劲儿，就是与我们所习见的宋代扁桃式壶门也还比不上其健稳。我们的推论，也以为是明清重修的结果。

至于承托这整个塔的须弥座，则上枋之下用枭混而我们所见过的须弥座，自云冈龙门以至辽宋遗物，无一不是层层方角叠出，间或用四十五度斜角线者。枭混之用，最早也过不了五代末期，若说到隋，那更是绝不可能的事。

关于雕刻，在第一主层上，夹门立天王，夹窗立菩萨，窗上有飞天，只要将中国历代雕刻遗物略看一遍，便可定其大略的年代。由北魏到隋唐的佛像飞天，到宋辽塑像画壁，到元明清塑刻，刀法笔意及布局姿势，莫不清清楚楚地可以顺着源流鉴别

[1] 每段栏杆之两端小柱，高出栏杆者称望柱，栏杆最上一条横木称寻杖。在寻杖以下部分名栏板，栏板之小柱称蜀柱。隔于栏板及寻杖之间之斗称斗子，明清以后无此制。

的。若与隋唐的比较，则山东青州云门山、山西天龙山、河南龙门，都有不少的石刻。这些相距千里的约略同时的遗作，都有几个或许多共同之点，而绝非天宁寺塔像所有。近来有人竟说塔中造像含有犍陀罗风，其实隋代石刻，虽在中国佛教美术中算是较早期的作品，但已将南北朝时所含的犍陀罗风味摆脱得一干二净，而自成一种淳朴古拙的气息，而天宁寺塔上更是绝没有犍陀罗风味的。

北京慈寿寺塔

至于平坐以下的力神、狮子和垫拱板上的卷草西番莲一类的花纹，我想勉强说它是辽金的作品，还不甚够资格，恐怕仍是经过明清照原样修补的，虽然各像衣褶，仍较清全盛时单纯静美，无后代繁褥云朵及俗气逼人的飘带。但窗棂上部之飞仙已类似后来常见之童子，与隋唐那些脱尽人间烟火气的飞天，不能混作一谈。

综上所述，我们可以断定天宁寺塔绝对不是隋宏业寺的原塔。而在年代确定的砖塔中，有房山云居寺辽代南塔与之最相似，此外涿县普寿寺辽塔及确为辽金而年代未经记明的塔如云居寺北塔，通州塔及辽宁境内许多的砖塔，式样手法都与之相仿佛。正定临济寺金大定二十五年的青塔也与之相似，但较之稍清秀。

与之采同式而年代较后者有安阳天宁寺八角五层砖塔，虽无正确的文献记载其年代，但是各部作风纯是元明以后法式。北平八里庄慈寿寺塔，建于明万历四年，据说是仿照天宁寺塔建筑的，但是细查其各部，则斗拱、檐椽、格棂、如意头、莲瓣、栏杆（望柱极密）、平坐、枭混、圭脚——由顶至踵，无一不是明清官式则例。

所以天宁寺塔之年代，在这许多类似砖塔中比较起来，我们可暂时假定它与云居寺南塔时代约略相同，是辽末（12世纪初期）的作品，较之细瘦之通州塔及正定临济寺青塔稍早，而其细部则有极晚之重修。在未得到文献方面更确实证据之前，我们仅能如此鉴定了。

我们希望“从事美术”的同志们，对于史料之选择及鉴别，须十分慎重，对于实物制度作风之认识尤绝不可少，单凭一座乾隆碑，追述往事，便认为确实史料，则未免太不认真。以前的皇帝考古家尽可以自由浪漫地记述，在民国二十四年以后一个老百姓美术家说句话都得负得起责任的。

最后我们要向天宁寺塔赔罪，因为急于辩证它的建造年代，我们竟不及提到塔之现状，其美丽处，如其隆重的权衡，淳和的色斑，及其他细部上许多意外的美点。不过无论如何，天宁寺塔也绝不会因其建造时代之被证实，而减损其本身任何的价值的。喜欢写生者只要不以隋代古建，唐人作风目之，误会宣传此塔之古，则当仍是写生的极好题材。

[1] 本文原连载于1951年4月出版的《新观察》第2卷第7期和第8期。——左川注

北京——都市计划中的无比杰作[1]

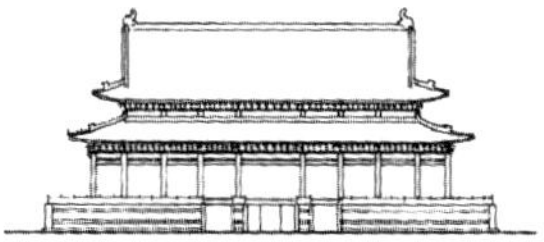
☆ 北平故宫太和門 1894
T'AI-HO MEN · IMPERIAL PALACES · PEIPING

中国人民的首都北京，是一个极年老的旧城，却又是一个极年轻的新城。北京曾经是封建帝王威风的中心，军阀和反动势力的堡垒，今天它却是初落成的、照耀全世界的民主灯塔。它曾经是没落到只能引起无限“思古幽情”的旧京，也曾经是忍受侵略者铁蹄践踏的沦陷城，现在它却是生气蓬勃地在迎接社会主义曙光中的新首都。它有丰富的政治历史意义，更要发展无限文化上的光辉。

构成整个北京的表面现象的是它的许多不同的建筑物，那显著而美丽的历史文物，艺术的表现：如北京雄劲的周围城墙，城门上嶙峋高大的城楼，围绕紫禁城的黄瓦红墙，御河的栏杆石桥，宫城上窈窕的角楼，宫廷内宏丽的宫殿，或是园苑中妩媚的廊庑亭榭，热闹的市心里牌楼店面，和那许多坛庙、塔寺、宅第、民居，它们是个别的建筑类型，也是个别的艺术杰作。每一类，每一座，都是过去劳动人民血汗创造的优美果实，给人以深刻的印象；今天这些都回到人民自己手里，我们对它们宝贵万分是理之当然。但是，最重要的还是这各种类型，各个或各组的建筑物的全部配合；它们与北京的全盘计划整个布局的关系；它们的位置和街道系统如何相辅相成；如何集中与分布；引直与对称；前后左右，高下起落，所组织起来的北京的全部部署的庄

严秩序，怎样成为宏壮而又美丽的环境。北京是在全盘的处理上才完整地表现出伟大的中华民族建筑的传统手法和在都市计划方面的智慧与气魄。这整个的体形环境增强了我们对于伟大的祖先的景仰，对于中华民族文化的骄傲，对于祖国的热爱。北京对我们证明了我们的民族在适应自然，控制自然，改变自然的实践中有着多么光辉的成就。这样一个城市是一个举世无匹的杰作。

我们承继了这份宝贵的遗产，的确要仔细地了解它——它的发展历史、过去的任务同今天的价值。不但对于北京个别的文物，我们要加深认识，且要对这个部署的体系提高理解，在将来的建设发展中，我们才能保护固有的精华，才不至于使北京受到不可补偿的损失。并且也只有深入地认识和热爱北京独立的和谐的整体格调，才能掌握它原有的精神来作更辉煌的发展，为今天和明天服务。

北京城的特点是热爱北京的人们都大略知道的。我们就按着这些特点分述如下。

我们的祖先选择了这个地址

北京在位置上是一个杰出的选择。它在华北平原的最北头，处于两条约略平行的河流的中间，它的西面和北面是一弧线的山脉围抱着，东面南面则展开向着大平原。它为什么坐落在这个地点，是有充足的地理条件的。选择这地址的本身就是我们祖先同自然斗争的生活所得到的智慧。

北京的高度约为海拔50米，地质学家所研究的资料告诉我们，在它的东南面比它低下的地区，四五千年前还都是低洼的湖沼地带。所以历史学家可以推测，由中国古代的文化中心的“中原”向北发展，势必沿着太行山麓这条50米等高线的地带走。因为这一条路要跨渡许多河流，每次便必须在每条河流的适当的渡口上来往。当我们的祖先到达永定河的右岸时，经验使他们找到那一带最好的渡口。这地点正是我们现在的卢沟桥所在。渡过了这个渡口之后，正北有一支西山山脉向东伸出，挡住去路，往东走了十余公里，这支山脉才消失到一片平原里。所以就在这里，西倚山麓，东向平原，一个农业的民族建立了一个最有利于发展的聚落，当然是适当而合理的。北京的位置就这样地产生了。并且也就在这里，他们有了更重要的发展，同北面的游牧民族开始接触，是可以由这北京的位置开始，分三条主要道路通到北面的山岳高原和东北面的辽东平原的。那三个口子就是南口、古北口和山海关。北京可以说是向着这三条路出发的分岔点，这也成了今天北京城主要构成原因之一。北京是河北平原旱路北行的终点，又是通向“塞外”高原的起点。我们的祖先选择了这地方，不但建立一个聚落，并且发展成中国古代边区的重点，完全是适应地理条件的活动。这地方经过世代的发展，在周朝为燕国的都邑，称做蓟；到了唐是幽州城，节度使的府衙所在；在五代和北宋是辽的南京，亦称做燕京；在南宋是金的中都；到了元朝，城的位置东移，建设一新，成为全国政治的中心，就成了今天北京的基础。最难得的是明清两代易朝换代的时候都未经太大的破坏就又在旧基础上修建展拓。随着条件发展，到了今天，城中每段街、每一个区域都有着丰实的历史和劳动人民血汗的成绩。有纪念价值的文物实在是太多了。（本节的主要资料是根据燕大侯仁之教授在清华的讲演《北京的地理背景》写成的）

北京城近千年来的四次改建

一个城是不断地随着政治经济的变动而发展着改变着的，北京当然也非例外。但是在过去一千年中间，北京曾经有过四次大规模的发展，不单是动了土木工程，并且是移动了地址的大修建。对这些变动有个简单认识，对于北京城的布局形势便更觉得亲切。

现在北京最早的基础是唐朝的幽州城，它的中心在现在广安门外迤南一带。本为范阳节度使的驻地，安禄山和史思明向唐代政权进攻曾由此发动，所以当时是军事上重要的边城。后来刘仁恭父子割据称帝，把城中的“子城”改建成宫城的规模，有了宫殿。937年，北方民族的辽势力渐大，五代的石敬瑭割了燕云十六州给辽，辽人并不曾改动唐的幽州城，只加以修整，将它“升为南京”。这时的北京开始成为边疆上一个相当区域的政治中心了。

到了更北方的民族金人的侵入时，先灭辽，又攻败北宋，将宋的势力压缩到江南地区，自己便承袭辽的“南京”，以它为首都。起初金也没有改建旧城，1151年才大规模地将辽城扩大，增建宫殿，有意识地模仿北宋汴梁的形制，按图兴修。金人把宋东京汴梁（开封）的宫殿苑囿和真定（正定）的潭圃木料拆卸北运，在此大大建设起来，称它做中都，这时的北京便成了半个中国的中心。当然，许多辉煌的建筑仍然是中都的劳动人民和技术匠人，承继着北宋工艺的宝贵传统，又创造出来的。在金人进攻掠夺“中原”的时候，“匠户”也是他们劫掳的对象，所以汴梁的许多匠人曾被迫随着金军到了北京，为金的统治阶级服务。金朝在北京曾不断地营建，规模宏大，最重要的还有当时的离宫，今天的中海北海。辽以后，金在旧城基础上扩充建设，便是北京第一次的大改建，但它的东面城墙还在现在的琉璃厂以西。

1215年元人破中都，中都的宫城同宋的东京一样遭到剧烈破坏，只有郊外的离宫大略完好。1260年以后，元世祖忽必烈数次到金故中都，都没有进城而驻跸在离宫琼华岛上的宫殿里。这地方便成了今天北京的胚胎，因为到了1267年元代开始建城的时候，就以这离宫为核心建造了新首都。元大都的皇宫是围绕北海和中海而布置的，元代的北京城便围绕着这皇宫成一正方形。

这样，北京的位置由原来的地址向东北迁移了很多。这新城的西南角同旧城的东北角差不多接壤，这就是今天的宣武门迤西一带。虽然金城的北面在现在的宣武门内，当时元的新城最南一面却只到现在的东西长安街一线上，所以两城还隔着一个小距离。主要原因是当元建新城时，金的城墙还没有拆掉之故。元代这次新建设是非同小可的，城的全部是一个完整的布局。在制度上有许多仍是承袭中都的传统，只是规模更大了。如宫门楼观、宫墙角楼、护城河、御路、石桥、千步廊的制度，不但保留中都所有，且超过汴梁的规模。还有故意恢复一些古制的，如“左祖右社”的格式，以配合“前朝后市”的形势。

这一次新址发展的主要存在基础不仅是有天然湖沼的离宫和它优良的水潭，还有极好的粮运的水道。什刹海曾是航运的终点，成了重要的市中心。当时的城是近乎正方形的，北面在今日北城墙外约二公里，当时的鼓楼便位于全城的中心点上，在今什刹海北岸。因为船只可以在这一带停泊，钟鼓楼自然是那时热闹的商市中心。这虽是地理条件所形成，但一向许多人说到元代北京形制，总以这“前朝后市”为严格遵循古制的证据。元时建的尚是土城，没有砖面，东、西、南，每面三门：唯有北面只有两门，街道引直，部署井然。当时分全市为五十坊，鼓励官吏人民从旧城迁来。这便是辽以后北京第二次的大改变。它的中心宫城基本上就是今天北京的故宫与北海中海。

1368年，明太祖朱元璋灭了元朝，次年就“缩城北五里”，筑了今天所见的北面城墙。原因显然是本来人口就稀疏的北城地区，到了这时，因航运滞塞，不能达到什刹海，因而更萧条不堪，而商业则因金的旧城东壁原有的基础渐在元城的南面郊外繁荣起来。元的北城内地址自多旷废无用，所以索性缩短五里了。

明成祖朱棣迁都北京后，因衙署不足，又没有地址兴修，1419年便将南面城墙向南展拓，由长安街线上移到现在的位置。南北两墙改建的工程使整个北京城约略向南移动四分之一，这完全是经济和政治的直接影响。且为了元的故宫已故意被破坏过，重建时就又作了若干修改。最重要的是因不满城中南北中轴线为什刹海所切断。将宫城中线向东移了约150米，正阳门、钟鼓楼也随着东移，以取得由正阳门到鼓楼、钟楼中轴线的贯通，同时又以景山横亘在皇宫北面如一道屏风。这个变动使景山中峰上的亭子成了全城南北的中心，替代了元朝的鼓楼的地位。这50年间陆续完成的三次大工程便是北京在辽以后的第三次改建。这时的北京城就是今天北京的内城了。

在明中叶以后，东北的军事威胁逐渐强大，所以要在城的四面再筑一圈外城。原拟在北面利用元旧城，所以就决定内外城的距离照着原来北面所缩的五里。这时正阳门外已非常繁荣，西边宣武门外是金中都东门内外的热闹区域，东边崇文门外这时受航运终点的影响，工商业也发展起来。所以工程由南面开始，先筑南城。开工之后，发现费用太大，尤其是城墙由明代起始改用砖，较过去土墙所费更大，所以就改变计划，仅筑南城一面了。外城东西仅比内城宽出六七百米，便折而向北，止于内城西南东南两角上，即今西便门、东便门之处。这是在唐幽州基础上辽以后北京第四次的大改建。北京今天的凸字形状的城墙就是这样在1553年完成的。假使这外城按原计划完成，则东面城墙将在二闸，西面差不多到了公主坟，现在的东岳庙、大钟寺、五塔寺、西郊公园、天宁寺、白云观便都要在外城之内了。

清朝承继了明朝的北京，虽然个别的建筑单位经过了重建，但对整个布局体系则未改动，一直到了今天。民国以后，北京市内虽然有不少的局部改建，尤其是道路系统，为适合近代使用，有了很多变更，但对于北京的全部规模则尚保存原来秩序，没有大的损害。

由那四次的大改建，我们认识到一个事实，就是城墙的存在也并不能阻碍城区某部分一定的发展，也不能防止某部分的衰落。全城各部分是随着政治、军事、经济的需要而有所兴废。北京过去在体形的发展上，没有被它的城墙限制过它必要的展拓和所展拓的方向，就是一个明证。

北京的水源——全城的生命线

从元建大都以来，北京城就有了一个问题，不断地需要完满解决，到了今天同样问题也仍然存在。那就是北京城的水源问题。这问题的解决与否在有铁路和自来水以前的时代里更严重地影响着北京的经济和全市居民的健康。

在有铁路以前，北京与南方的粮运完全靠运河。由北京到通州之间的通惠河一段，顺着西高东低的地势，须靠由西北来的水源。这水源还须供给什刹海、三海和护城河，否则它们立即枯竭，反成孕育病疫的水洼，水源可以说是北京的生命线。

北京近郊的玉泉山的泉源虽然是“天下第一”，但水量到底有限；供给池沼和饮料虽足够，但供给航运则不足了。辽金时代航运水道曾利用高粱河水，元初则大规模地重新计划。起初曾经引永定河水东行，但因夏季山洪暴发，控制困难，不久即放弃。当时的河渠故道在现在西郊新区之北，至今仍可辨认。废弃这条水道之后的计划是另找泉源。于是便由昌平县神山泉引水南下，建造了一条石渠，将水引到瓮山泊（昆明湖）再由一道石渠东引入城，先到什刹海，再流到通惠河。这两条石渠在西北郊都有残迹，城中由什刹海到二闸的南北河道就是现在南北河沿和御河桥一带。元时所引玉泉山的水是与由昌平南下经同昆明湖入城的水分流的。这条水名金水河，沿途严禁老百姓使用，专引入宫苑池沼，主要供皇室的饮水和栽花养鱼之用。金水河由宫中流到护城河，然后同昆明湖什刹海那一股水汇流入通惠河。元朝对水源计划之苦心，水道建设规模之大，后代都不能及。城内地下暗沟也是那时留下绝好的基础，经明增设，到现在还是最可贵的下水道系统。

明朝先都南京，昌平水渠破坏失修，竟然废掉不用。由昆明湖出来的水与由玉泉山出来的水也不两河分流，事实上水源完全靠玉泉山的水。因此水量顿减，航运当然不能入城。到了清初建设时，曾作补救计划，将西山碧云寺、卧佛寺同香山的泉水都加入利用，引到昆明湖。这段水渠又破坏失修后，北京水量一直感到干涩不足。解放之前若干年中，三海和护城河淤塞情形是愈来愈严重，人民健康曾大受影响。龙须沟的情况就是典型的例子。

1950年，北京市人民政府大力疏浚北京河道，包括三海和什刹海，同时疏通各种沟渠，并在西直门外增凿深井，增加水源。这样大大地改善了北京的环境卫生，是北京水源史中又一次新的记录。现在我们还可以期待永定河上游水利工程，眼看着将来再努力沟通京津水道航运的事业。过去伟大的通惠运河仍可再用，是我们有利的发展基础。

（本节部分资料是根据侯仁之《北平金水河考》写成的）

北京的城市格式——中轴线的特征

如上文所曾讲到，北京城的凸字形平面是逐步发展而来。它在16世纪中叶完成了现在的特殊形状。城内的全部布局则是由中国历代都市的传统制度，通过特殊的地理条件，和元、明、清三代政治经济实际情况而发展的具体形式。这个格式的形成，一方面是遵循或承袭过去的一般的制度，一方面又由于所尊崇的制度同自己的特殊条件相结合所产生出来的变化运用。北京的体形大部是由于实际用途而来，又曾经过艺术的处理而达到高度成功的。所以北京的总平面是经得起分析的。过去虽然曾很好地为封建时代服务，今天它仍然能很好地为新民主主义时代的生活服务，并还可以再作社会主义时代的都城，毫不阻碍一切有利的发展。它的累积的创造成绩是永远可以使我们骄傲的。

大略地说，凸字形的北京，北半是内城，南半是外城，故宫为内城核心，也是全城布局重心，全城就是围绕这中心而部署的。但贯通这全部署的是一根直线。一根长达八公里，全世界最长，也最伟大的南北中轴线穿过了全城。北京独有的壮美秩序就由这条中轴的建立而产生。前后起伏左右对称的体形或空间的分配都是以这中轴为依据的。气魄之雄伟就在这个南北引伸，一贯到底的规模。我们可以从外城最南的永定门说起，从这南端正门北行，在中轴线左右是天坛和先农坛两个约略对称的建筑群；经过长长一条市楼对列的大街，到达珠市口的十字街口之后才面向着内城第一个重点——雄伟的正阳门楼。在门前百余米的地方，拦路一座大牌楼，一座大石桥，为这第一个重点做了前卫。但这还只是一个序幕。过了此点，从正阳门楼到中华门，由中华门到天安门，一起一伏、一伏而又起，这中间千步廊（民国初年已拆除）御路的长度，和天安门面前的宽度，是最大胆的空间的处理，衬托着建筑重点的安排。这个当时曾经为封建帝王据为己有的禁地，今天是多么恰当地回到人民手里，成为人民自己的广场！由天安门起，是一系列轻重不一的宫门和广庭，金色照耀的琉璃瓦顶，一层又一层地起伏峋峙，一直引导到太和殿顶，便到达中线前半的极点，然后向北，重点

正阳门原貌

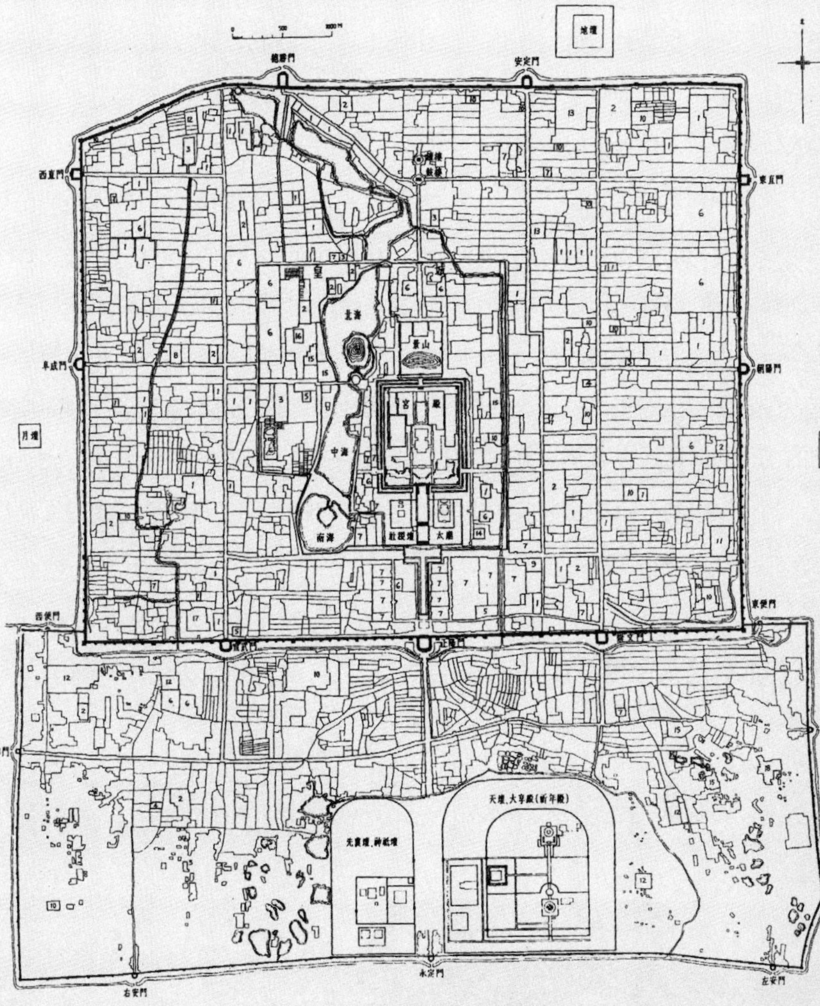

清代北京城平面图（乾隆时期）

1—亲王府；2—佛寺；3—道观；4—清真寺；5—天主教堂；6—仓库；7—衙署；8—历代帝王庙；9—满洲堂子；10—官手工业局及作坊；11—贡院；12—八旗营房；13—文庙、学校；14—皇史宬(档案库)；15—马圈；16—牛圈；17—驯象所；18—义地、养育堂

清代北京城平面图

逐渐退削，以神武门为尾声。再往北，又“奇峰突起”地立着景山做了宫城背后的衬托。景山中峰上的亭子正在南北的中心点上。由此向北是一波又一波的远距离重点的呼应。由地安门，到鼓楼、钟楼，高大的建筑物都继续在中轴线上。但到了钟楼，中轴线便有计划地，也恰到好处地结束了。中线不再向北到达墙根，而将重点平稳地分配给左右分立的两个北面城楼——安定门和德胜门。有这样气魄的建筑总布局，以这样规模来处理空间，世界上就没有第二个！

在中线的东西两侧为北京主要街道的骨干；东西单牌楼和东西四牌楼是四个热闹商市的中心。在城的四周，在宫城的四角上，在内外城的四角和各城门上，立着十几个环卫的突出点。这些城门上的门楼、箭楼及角楼又增强了全城三度空间的抑扬顿挫和起伏高下。因北海和中海，什刹海的湖沼岛屿所产生的不规则布局，和因琼华岛塔和妙应寺白塔所产生的突出点，以及许多坛庙园林的错落，也都增强了规则的布局和不规则的变化的对比。在有了飞机的时代，由空中俯瞰，或仅由各个城楼上或景山顶上遥望，都可以看到北京杰出成就的优异。这是一份伟大的遗产，它是我们人民最宝贵的财产，还有人不感到吗？

北京的交通系统及街道系统

北京是华北平原通到蒙古高原、热河山地和东北的几条大路的分岔点，所以在历史上它一向是一个政治、军事重镇。北京在元朝成为大都以后，因为运河的开凿，以

民国改建后的西四牌楼

取得东南的粮食，才增加了另一条东面的南北交通线。一直到今天，北京与南方联系的两条主要铁路干线都沿着这两条历史的旧路修筑；而京包、京热两线也正筑在我们祖先的足迹上。这是地理条件所决定。因此，北京便很自然地成了华北北部最重要的铁路衔接站。自从汽车运输发达以来，北京也成了一个公路网的中心。西苑、南苑两个飞机场已使北京对外的空运有了站驿。这许多市外的交通网同市区的街道是息息相关互相衔接的，所以北京城是会每日增加它的现代效果和价值的。

今天所存在的城内的街道系统，用现代都市计划的原则来分析，是一个极其合理，完全适合现代化使用的系统。这是一个令人惊讶的事实，是任何一个中世纪城市所没有的。我们不得不又一次敬佩我们祖先伟大的智慧。

这个系统的主要特征在大街与小巷，无论在位置上或大小上，都有明确的分别，大街大致分布成几层合乎现代所采用的“环道”；由“环道”明确的有四向伸出的“幅道”。结果主要的车辆自然会汇集在大街上流通，不致无故地去钻小胡同，胡同里的住宅得到了宁静，就是为此。

所谓几层的环道，最内环是紧绕宫城的东西长安街、南北池子、南北长街、景山前大街。第二环是王府井、府右街，南北两面仍是长安街和景山前大街。第三环以东西交民巷，东单东四，经过铁狮子胡同、后门、北海后门、太平仓、西四、西单而完成。这样还可更向南延长，经宣武门、菜市口、珠市口、磁器口而入崇文门。近年来又逐步地开辟一个第四环，就是东城的南北小街、西城的南北沟沿、北面的北新桥大街，鼓楼东大街，以达新街口。但鼓楼与新街口之间因有什刹海的梗阻，要多少费点事。南面则尚未成环（也许可与东西交民巷衔接）。这几环中，虽然有多少尚待展宽或未完全打通的段落，但极易完成。这是现代都市计划学家近年来才发现的新原则。欧美许多城市都在它们的弯曲杂乱或呆板单调的街道中努力计划开辟成环道，以适应控制大量汽车流通的迫切需要。我们的北京却可应用六百年前建立的规模，只须稍加展宽整理，便可成为最理想的街道系统。这的确是伟大的祖先留给我们的"余荫"。

有许多人不满北京的胡同，其实胡同的缺点不在其小，而在其泥泞和缺乏小型空场与树木。但它们都是安静的住宅区，有它的一定优良作用。在道路系统的分配上也是一种很优良的秩序，这些便是我们发展的良好基础，可以予以改进和提高的。

北京城的土地使用——分区

我们不敢说我们的祖先计划北京城的时候，曾经计划到它的土地使用或分区。但我们若加以分析，就可看出它大体上是分了区的，而且在位置上大致都适应当时生活的要求和社会条件。

内城除紫禁城为皇宫外，皇城之内的地区是内府官员的住宅区。皇城以外，东西交民巷一带是各衙署所在的行政区（其中东交民巷在辛丑条约之后被划为"使馆区"）。而这些住宅的住户，有很多就是各衙署的官员。北城是贵族区，和供应它们的商店区，这区内王府特别多。东西四牌楼是东西城的两个主要市场；由它们附近街巷名称，就可看出。如东四牌楼附近是猪市大街、小羊市、驴市（今改"礼士"）胡同等；西四牌楼则有马市大街、羊市大街、羊肉胡同、缸瓦市等。

至于外城，大体地说，正阳门大街以东是工业区和比较简陋的商业区，以西是最繁华的商业区。前门以东以商业命名的街道有鲜鱼口、瓜子店、果子市等；工业的则有打磨厂、梯子胡同等等。以西主要的是珠宝市、钱市胡同、大栅栏等，是主要商店所聚集；但也有粮食店、煤市街。崇文门外则有巾帽胡同、木厂胡同、花市、草市、磁器口等等，都表示着这一带的土地使用性质。宣武门外是京官住宅和各省府州县会馆区，会馆是各省入京应试的举人们的招待所，因此知识分子大量集中在这一带。应景而生的是他们的“文化街”，即供应读书人的琉璃厂的书铺集团，形成了一个“公共图书馆”；其中掺杂着许多古玩铺，又正是供给知识分子观摩的“公共文物馆”。其次要提到的就是文娱区，大多数的戏院都散布在前门外东西两侧的商业区中间。大众化的杂耍场集中在天桥。至于骚人雅士们则常到先农坛迤西洼地中的陶然亭吟风咏月，饮酒赋诗。

由上面的分析，我们可以看出，以往北京的土地使用，的确有分区的现象。但是除皇城及它迤南的行政区是多少有计划的之外，其他各区都是在发展中自然集中而划分的。这种分区情形，到民国初年还存在。

到现在，除去北城的贵族已不贵了，东交民巷又由“使馆区”收复为行政区而仍然兼是一个有许多已建立邦交的使馆或尚未建立邦交的“使馆”所在区，和西交民巷成了银行集中的商务区而外，大致没有大改变。近二三十年来的改变，则在外城建立了几处工厂。王府井大街因为东安市场之开辟，再加上供应东交民巷帝国主义外交官僚的消费，变成了繁盛的零售商店街，部分夺取了民国初年军阀时代前门外的繁荣。东西单牌楼之间则因长安街三座门之打通而繁荣起来，产生了沿街“洋式”店楼型制。全城的土地使用，比清末民初时期显然增加了杂乱错综的现象。幸而因为北京以往并不是一个工商业中心，体形环境方面尚未受到不可挽回的损害。

北京城是一个具有计划性的整体

北京是中国（可能是全世界）文物建筑最多的城。元、明、清历代的宫苑，坛庙，塔寺分布在全城，各有它的历史艺术意义，是不用说的。要再指出的是：因为北京是一个先有计划然后建造的城（当然，计划所实现的都曾经因各时代的需要屡次修正，而不断地发展的），它所特具的优点主要就在它那具有计划性的城市的整体。那宏伟而庄严的布局，在处理空间和分配重点上创造出卓越的风格，同时也安排了合理而有秩序的街道系统，而不仅在它内部许多个别建筑物的丰富的历史意义与艺术的表现。所以我们首先必须认识到北京城部署骨干的卓越，北京建筑的整个体系是全世界保存得最完好的，而且继续有传统的、活力的、最特殊的、最珍贵的艺术杰作。这是我们对北京城不可忽略的起码认识。

就大多数的文物建筑而论，也都不仅是单座的建筑物，而往往是若干座合组而成的整体，为极可宝贵的艺术创造，故宫就是最显著的一个例子。其他如坛庙、园苑、府第，无一不是整组的文物建筑，有它全体上的价值。我们爱护文物建筑，不仅

梁思成心目中的北京市区街道景象图

应该爱护个别的一殿、一堂、一楼、一塔，而且必须爱护它的周围整体和邻近的环境。我们不能坐视，也不能忍受一座或一组壮丽的建筑物遭受到各种各式直接或间接的破坏，使它们委屈在不调和的周围里，受到不应有的宰割。过去因为帝国主义的侵略，和我们不同体系、不同格调的各型各式的所谓洋式楼房，所谓摩天高楼，摹仿到家或不到家的欧美系统的建筑物，庞杂凌乱的大量渗到我们的许多城市中来，长久地劈头拦腰破坏了我们的建筑情调，渐渐地麻痹了我们对于环境的敏感，使我们习惯于不调和的体形或习惯于看着自己优美的建筑物被摒斥到委曲求全的夹缝中，而感到无可奈何。我们今后在建设中，这种错误是应该予以纠正了。代替这种蔓延野生的恶劣建筑，必须是有计划有重点的发展，比如明年，在天安门的前面，广场的中央，将要出现一座庄严雄伟的人民英雄纪念碑。几年以后，广场的外围将要建起整齐壮丽的建筑，将广场衬托起来。长安门（三座门）外将是绿阴平阔的林阴大道，一直通出城墙，使北京向东西城郊发展。那时的天安门广场将要更显得雄壮美丽了。总之，今后我们的建设，必须强调同环境配合，发展新的来保护旧的，这样才能保存优良伟大的基础，使北京城永远保持着美丽、健康和年轻。

北京城内城外无数的文物建筑，尤其是故宫、太庙（现在的劳动人民文化宫）、社稷坛（现在的中山公园）、天坛、先农坛、孔庙、国子监、颐和园等等，都普遍地受到人们的赞美。但是一件极重要而珍贵的文物，竟没有得到应有的注意，乃至被人忽视，那就是伟大的北京城墙。它的产生，它的变动，它的平面形成凸字形的沿革，充满了历史意义，是一个历史现象辩证的发展的卓越标本，已经在上文叙述过了。至于它的朴实雄厚的壁垒，宏丽嶙峋的城门楼、箭楼、角楼，也正是北京体形环境中不可分离的艺术构成部分。我们还需要首先特别提到，苏联人民称斯摩棱斯克的城墙为苏联的项链，我们北京的城墙，加上那些美丽的城楼，更应称为一串光彩耀目的中国人民的璎珞了。古史上有许多著名的台——古代封建主的某些殿宇是筑在高台上的，台和城墙有时不分——后来发展成为唐宋的阁与楼时，则是在城墙上含有纪念性的建筑物，大半可供人民登临。前者如春秋战国燕和赵的丛台、西汉的未央宫、汉末曹操和东晋石赵在邺城的先后两个铜雀台，后者如唐宋以来由文字流传后世的滕王阁、黄鹤楼、岳阳楼等。宋代的宫前门楼宣德楼的作用也还略像一个特殊的前殿，不只是一个仅具形式的城楼。北京峋峙着许多壮观的城楼角楼，站在上面俯瞰城郊，远览风景，可以供人娱心悦目，舒畅胸襟。但在过去封建时代里，因人民不得登临，事实上是等于放弃了它的一个可贵的作用。今后我们必须好好利用它为广大人民服务。现在前门箭楼早已恰当地作为文娱之用。在北京市各界人民代表会议中，又有人建议用崇文门、宣武门两个城楼做陈列馆，以后不但各城楼都可以同样地利用，并且我们应该把城墙上面的全部面积整理出来，尽量使它发挥它所具有的特长。城墙上面面积宽敞，可以布置花池，栽种花草，安设公园椅，每隔若干距离的敌台上可建凉亭，供人游息。由城墙或城楼上俯视护城河与郊外平原，远望西山远景或紫禁城宫殿。它将是世界上最特殊的公园之一 —— 一个全长达39.75公里的立体环城公园！

梁思成手绘的关于北京城墙利用图

我们应当怎样保护这庞大的伟大的杰作

中国人民的首都正在面临着经济建设、文化建设——市政建设高潮的前夕。解放两年以来，北京已在以递加的速率改变，以适合不断发展的需要。今后一二十年之内，无数的新建筑将要接踵地兴建起来，街道系统将加以改善，千百条的大街小巷将要改观，各种不同性质的区域要划分出来。北京城是必须现代化的；同时北京城原有的整体文物性特征和多数个别的文物建筑又是必须保存的。我们必须“古今兼顾，新旧两利”。我们对这许多错综复杂问题应如何处理？是每一个热爱中国人民首都的人所关切的问题。

如同在许多其他的建设工作中一样，先进的苏联已为我们解答了这个问题，立下了良好的榜样。在《苏联卫国战争被毁地区之重建》一书中，苏联的建筑史家N·窝罗宁教授说：

计划一个城市的建筑师必须顾到他所计划的地区生活的历史传统和建筑的传统。在他的设计中，必须保留合理的、有历史价值的一切和在房屋类型和都市计划中，过去的经验所形成的特征的一切；同时这城市或村庄必须成为自然环境中的一部分。……新计划的城市的建筑样式必须避免呆板硬性的规格化，因为它将掠夺了城市的个性，他必须采用当地居民所珍贵的一切。

人民在便利、经济和美感方面的需要，他们在习俗与文化方面的需要，是重建计划中所必须遵守的第一条规则。……

窝罗宁教授在他的书中举辨了许多实例。其中一个被称为“俄罗斯的博物院”的诺夫哥洛城，这个城的“历史性文物建筑比任何一个城都多”。

它的重建是建筑院院士舒舍夫负责的。他的计划作了依照古代都市计划制度重建的准备，当然加上现代化的改善。……在最卓越的历史文物建筑周围的空地将布置成为花园，以便取得文物建筑的观景。若干组的文物建筑群将被保留为国宝。……

关于这城……的新建筑样式，建筑师们很正确地拒绝了庸俗的“市侩式”建筑，而采取了被称为“地方性的拿破仑时代的”建筑。因为它是该城原有建筑中最典型的样式。……

……建筑学者们指出：在计划重建新的诺夫哥洛的设计中，要给予历史性文物建筑以有利的位置，使得在远处近处都可以看见它们的原则的正确性。……

对于许多类似诺夫哥洛的古俄罗斯城市之重建的这种研讨将要引导使问题得到最合理的解决，因为每一个意见都是对于以往的俄罗斯文物的热爱的表现。……

怎样建设“中国的博物院”的北京城，上面引录的原则是正确的。让我们向诺夫哥洛看齐，向舒舍夫学习。

（本文虽是作者答应担任下来的任务，但在实际写作进行中，都是同林徽因分工合作，有若干部分还偏劳了她，这是作者应该对读者声明的。）

[1] 1964年车金铭致函梁思成，征求对湖光阁设计方案意见，此信是作者的复信，信原存方案设计者——湛江建筑设计室工程师李剑寒处。1972年李退休时交湛江市建筑设计院原总建筑师陈德让保存。1994年初，陈德让将此信寄《世界建筑》主编曾昭奋。以“关于湖光阁设计方案的一封信”为题在《世界建筑》1994年第3期上首次发表。——左川注

[2] 车金铭（？—1982），时任湛江地区专员公署副专员。——左川注

[3] 莫秀英，陈济棠将军（曾任两广宣慰使，国民党中常委）夫人，1948年病逝后葬于湛江湖光岩山顶。——左川注

致车金铭信——关于湖光阁设计方案的建议[1]

车专员[2]：

我两次到湛江，都承热情接待，并惠贻土产手工艺品，感荷殊深。日前接来示并湖光阁设计方案，知道湛郊风景胜地正在进行建设，很高兴。为了把风景区建设好，极愿献一得之见。我也许有过于坦率唐突之处，请原谅。

一、从艺术造型方面来说，一座建筑物，特别是风景区的“观赏建筑”，首先要考虑与环境（自然的和人造的环境）协调。关于莫秀英[3]墓环境的具体情况，我已记不清楚，因此我基本上已被剥夺了发言权。

二、在艺术造型上，类似这样不高不矮的楼阁，也许长方形平面比正方形的比较容易处理。是否可以改为长方形平面？

三、从实用方面考虑，除了长方形可能更适用外，还要考虑这阁上或阁下的平地上是否准备使游人可以小坐品茶，观赏风景。因此，是否需要一些附属建筑，如廊、榭之类，其中可附设小卖部、茶座、茶炉、厕所等等。这些附属建筑可与阁构成一个小组群，在构图上有高低、主从，由远处望过来，可使整个轮廓线的形象更丰富一些。略如图一。

四、就两个方案的立面图来说，除上面建议改为长方形外，请考虑是否可作如下一些修改?

（a）给予较显著的地方风格。从总体轮廓到梁柱等构件的处理上看，这两个方案基本上采用了北方（特别是北京清朝官式样式）建筑风格。事实上，我国建筑一方面有其共同的民族特征，但同时各地又有其不同的地方风格。一般地说，南方建筑比北方的灵巧，柱、梁都比较瘦细、挺秀，屋角翘起较多。两个方案柱、梁的尺寸、比例，屋角的翘起，以及额枋上还采用故宫三大殿上额枋的装饰花纹，这些都没有什么广东味道。至于各层所用栏杆，不仅是宫廷气味重，而且都是石栏杆，由于材料的特征所形成的形式，用在高处显得笨重，和它所处的位置不相称，应使接近木栏的比例，以免沉重之感。建议设计的同志多看些当地的传统建筑，推敲一下它们的形象和艺术处理的手法，最好还注意材料、结构对这些艺术手法的影响，抓住它的风格的特征，然后结合到钢筋混凝土的性能，做出恰好的形式。因此——

（b）可以把柱、梁、额枋等等构件做得略瘦一些。只要瘦一点就可以使阁显得挺拔轻盈，要避免给人以笨重的印象。例如各层檐下的柱径与柱高之比，按图上量，约为1:10；若酌缩为1:11或1:12，就更近南方味。又如最上层柱头与柱头之间用双重额枋，那是宫殿上的做法，图上额枋不但比例肥短，双重，而且两重距离又近，就显得更加龙钟了。

（c）油漆的颜色和图案花纹也有其地方风格和阶级、等第的特征。宫殿、庙宇多借重色彩以显示其等第。在北方，由于冬季一片枯黄惨淡的灰色，所以一般房屋也

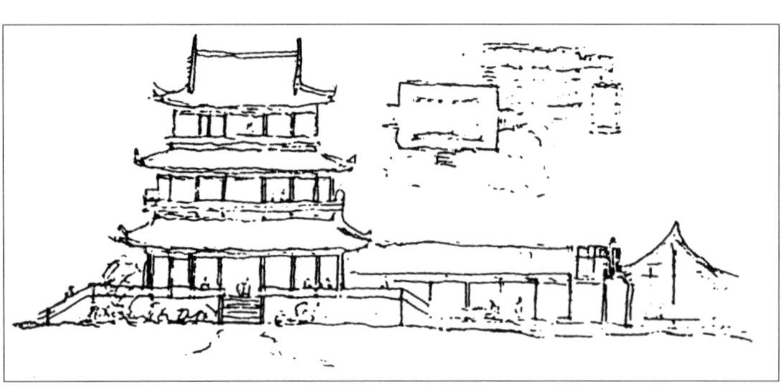

图一

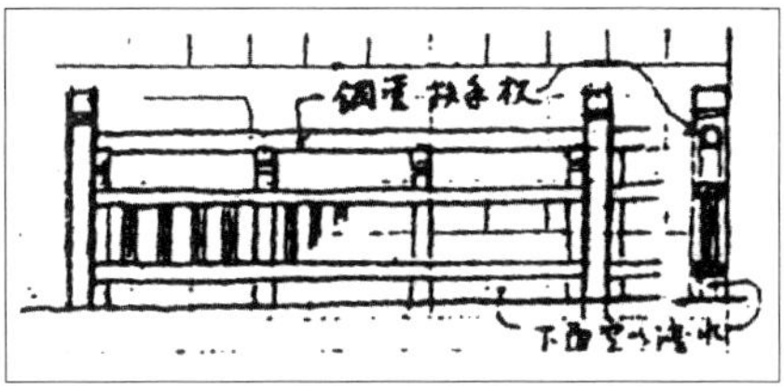

图二

用些色彩；而在园林风景区，更需要一些鲜艳的颜色，赋予建筑物一些生气。但在南方，四季常青，百花不谢，就无须使建筑的颜色与之争妍。南方民居和园林建筑一向沿用朴素淡雅的色调，是有其原因的。在炎热的暑天，过分鲜艳的色彩只能使人烦躁。桂林七星岩山岩上有一座大红柱子的亭子，远望十分刺目。我们这方案上没有注明颜色。在这问题上要十分注意，桂林七星岩的红柱应视作我们的前车之鉴。

至于这两个方案，我冒昧地提出下面几点具体建议。

（d）将正方形平面改为长方形，因为正方形一般比较难于处理，也不太适合于使用。此外并增加一些附属建筑，如上文所述。

（e）将须弥座台基简化为简单的方形石基，加宽一些，也许还可以加高一些。将宫殿式的栏杆改为砖砌透孔的女儿墙。台基的梯步坡度应较室内楼梯坡度缓和，可做成每步13厘米×32厘米或12厘米×33厘米。

（f）除上文所说加长柱高与柱径之比例外，下层柱的绝对尺寸也可以加高一些。中层、上层的柱高则相对地递减。

（g）上两层周围的栏杆不要采用宫殿石栏杆的形式，不要做高大的望柱头，而要近似木栏杆的比例，略如图二。

至于最上一层，建议把栏杆就安在柱与柱之间，不必在外环绕。在方案图上，只有约25厘米，还不到一只脚长度，根本不能站人。

（h）内部和门窗也要注意民族和地方风格。楼梯栏杆可与外露台栏采取相似的形式。

（i）所有一切构件要避免“锋利”的棱角，如▧，最好将角抹去一些，使断面成▧形，以免僵硬冷酷之感。这虽是细节，却是我国建筑和家具的很重要的（但很少受到注意的）特征。在这一点上，建议设计的同志们去一些古建筑和老式桌椅上去细致地看看，最好还用手去摸摸，便能体会这种细致微妙的处理对于视觉上的作用。

（j）要注意绿化的民族风格。这一点前年[1]已谈过。不赘。

总之，我建议设计同志们在学习西方现代化的结构技术的同志[2]，要多向当地民间建筑（由大型建筑到农村住宅）学习。我多少感觉到设计同志可能用了我三十多年前著的《清式营造则例》作参考。假使当真用了，我就不能辞其咎了。那是清代“官式”建筑的“则例”，用在南方或者用在“不摆官架子”的建筑上是不恰当的。我们这座阁要做得更富于地方风格和民间气息，要给人以亲切感，要平易近人，要摆脱那种堂哉皇哉摆架子的模样。

前年我去广西容县看到经略台真武阁。容县离湛江不过200公里，可算是同一地区。现在将拙著[3]一份送上，聊供参考。不忖冒昧，略抒管见，错误之处，尚祈指正。

此致

敬礼

梁思成

1964年3月22日

[1] 前年，指1961年在湛江召开的中国建筑学会第三次代表大会。——左川注

[2] 原文如此，疑为“时”。——左川注

[3] 见《梁思成全集》中《广西容县真武阁的“杠杆结构”》。——左川注

[1] 此信存清华大学档案。1945年日本投降后不久，梅贻琦即同意成立建筑学系，并任命梁思成为系主任。
[2] 梅贻琦（1889~1962），字月涵，从1931年起任清华大学校长，西南联大期间任校常务委员会委员，主持校务工作。——左川注。
[3] 中大，系中央大学。——左川注。
[4] 重大，系重庆大学。——左川注。

281

致梅贻琦信[1]

月涵[2]我师：

母校工学院成立以来，已十余载，而建筑学始终未列于教程。国内大学之有建筑系者，现仅中大[3]、重大[4]两校而已。然而居室为人类生活中最基本需要之一，其创始与人类文化同古远，无论在任何环境之下，人类不可无居室。居室与民生息息相关，小之影响个人身心之健康，大之关系作业之效率，社会之安宁与安全。数千年来，人类生活程度随文化之进展而逐渐提高，营造技术亦随之演变。最近十年间，欧美生活方式又臻更高度之专门化、组织化、机械化。今后之居室将成为一种居住用之机械，整个城市将成为一个有组织之Working mechanism，此将来营建方面不可避免之趋向也。我国虽为落后国家，一般人民生活方式虽尚在中古阶段，然而战后之迅速工业化，殆为必由之径，生活程度随之提高，亦为必然之结果，不可不预为准备，以适应此新时代之需要也。

然而我国社会，虽所谓智识阶级，对于居室之重要性且素乏认识，甚至不知建筑与土木工程之别者。殊不知建筑与土木工程虽均以相类似之物料为其工作之medium，但其所解决问题之本身则相去甚远。建筑所解决者为居住者生活方式所发生之问题。自个人私生活之习惯，家庭之组织，以至团体或机关组织办事之方式，以至一工厂生产之程序，皆需要不同之建筑部署，以适应各个不同之用途。而土木工程所解决者，则较为间接，如公路、铁路、水利等等问题是也。

抑近代生活方式所影响者非仅一个，或数个一组之建筑物而已，由万千个建筑物合组而成之近代都市已成为一个有机性之大组织。都市设计已非如昔日之为开辟街道问题或清除贫民窟问题（社会主义之苏联认为都市设计之目的在促成最高之生产量；英美学者则以为在使市民得到身心上最高度之愉乐与安适）。其目的乃在求此大组织中每部分每项工作之各得其所，实为一社会经济政治问题之全盘合理部署，而都市中一切建置之合理部署，实为使近代生活可能之物体基础。在原则上，一座建筑物之设计与多数建筑物之设计并无区别。故都市设计，实即建筑设计之扩大，实二而一者也。

抗战军兴以还，各地城市摧毁已甚，将来盟军登陆，国军反攻之时，且将有更猛烈之破坏，战区城市将尽成废墟，及失地收复之后，立即有复兴焦土之艰巨工作随之而至；由光明方面着眼，此实改善我国都市之绝好机会。举凡住宅，分区，交通，防空等等问题，皆可予以通盘筹划，预为百年大计，其影响于国计民生者巨，而工作亦非短期所能完成者。英苏等国，战争初发，战争破坏方始，即已着手战后复兴计划。反观我国，不惟计划全无，且人才尤为缺少。而我国情形，更因正在工业化之程序中，社会经济环境变动剧烈，乃至在技术及建筑材料方面，亦均具有其所独有之问题。工作艰巨，倍蓰英苏，所需人才，当以万计。古谚虽诫“毋临渴而掘井”，but it's better late than never。为适应此急需计，我国各大学实宜早日添授建筑课程，为国家造就建设人才，今后数十年间，全国人民居室及都市之改进，生活水准之提高，实有待于此辈人才之养成也。即是之故，受业认为母校有立即添设建筑系之必要。

在课程方面，生以为国内数大学现在所用教学方法（即英美曾沿用数十年之法国Ecole des Beaux—Arts式之教学法）颇嫌陈旧，过于着重派别形式，不近实际。今后课程宜参照德国Prof. Walter Gropius所创之Bauhaus方法，着重于实际方面，以工程地为实习场，设计与实施并重，以养成富有创造力之实用人才。德国自纳粹专政以还，Gropius教授即避居美国，任教于哈佛，哈佛建筑学院课程，即按G教授Bauhaus方法改编者，为现代美国建筑学教育之最前进者，良足供我借鉴。

在组织方面，哈佛、麻工、哥伦比亚等均有独立之建筑学院，内分建筑、建筑工程、都市计划、庭园、户内装饰等系。为适应将来广大之需求，建筑学院之设立固有其必要。然在目前情形之下，不如先在工学院添设建筑系之为妥。建筑系设备简单，创立较易，其中若干课门，如基本理化及数学力学等，因无须另行添设课程，即关于土木工程方面者，亦可与土木系共同上课；其须另行添聘者仅建筑设计及绘塑艺术史等课教员；在设备方面，目前仅须购置书籍及少数绘画用石膏模型即可，在工学院中，实最轻而易举。为此建议母校于最近之可能期间，筹设建筑学系，其建筑设计学教授则宜延聘现在执业富于创造力之建筑师充任，以期校中课程与实际建筑情形经常保持接触。一俟战事结束，即宜酌量情形，成立建筑学院，逐渐分添建筑工程、都市计划、庭园计划、户内装饰等系。营国筑室，古代尚设专官；使民安居，然后可以乐业，为解决将来之营国筑室问题计，专门建筑人材之养成实目前亟须注意之一大问题。此项责任，我母校实应挺出负担，责无旁贷。受业忝受校恩，爱护母校，今既有感于中，敢不冒昧直陈，敬乞予以考虑，幸甚！幸甚！耑肃敬请

道安

受业　　梁思成 谨肃

三十四年三月九日

[1] 此文系1948年9月由梁思成草拟，经修改后，以梅校长名义发出。文稿上尚存有“务于九、十八日办好交梁先生面呈琦九、十六”批示。原件文号为“清复37发字第4044号代电”，存清华大学档案。现发表此文系据手稿整理，文内楷体字句系增改文字。档案中还存有教育部1948年10月5日发回代电，驳回课程分为两组及更改系名之提议，仅批准“学生如愿偏重市镇计划研究者，准将‘材料力学’及‘钢筋混凝土’两学程改为选修科目”。——左川注。

[2] “篠”字为代电发出日期代码，系17日。——左川注。

285

代梅贻琦拟呈教育部代电文稿[1]

教育部朱部长钧鉴案查本校前经呈准

钧部于三十五年（学）年度起于工学院添设建筑学系，并派该系主任梁思成于三十五年秋出国考察建筑教育。梁教授去岁归国，对于近年欧美建筑学课程及教学方法颇有心得，深感近年欧美建筑界对于都市计划之特加重视，实以建立有组织有秩序之新都市以建立人类健全之体形环境，为近代人类文化中之重要需求，尤足为我国战后建设之借鉴。爰案时代实际需要，将本校建筑系高级课程分为建筑学与市镇计划学两组，且因“建筑工程”仅为建筑学之一部分，范围过于狭隘，为求其名实相副，拟恳准将建筑工程学系改称“营建学系”。查市镇计划专门课程，在钧部所颁大学课程内尚无规定。其初级课程与建筑学虽大致相同，但建筑组所必修之高深结构工程课目在市镇计划学中实无必需；而市政学，土地问题，人口问题等社会科学，则为其不可少之学程。兹谨将本校现拟建筑系两组课程表一份附呈钧核，并恳准予备案以利进行无任感祷。

国立清华大学校长 梅贻琦 篠[2]

致中国科学院负责同志信[1]

中国科学院负责同志：

燕京大学侯仁之教授研究历史地理多年，搜集资料极为丰富，关于北京近郊的历史地理研究尤深。在他的几篇论文中，充分地表现了他的渊博的学识，谨严的治学方法和正确的观点。

他现兼任清华大学兼任教授，他在营建学系为市镇计划组所讲授的“市镇的地理基础”一课程，对于一个市镇之形成及其发展的第一个基本物质条件作了极详尽，极富于启发性的分析，今年一月间，该系收集了全系学生对于课程的意见，对于“市镇的地理基础”一致赞颂。旁听的教师们对于这一课程也同样的钦佩。这是在中国的大学中一门崭新的课程，对于市镇计划和地理的学生与工作者是帮助极大的，对于学术界则是一个重要的贡献。

侯先生亦兼任北京市都市计划委员会委员，以他对于北京市及其近郊地理的深彻的认识，在北京的地形历史，水道，河流，土地利用等等方面的研究，给都市计划委员会提供并供给了很多极重要、极宝贵的意见和资料。在最近设计的西郊文教区的工作中，他的贡献是极大的。

[1] 此信是梁思成为侯仁之向中国科学院申请聘用绘图员补助事写给中科院负责同志的，因侯仁之夫人当时手抄了一份复本而得以保留。此后，侯仁之得到科学院补助，聘请舒化章先生参加绘图。——左川注。

他以往所发表的论文大多是以文字为主的。现在他正拟开拓另一种更重要的工作——以地图说明历史地理。他因限于时间，极需一名绘图员的帮助。因此申请你院补助，他仅仅申请补助一名绘图员的生活费，连纸张工具乃至调查费用都自筹，这样的申请实在是最克己的，侯先生的工作无论在学术上和北京市的建设上都将有极大的贡献，许多人都在等待他的地图的制成，我恳切地希望他的申请能得到批准。

此致

敬礼

清华大学营建学系教授兼主任

北京市都市计划委员会副主任委员　梁思成

一九五一年五月十八日

关于中央人民政府行政中心区位置的建议[1]（梁陈方案）

梁思成 陈占祥[2]

建议：早日决定首都行政中心区所在地，并请考虑按实际的要求，和在发展上有利条件，展拓旧城与西郊新市区之间地区建立新中心，并配合目前财政状况逐步建造。

为解决目前一方面因土地面积被城墙所限制的城内极端缺乏可使用的空地情况，和另一方面西郊敌伪时代所辟的“新市区”又离城过远，脱离实际上所必需的衔接，不适用于建立行政中心的困难，建议展拓城外西面郊区公主坟以东、月坛以西的适中地点，有计划的为政府行政工作开辟政府行政机关所必需足用的地址，定为首都的行政中心区域。

西面接连现在已有基础的新市区，便利即刻建造各级行政人员住宅，及其附属建设亦便于日后发展。

东面以四条主要东西干道，经西直门、阜成门、复兴门、广安门同旧城联络。入复兴门之干道则直通旧城内长安街干道上各重点：如市人民政府、新华门中央人民政

[1] 本文由梁思成、陈占祥合写于1950年2月。当时印了百余份，分送中央人民政府、中共北京市委、北京市人民政府有关单位。——左川注

[2] 陈占祥（1916～2001），20世纪40年代曾在英国利物浦大学获城市规划专业硕士学位，后又读伦敦大学城市规划专业博士。回国后，任南京内政部营造司正工程师。1949年任北京市都市计划委员会企划处处长和北京市建筑设计院副总建筑师。“文革”后任中国城市规划设计研究院总规划师。

府、天安门广场等。

新中心同城内文化风景区、博物馆区、庆典集会大广场、商业繁荣区、市行政区的供应设备，以及北城、西城原有住宅区，都密切联系着，有合理的短距离。新中心的中轴线距复兴门不到二公里。

这整个新行政区南面向着将来的铁路总站，南北展开，建立一新南北中轴线，以便发展的要求，解决旧城区内拥挤的问题。北端解决政府各部机关的工作地址，南端解决即将发生的全国性工商企业业务办公需要的地区面积。

目的在不费周折的平衡发展大北京市；合理地解决行政区所需要的地址面积和合适的位置；便利它的交通和立刻逐步建造的工程程序。这样可以解决政府办公，也逐渐疏散城中密度已过高的人口，并便利其他区域，因工业的推进，与行政区在合理的关系中同时或先后的发展。

以下分三节讨论：

第一节——必须早日决定行政中心区的理由。

第二节——需要发展西面城郊建立行政中心区的理由。

（一）建设首都行政机关，有什么客观条件。

（二）旧城区内建筑政府行政机关的困难和缺点。

（三）逃避解决区域面积的分配，片面的设法建造办公楼，不是解决问题，还加增全市性的严重问题。

（四）在西郊近城空址建立行政中心区域是全面解决问题，是切合实际的计划。

第三节——发展西郊行政区可以逐步实施程序，以配合目前财政状况，比较拆改旧区为经济合理。

第一节 必须早日决定行政中心区的理由

政府机构中心或行政区的位置，是北京全部都市计划关键所系的先决条件。

北京不只是一个普通的工商业城市，而是全国神经中枢的首都。我们不但计划它成为生产城市，合理依据北京地理条件，在东郊建设工业，同旧城的东北东南联络，我们同时是作建都的设计——我们要为繁重的政府行政工作计划一合理位置的区域，来建造政府行政各机关单位，成立一个有现代效率的政治中心。

政府行政的繁复的机构是这次发展中大项的建设之一。这整个行政机构所需要的地址面积，按工作人口平均所需地区面积计算，要大过于旧城内的皇城（所必需附属的住宅区，则要三倍于此）。故如何布置这个区域将决定北京市发展的方向和今后计划的原则，为计划时最主要的因素。

更具体地说，安排这庞大的、现代的、政府行政机构中的无数建筑在何地区，将影响全市区域分配原则和交通的系统。各部门分布的基础，如工作区域、服务区域、人口的密度、工作与住宿区域间的交通距离等，都将依据着行政区的位置，或得到合理的解决，或发生难于纠正的基本上错误，长期成为不得解决的问题。

行政中心地区的决定，同时也决定了对北京旧城改善的政策。北京的现况有两方面可注意的。

一为人口密集于旧城区以内，这有限的土地已过度使用为房屋建造部分；所应留的公园，空场，树林区极端缺乏，少过于现代的应有比率太多。

二为北京为故都及历史名城，许多旧日的建筑已为今日有纪念性的文物，不但它们的形体美丽，不允许伤毁，它们的位置部署上的秩序和整个文物环境，正是这名城壮美特点之一，也必须在保护之列，不允许随意掺杂不调和的形体，加以破坏，所以目前的政策必须确定，即：是否决意展拓新区域，加增可用为建造的面积，逐步建造新工作所需要的房屋和工作人口所需要的住宅、公寓、宿舍之类；也就是说，以展拓建设为原则，逐渐全面改善、疏散、调整、分配北京市，对文物及其环境加以应有的保护。或是决意在几年中完成大规模的迁移，改变旧城区的大部使用为原则——即将现时一百三十万居民逐渐迁出九十万人，到了只余四十万人左右，以保留四十万的数额给迁入的政府工作人员及其服务人员，两数共达八十万人的标准额，使行政工作全部安置存旧城之内，大部居民迁住他处为原则。现时即开始在旧市区内一面加增密集的多层建筑为政府机关，先用文物风景区或大干道等较空地区为其地址，一面再不断地收买拆除已有高额人口的民房商店区域，利用其址建造政府机关房屋，以达到这目的（不考虑如何处理迁徙居民的复杂细节，或实际上迁出后居民所必需有的居住房屋的建造问题；也不考虑短期内骤增的政府工作人员的居住问题，和改变北京外貌的问题）。

这两个方面的决定，是原则上问题，政策上的决定问题，亦是在今后处理方法上是否合理及可能，有利或经济的问题，今日必须缜密周详地考虑到。

总之，如何安排这政府机关建筑的区域是会影响全城整个的计划原则，所有的区域道路系统和体形外观的，如果原则上发生错误，以后会发生一系列难以纠正的错误，关系北京百万人民的工作、居住和交通。所以在计划开始的时候，政府中心地址问题必须最先决定，否则一切无由正确进行。

因此，我们建议按客观条件详细考虑发展西城郊址是否适当，早日决定，俾其他一切有所遵循，北京市都市计划可以迅速推进。

第二节　需要发展西面城郊建立行政中心区的理由

需要发展西面城郊地址为行政区的理由可由下面四段分别讨论：

（一）建设首都行政机关，有什么客观条件。

定为首都的北京市的一切发展必须依据全市有计划的区域部署的基础，及其间的交通联系，所以我们必须客观地明了北京现时情况及将来发展的客观条件，加以缜密的考虑。

参考苏联1943年起重建所收复的沦陷过的有历史价值城市的宗旨，她的建筑史家N·窝罗宁教授在他所著《苏联卫国战争被毁地区之重建》一书中，曾提到许多历史名城如诺夫哥洛、加里宁、斯莫棱斯克及伊斯特拉等城在重建时之特殊问题，他提纲挈领的建议是：

“计划一个城市的建筑师，必须顾到所计划的地区的生活历史传统和建筑的传统，在他的设计之中，必须保留合理的，有历史价值的一切，和在房屋型类和都市计划上特征的一切；同时这城市必须成为自然环境中的一部分。……并且要避免恶劣意义的标准化；他必须采纳当地人民所珍贵的一切。第一条必须遵守的规则是人民的便利、人民的经济的和美感的条件，和习惯的、文化的需要。最后的计划是依据这些要点而决定的。……”

他又说：

“在计划的时候，都市计划者必须有预见将来的眼光，他必须知道并且感觉出一个地区生活所取的方向，他的建筑必须使他的房屋和他的城市能与生活的进步一同生长发展，不是阻挠，而是按照今天进展的速度予以协助。所以基本计划应该为城市今后十年至十五年的期间的发展而设计的。”

这是极其正确的看法，现在我们实际上的问题也是必须为人民的便利、人民的经济的和美感的条件，和习惯的、文化的需要，而计划能与生活的进步一同生长发展的北京市。

根据这些原则去研究，寻求建筑政府行政机关地区的最重要的客观条件，我们认为有以下十一条：

第一个条件，要合于部署原则，如：

（1）“须预感出地区生活所取的方向”——即把握北京为首都的事实，行政工作为它的特殊方向，注意其重要性质。

（2）行政中心区的部署的本身必须为改善并发展大北京计划之一部分。在面积已二十一倍于旧城区的北京市中，行政区所选择的位置必须是协助发展的位置。它必须不妨碍本身和其他区域发展的趋势。

（3）行政区同他种作用的区域须有合理的关系，有便利与经济的联络，而不是将政府机关房屋混杂到其他区域之内。

（4）“为文化及习惯的需要”，保留中国都市计划的优美特征，不模仿不合便利条件，不合美感条件，或破坏本国优美传统的欧洲城市类型（亦即避免欧洲十九世纪以大建筑物长线的沿街建造，迫临交通干道所产生的大错误）。遵守民族传统，建立有中心线的布局，每一个单位各有足够的广庭空间的托衬，有东方艺术的组织。尤其因为这种部署能符合最现代空间同建筑物的比率，最现代控制交通和解决停车问题的形制，所以更应采用。

（5）它全部显著地表现出中华人民共和国政府中心所在及被人民所爱护尊崇的印象，产生精神作用，为庄严整肃的环境。

第二个条件，要有建筑形体上决定：

建筑本身的形体必须是适合于现时代有发展性的工作需要的布置；必须忠实地依据现代经济的材料和技术；必须能同时利用本土材料，表现民族传统特征及现时代精神的创造；不是盲目地模仿古制或外国形式。

第三个条件，要足有用的面积：

行政区本身的区域的范围，须按各单位所需之地址面积和它们之间彼此联系的合理距离而定，以取得现代行政工作的最高效率。地址必须为庞大数目的政府机关基本人员（暂时为六万人左右，发展足额时，或不止此数的双倍），连同附属服务人员，共约三十余万人足用的面积。

第四个条件，要有发展余地：

面积不单为今日人数计算，必须设在有发展余地的地方，以适应将来的需要，解决陆续嬗变扩充的问题。

第五个条件，须省事省时，避免劳民伤财：

不必为新建设劳民伤财，迁徙大量居民，拆除大量房屋，增加复杂手续，耽误时间。考虑选择的地址以能直接设计建造行政区的一部和住宅的一部为最妥。

第六个条件，不增加水电工程上困难而是发展：

在经济条件下，配合新建设，发展进步的水电供应设备，不必改良修理已过分不适用及过分繁复的旧工程系统，是必须考虑的。

第七个条件，与住宅区有合理的联系：

政府区必须与同他有密切关联的住宅区及其供应服务的各种设备地点没有不合理的远距离，以加增每日交通的负担。

第八个条件，要使全市平衡发展：

这新政府中心的建立必须使大市区平衡发展繁荣，不应使形成过度拥挤，不易纠正的密集区，一切须预先估计，不应将建设密集在旧城以内，使人口因接近工作而增加，商业因供应之需要而增加，都无法控制。

第九个条件，地区的选定能控制车辆合理流量：

必须顾到交通线方面问题，不使因新建设反而产生不可挽回的车辆流量过大及过于复杂的畸形地区，违反现代部署的目的。

第十个条件，不勉强夹杂在不适宜的环境中间：

这崭新的全国政治中心的建筑群，绝不能放弃自己合理的安排及秩序，而去夹杂在北京原有文物的布局或旧市中间，一方面损失旧城体形的和谐，或侵占市内不易得的文物风景区，或大量的居民住区，或已有相当基础的商业区，另一方面本身亦受到极不合理的限制，全部凌乱，没有重心。

第十一个条件，要保护旧文物建筑：

在新建设的计划上，必须兼顾北京原来的布局及体形的作风，我们有特殊责任尽力保护北京城的精华，不但消极地避免直接破坏文物，亦须积极地计划避免间接因新旧作风不同而破坏文物的主要环境。我们应该学习苏联在这次战后重建中对他们的历史名城诺夫哥洛等之用心，由专家研讨保存旧观。

以上十一个不同的条件大部分正是为人民的便利及经济条件，一部分为美感习惯及文化的需要。它们都是基本的要求，无法不加以考虑。

对于以上十一个条件，旧城区内和西郊公主坟以东的地区，哪一处能满足它们？哪一处在发展上较为有利、经济，节省人力、物力、时间？我们在下面分别加以检讨分析。

（二）旧城区内建筑政府行政机关的困难与缺点。

在旧城区内建筑政府中心的困难有两大方面：

第一、北京原来布局的系统和它的完整，正是今天不可能安置庞大工作中心区域的因素。

第二、现代行政机构所需要的总面积至少要大过于旧日的皇城，还要保留若干发展余地。在城垣以内不可能寻出位置适当而又足够的面积。

要了解上面第一种困难，我们必须对旧城有最基本的两个认识。

第一个认识是，北京城之所以为艺术文物而著名，就是因为它原是有计划的壮美城市，而到现在仍然很完整地保存着。除却历史价值外，北京的建筑形体同它的街道区域的秩序都有极大的艺术价值，非常完美。所以北京旧城区是保留着中国古代规制，具有都市计划传统的完整艺术实物。

这个特征在世界上是罕贵无比的。欧洲的大城市都是蔓延滋长，几经剧烈改变所形成的庞杂组合。它们大半是由中古城堡，市集，杂以18世纪以后仿古宫殿大苑，到19世纪初期工业无秩序的发展后，又受到工厂掺杂密集，和商业化沿街高楼的损害，铸成区域紊乱，交通困难的大错。到了近三十年来才又设法“清除”改善，以求建立秩序的。

不过，北京城的有秩序部署，有许多方面是过去政治制度所促成的。它特别强调皇城的中心性，将主要的建筑组群集中在南北中轴线上，所分布的区域是六平方公里强的皇城。所以内城的其他区域都是环绕或左右辅翼这皇城的狭窄长条地带，再没有开展的其他中心。中轴线的左右，东西对视着的是贯通南北的两条大街干道，即是东单东四、西单西四等牌楼所在，所谓商业的区域。由这干道分出去的，都是向着东西走的小型街道（即所谓胡同），为居民居住区。这种布局的紧凑，也就使今日北京城内没有虚隙地址，可以适当地安置另有中心性质的，尤其是要适合现代便利的大工作地区。

第二个认识是，北京的城墙是适应当时防御的需要而产生的，无形中它便约束了市区的面积。事实上近年的情况，人口已增至两倍，建造的面积早已猛烈地增大，空址稀少，园林愈小。平均每平方公里人口到了二万一千四百余人的密度，超出每平方公里八千余人的现代标准甚多。但因为城墙在心理上的约束，新的兴建仍然在城区以内拥挤着进行，而不像其他没有城墙的城市那样向郊外发展。多开辟新城门，城乡交通本是不成问题的；在新时代的市区内，城墙的约束事实上并不存在。城乡不应尖锐对立。今日城区的拥挤，人口密度之高，空地之缺乏，园林之稀少，街道宽度之未合标准，房荒之甚，一切事实都显示着必须发展郊区的政策。其实市人民政府所划的大北京市界内的面积已21倍于旧城区，政策方向早已确定。旧时代政治经济上的阻碍早经消除，今天的计划，当然应该适合于今后首都的发展，不应再被心理上一道城墙所限制，所迷惑。现在这首都建设中两项主要的巨大工作——发展工业和领导全国行政——都是前所未有的。它们需要有中心的区域，在旧城内不可能有适当的地址，是太显然了。

再讲以上第二点所提到的困难，城内地区面积的不足问题，这也是事实上具体的限制。北京的历史从辽到金、元，每次移动发展过程，都是因为地区不足，随着生活发展，或增大城区，或开辟新址。到了明朝初年，就又有衙署地区不足的现象和民居商业区不足的现象，将内城垣南移，取得东西交民巷区的史实，就可以证明前一点（司法部街就是展拓后的新刑部所在）。增筑外城则可证实后一点。

这个城，外为当时防御必要的城垣，内则因当时政治制度，把当中最主要的位置留给皇城，其全部建筑群，占据极大面积（由中华门到地安门，长达3.2公里的中轴线上，为一整体的宫廷部署。现在已是人民的公园，人民的博物馆，也是整个的保存着）。这个故宫中心本来将城之南半东西隔绝，民国以后虽打通天安门广场，将东西长安街贯通，辟为寻常孔道，开放皇城为寻常区域，并且开了景山前大街，为北面的东西干道。但故宫的位置仍然广大，占据着城的核心。内城中心区内所余的区域都是环卫辅翼故宫禁城而形成的窄条地带，旧时内府供应及衙署地址，如南北长街、府右街、南北池子和皇城外的王府井大街等，再无任何可以开展之区。内城最外环的干线，如由东单牌楼至东四牌楼，西单牌楼至西四牌楼，则一向为民用的主要街市，由此主要干道分入，个别的“胡同”型的住宅区域已到了城边，这些亦是有秩序的部署，不留开展的区域。

面积相当大，自己能起中心作用，有南北中轴线，而入口又面临干道的，只余中南海一处，现时为中央人民政府。这是北京城唯一不规则的部署所产生的偏旁中线。更偏西一点，现时市政府所在之地，或可说亦能满足有南北轴线而面临干道的条件。所以这两处被选择为今天中央人民政府及市人民政府的地址绝不是偶然的。

东城经过庚子之劫，变动甚大，现时东交民巷一区，为许多有固定用途的建筑物，如各国使馆等所占用，并产生了王府井大街的商业供应区。而西交民巷则已形成相当繁荣的商务职业区。所余公安街，西皮市（房屋或较简陋，易于拆建），地区既狭隘，又是辅助天安门负担东西城间交通的干道，也不足容下现代全部行政机构的主体。

我们已不是简单的三省六部时代，我们的政府是一个组织繁复，各种工作必须有分合联系的现代机构，现在有中央人民政府，有政治协商会议，有三十个部的政务院及许多委员会，将来可能还要增加十余部门和人民代表大会，此外还有军事机构，新闻广播，各种会议，文娱与供应设备所需的地址。我们所要求的面积是可以人数及其平均需要面积计算的（约由六平方公里至十四五平方公里）。

像这样庞大的建设没有中心布局，显然是不适当的。若合理布置成为有中心的组织，则城内绝无有这样大面积的合适地区。即使不用中心布局，仅建造分散的房屋，结果仍必需拆改民居，委曲求全地挤在城内，侵入旧文物区域中间。

北京在平面上及立体上的秩序尚完善地大体保存，未受半殖民地时代作风的割裂破坏，是幸而得免的。因为北京过去幸而不是工商业发展的城市，所以密集的，西化恶化的杂式洋楼的体形尚未大量地侵入城内庄严美丽的布局中间。今后我们则应有自觉的责任，有原则性地来保护它，永远为人民保护这有历史艺术价值的文物环境。今日新材料结构所产生的民族形式的新建筑，确是不适宜于掺杂到这个区域中的。

所以总结说来，在旧城区内建造新行政区，不但困难甚大，而且缺点太多，如：

（1）它必定增加人口，而我们目前密度已过高，必须疏散，这矛盾的现象如何解决？

（2）如果占用若干已有房屋的地址，以平均面积内房屋计算（根据房屋清管局的统计），约需拆除房屋十三万余间，即是必须迁出十八万二千余人口，即使实在数目只有这数的一半，亦极庞大可观，这个在实施上如何处置?

（3）如果把大量建造新时代高楼在文物中心区域，它必会改变整个北京街型，破坏其外貌，这同我们保护文物的原则抵触。

（4）加增建筑物在主要干道上，立刻加增交通的流量及复杂性。过境车与入境车的混乱剧烈加增，必生车祸问题。这是近来都市设计所极力避免的错误。

（5）政府机关各单位间的长线距离，办公区同住宿区的城郊间大距离，必然产生交通上最严重的问题，交通运输的负担与工作人员时间精力的消耗，数字惊人，处理方法不堪设想。

这不过是大略举其可能的缺点，这些缺点就是北京计划方针所不能不考虑的。

（三）逃避解决区域面积的分配，片面的设法建造办公楼，不是解决问题，还加增全市性的严重问题。

如果我们不顾都市计划是有原则性的分配区域和人口，并解决交通上的联系，将建设政府行政区解释为片面的建筑许多办公房屋的单纯问题，即是不考虑以一千人占用四公顷的原则分配区域，却在其他工作区域内设法寻求和侵占若干分散的，不足标准面积的地址来应付。如果假定这样的决定，便可假定以下两种建筑的办法。

（甲）沿街建筑高楼的办法

假定以东单广场的空址为出发点，由崇文门起，沿着东西长安街，公安街，绕西皮市到府右街，沿街建筑高至五层的高楼，以容纳大数量政府人员办公，第一个实际估计应看在数量上它们能否解决问题，所得的结论是建筑物的总数所能解决的机关房屋只是政府机关房屋总数的五分之一，其他部分仍须另寻地址。以无数政府行政大厦列成蛇形蜿蜒长线，或夹道而立，或环绕极大广场之外周，使各单位沿着同一干道长线排列，车辆不断地在这一带流动，不但流量很不合理地增加，停车的不便也会很严重。这就是基本产生欧洲街型的交通问题。这样模仿了欧洲建筑习惯的市容，背弃我们不改北京外貌的原则，在体形外貌上，交通系统上，完全将北京的中国民族形式的和谐加以破坏，是没有必要的。并且各办公楼本身面向着嘈杂的交通干道，同车声尘土为伍，不得安静，是非常妨害工作和健康的。

20年来，就是欧洲各国改善的城市中，也都逐渐各按环境，规定大建筑物的高度限制。他们也提倡各建筑单位前后开展，以一定的比率，保留一定的空场的制度；有适宜的布置，不迫临街沿，以加增阳光，避免嘈杂，可制节车流，减少停车问题。这实类似我国旧有的，较有深度的庭院规模。我们不能在建设之始，反而逆退落后，同时违反本国民族传统优良的特征。

（乙）用中国部署的建筑单位办法

如果我们另外假定在建筑各单位上可以略加折衷，建筑物不高过两层或三层。部署亦按中国原有的院落原则，如现时的北海图书馆，燕京大学前楼。在建筑和街道形制上，虽略能同旧文物调和，办公楼屋亦得到安静，但这样的组织如保持合理的空地和交通比率，在内城地区分布起来，所用面积更大。按一千人四公顷计算为六平方公里，地址之大，侵占居民所需迁移人民，就是在现时居民少而公用房屋较多的地域，亦约在十万人以上。因此按理又须先另划地区，先建造大量人民住宅，然后迁徙他们，然后才能拆除旧屋，利用它们的地址。这种种工程步骤都成了建造政府机关的实际阻碍。即使暂时只先建造五分之一的政府机关，其余五分之四的问题仍然存在，日后仍需解决，解决时仍有迁移大数量居民的问题。

我们再检讨这样迁徙拆除，劳民伤财，延误时间的办法，所换得的结果又如何呢？行政中心仍然分散错杂，不切合时代要求，没有合理的联系及集中，产生交通上的难题，且没有发展的余地。

这片面性的两种办法都没有解决问题，反而产生问题。最严重的是同住宅区的地址距离，没有考虑所产生的交通问题。因为行政区设在城中，政府干部住宅所需面积甚大，势必不能在城内解决，所以必在郊外。因此住宿区同办公地点的距离便大到不合实际。更可怕的是每早每晚可以多到七八万至十五万人在政府办公地点与郊外住宿区间的往返奔驰，产生大量用交通工具运输他们的问题。且城内已繁荣的商业地区，如东单，王府井大街等又将更加繁荣，造成不平衡的发展，街上经常的人口车辆都过度拥挤，且发生大量停车困难。到了北京主要干道不足用时，唯一补救办法就要想到地道车一类的工程——重复近来欧美大城已发现的痛苦，而需要不断耗费地用近代技术去纠正的。这不是经济，而是耗费的计划。

若因东单广场为今日唯一空地，不需移民购地，因而估计以这地址开始建造为经济。这个看法过分忽略都市计划全面的立场和科学原则。日后如因此而继续在城内沿街造楼，强使北京成欧洲式的街型，造成人口密度太高，交通发生问题的一系列难以纠正的错误，则这首次决定将成为扰乱北京市体形秩序的祸根。为一处空址眼前方便而失去这时代适当展拓计划的基础，实太可惜。以上这些可能的错误都是很明显的。我们参加计划的人不能不及早见到，早作慎密的考虑。我们的结论是，如果将建设新行政中心计划误认为仅在旧城内建筑办公楼，这不是解决问题而是加增问题。这种片面的行动，不是发展科学的都市计划，而是阻碍。

我们希望能遵循苏联最近重修历史名城的原则对文物及社会新发展两方面的顾全。一面注重文物及历史传统，一面估计社会的发展方向。旧城区内如果不适合这两个方面所包括的一切条件，如我们所列举的十一条，我们必须决心展拓新址，在大北京界区内，建立切合实际的，有发展性的与有秩序的计划。

（四）在西郊近城空址建立行政中心区域是全面解决问题，是切合实际的计划。

假使以西郊月坛与公主坟之间的地区为政府行政中心，就是将它安排在旧城区同现时的“西郊新市区”之间的一个适中区域上，利用旧城及新市区的两个基础。郊外新地址同旧城区密切连接最为合适。这样便可以极自然地满足上边所举过的十一个条件，这地区现时尚是郊野空地，土地改革之后，在这里进行建筑极为自然，合于最便利及最经济的条件。能同时顾全为人民节省许多人力物力和时间，为建立进步的都市，为保持有历史价值的北京文物秩序的三方面，这个安排是很理想又极实际的。发展之后所解决的问题都是全面性的，能长期便利北京市人民的工作和生活的。具体的分析如下：

（1）因为根据大北京市区全面计划原则着手，所以是增加建设、疏散人口的措施。

大北京的市界已大大推广，超出城垣的约束，全个形势是为了纠正旧城区人口过密的情形和发展现代建设两方面而展开的，总面积二十一倍于旧城区。所以今日设计必须依据大北京地理范畴，使各区域平衡分布，互相联系，平均地由旧城向外发展，以达到发展建设，疏散人口的目的。新建设不应限于有历史性的城垣以内，那样会阻碍发展，密集人口，是无法否认的。西郊地区的选择即为此。

（2）因为注重政府中心行政区的性质是一个基本工作的区域。

区域分工作、住宿、文娱游息三大种类，他们之间必须有极短距离的联系，谓之交通。工作又分基本工作同服务工作两大类，他们中间也必须有合理的联络。

在积极的设计之始，不但工业——基本工作之一种——必须在城外适当地展开，毗连着若干工人的住宅区；不但学校——基本工作之又一种——须位置在适当安静的郊区；在首都里政府庞大组织的行政也是基本工作主要的一种。它的区域，自然也必须有它自己的适宜合用的地点，在一个开朗的地区里，建立必须有的重点和中心。并且它必须同足用的住区密切相连，经济地解决交通问题，减轻机械化的交通负担。此外，这三种基本工作都应同商业供应区域，市行政机关（其他服务工作之种种）及文娱游息地带同有合理的接近。

简单地说，今日所谓计划，就是客观而科学的，缜密的而不是急躁的。在北京地面上安排这许多区域，使它本身地位合理，同别的关系也合理，且在进行建设时不背弃旧的基础。西郊是经过这样的考虑而被认为能满足客观条件的。

（3）承认建设行政办公地点主要是需要面积的问题。

我们建设北京的首项实际要求是可工作、可住宿的地区面积。北京显然的情势是需要各面新地区的展拓。尤其是最先需要的两方面，都是新的方面：一个是足够的工业发展及足够的工人住宿的地方，一个是政府行政足够办公和公务人员足够住宿的地方。东郊及西郊新建设面积，都必须增加，是无法否认的。既然如此，则我们实不必，也不应该在已密集的，各有用途的古代所计划的旧市区中，勉强加入行政新建筑。我们不应在旧城垣以内去寻求，去宰割侵占本不够用，亦不合用的地区，不顾这崭新时代不断发展的要求，更不该在原有的道路系统中再加增交通上过重的流量，产生新问题。

按现代科学的都市计划原则，建筑物同其前后空地布置是有严格比率的。多一座建筑物就必须多若干空的地区，及若干交通线路。大量建筑就无法逃避它是大量需要地区面积的事实。西郊空址不但面积足用，且能保留将来发展余地。

（4）是解决人口密度最基本而自然的办法。

现在北京市区人口密度过高和房荒，显然都到了极度，成了严重问题。但人口密度过高同单纯的房荒的问题根本不同。后者是房屋不够的现象，解决它只有增加建造。前者是人口所分布的区域土地已不足用的现象，解决它在增加可建造的土地面积，添设工作与居住的地区。

详细地说：房荒是人口多过于已有的房屋正常所能容下的数目。但如果房屋所散布的区域面积，以每人应占的面积计算，尚大过于现代一般规定的健康标准（每人约一百二十平方公尺），这房荒问题就可以采取在原来区域内增加房屋来解决。

人口密度过高则是一个已有一定面积的市区的界内，已有过多的房屋及其他建设，不过住在内中的人口更超过这些房屋所能容的数目。解决这问题，不但不应在这区界以内任何空地上增建房屋，而且还要“清除”若干过于密集的建筑，再产生空地，永远留为空地。至于解决超出房屋所能容的人口的房屋，则在于增开完全新的工作区及住宿区，展拓在原来区界之外，然后在那里建造房屋。

北京今日面对的问题是双面的，所以解决它们也要双面的。旧城内人口密度太高，而又有房荒的问题。解决它们当然不能在原区界以内增加房屋，而必是先增加新区域，然后在新区内增加房屋，然后在旧区内清除改建，全面来调整，全面来解决。

人口密度过高的原因有两面，一是社会经济制度不健全所产生的密集，一是单纯的人口增加，原来区界渐不够用。从前面一点看，北京因不是工商业畸形发展的地方，近年来也不是政治中心，它的密集人口不是由于工作而来，而是因其他不幸原因，消费者同失业者在此聚集。如何疏散这不合理、不正常的消费者，减轻密度，就是解决问题。疏散他们，最主要是经由经济政策领导所开辟的各种新的工作，使许多人口可随同新工作迁到新工作所发展的地区。这也就说明新发展的工作地点必须在已密集的区界以外，才能解决人口密度问题。从后面单纯人口增加一点看，北京人口的确较十五年前增至一倍，原来的区界，在旧时城墙限制以内的面积，确已不够分配。

结论必然也是应该展开新区界，为市内工作人口增设若干可工作的，可住宿的，且有文娱供应设备的区域，建立新的、方便的交通线，来适应他们的需要。

现在北京行政同工业两大方面是新展开的工作，当然首先需要新的工作地区，和接连着的住区。我们应注意，脱离工作地点的住区单独建立在郊外是不合实际的。它立刻为交通产生严重问题。工作者的时间精力，及人民为交通工具所费的财力物力都必须考虑到。发展工作区和其附属住区才是最自然的疏散，解决人口密集，也解决交通。发展西郊新中心，利用原来“新市区”基础为住区，就是本此原则解决问题的，故最有考虑的价值。

反此办法，在已密集的旧市区内增添新工作所需要的建筑，不但压迫已拥挤的城内交通，且工作者为要接近工作，大都会在附近住区拥挤着而直接加增人口密度。这不但立刻产生问题，且为十年、十五年后工业更发展，人口增多时更加增问题。

在一个现代化城市中，纠正建筑上的错误与区域分配上的错误，都是耗费而极端困难的事。计划时必须预先见到一切的利弊，估计得愈科学，愈客观，愈能解决问题，愈不至为将来增加不可解决的难题，犯了时代主观的错误。

附带地讲所谓疏散人口，在程序上必须在新建设区域有了相当房屋以后，居民才有地方可以开始迁出。目前如先求大量旧区地址拆改应用，则必须先迁居民，而这些居民又无处可迁，这是加增问题。居民工作的脱节，疲劳，疾病，食宿上困苦以及其连带后果都是政府所关心的；在西郊建设行政区和干部住区不会产生这种问题，也是可注意的。

（并且在此新中心之东面，旧城内的西部若干胡同旧宅，现时为政府机关的，将来亦可很方便地利用为政府人员之适宜住区的另一部。如此则政府中心之东西两商都有适当的住宅区与之相配合。）

（5）是新旧两全的安排。

所谓两全，是保全北京旧城中心的文物环境，同时也是避免新行政区本身不利的部署。

为北京文物的单面着想，它的环境布局极为可贵，不应该稍受伤毁。现存事实上已是博物院，公园，庆典中心，更不该把它改变成为繁杂密集的外国街型的区域。静穆庄严的文物风景，不应被重要的忙碌的工作机关所围绕，被各种川流不息的车辆所侵扰，是很明显的道理。大众人民能见及这点的很普遍。在专门建筑与都市计划工作者和许多历史文艺工作者的眼中，民族形式不单指一个建筑单位而说，北京的正中线布局，从寻常地面上看，到了天安门一带“千步廊”广场的豁然开朗，实是登峰造极的杰作；从景山或高处远望，整个中枢布局的秩序，颜色和形体是一个完整的结构。那么单纯壮丽，饱含我民族在技术及艺术上的特质，只要明白这一点，绝没有一个人舍得或敢去剧烈地改变它原来的面目的。

为行政中心着想，政府机关的中间夹着一个重要的文化游览区，也是不便的。文化游览区是工作的人民在假期聚集的地方。行政区是工作区域，不应该被游览区所必有的交通量所牵连混杂，发生不便，且给游览休息的人民以不便。

且行政区自己没有区域，没有范围，长列在干道的两旁，由东城至西城，没有一个集中点，且绕着故宫或广场，增加了很大的距离。它的区域就是其他区域间的交通孔道，也是不妥当的。只有避开这旧区的正中位置，另求中心，才是两个方面合理的解决。西郊公主坟以东一带，就是具体地解决这个问题，是行政区较合理的新位置。

（6）是以人口工作性质，分析旧区，配合新区，使成合理的关系。

当我们将市的工作人口分成基本与服务及附属三大类时，旧区在用途上的性质已非常确定。最主要的为博物馆及纪念性的文物区，旧苑坛庙所改的公园休息区，和特殊文娱庆典中心的大广场。其余一部为市政服务机关，一部为商业服务的机构场所，包括现时全国性的企业和金融业务机关。在基本工作方面，有一小部分为有历史的学校及文化机关，一小部分为手工业集聚的区域。此外就是供应这些部门所需的住宅区和必须同住宅区在一起的小学校，及日常供应商业。

现在把东郊及东南郊基本工作定为工业，人口为工人，所连着的北面建筑他们的住宅。把西郊基本工作定为行政，人口为政府人员，所连着的西面——已略有基础的“新市区”——建造他们的住宅。北郊基本工作为教育，人口为学生和服务的教育工作者，也连着他们的住区。这样的分配是极平均的。它们围绕着有历史价值的旧城，使它成为各区共有的文娱公园中心和商业服务及市政服务的地点和若干住宅，也是便利而合实际的。

（7）在大北京市中能有新中线的建立。

旧城同新中心之间横贯着的东西干道，都毫无问题地可以穿出城垣（如复兴门、广安门、阜成门、西直门等）。最合适的是直贯这西郊政府中心的南北新中线（这条中线东距城垣约2公里，据新华门约4.2公里，距天安门约5.2公里）。这条中线在大北京的布局中确能建立一条庄严而适用的轴心。这个行政区东连旧城，西接“新市区”，北面为海淀、香山等教育风景区，南面则为丰台区铁路交通总汇（总车站及全国性工商企业业务机关正可设在这个新中线上。东面又可同广安门引直，利用旧城若干商业基础。在文物点缀方面有白云观、天宁寺等）。一切都是地理上现成形势所促成，毫无勉强之处。

（8）能适当满足以上所举的十一个条件。

以寻取地址而论，我们确是不用大量迁移居民（第五条），我们可以不伤毁旧文物中心（第十一条），绝对可以满足部署原则（第一条），有足用与发展的余地（第三、第四条）。能使全市平衡发展，疏散人口（第八条）。根据时代精神及民族的传统特征的建筑形体（第二条）在西郊区很方便地可以自成系统，不受牵制。如果将来增建四、五层的建筑物亦无妨碍。

其他一切都是迎刃而解，没有不自然不经济的成分，尤其是解决数十万人的住宅区，免除交通负担，利用现成新市区基础，最为实际。政府人员由新市区到公主坟与月坛间地区之距程，比到天安门或东单，分别之大，在交通经济上是极重要的一点。

新中心能同时满足十一个条件，而同时又都是旧城内任何地点所不能满足的，显然证明发展新行政中心之自然与合理。

目前另有一个问题可以在此附带地讨论一下，就是一道城墙在心理上所造成的障碍。假使城墙在公主坟或八宝山一带，而这块土地是一块空址在城垣以内，我们相信在这地区建造政府区，将为许多人所立刻建议，不成问题。今日这一道城墙已是个历史文物艺术的点缀，我们生活发展的需要不应被它所约束。其实城墙上面是极好的人民公园，是可以散步、乘凉、读书、阅报、眺望远景的地方（这并且是中国传统的习惯）。底下可以按交通的需要开辟新门。城墙在心理上的障碍是应予击破的。

第三节 发展西郊行政区可以逐步实施程序，以配合目前财政状况，比较拆改旧区为经济合理

首先我们试把在城内建造政府办公楼所需费用和在城西月坛与公主坟之间建造政府行政中心所需费用作一个比较：

（一）在城内建造政府办公楼的费用有以下七项：

1. 购买民房地产费。
2. 被迁移居民的迁移费（或为居民方面的负担）。
3. 为被迁移的居民在郊外另建房屋费，或可鼓励合作经营（部分为干部住宅）。
4. 为郊外居民住宅区修筑道路并敷设上下水道及电线费。
5. 拆除购得房屋及清理地址工费及运费。
6. 新办公楼建造费。
7. 植树费。

（二）在城西月坛与公主坟之间建造政府行政中心的费用有以下四项：

1. 修筑道路并敷设上下水道及电线费。

2. 新办公楼建造费。

3. 干部住宅建造费。

4. 植树费。

在以上两项费用的比较表中，第（二）项的1、2、3、4四种费用就是第（一）项中的3、4、6、7四种费用。而在月坛与公主坟之间的地区，目前是农田，居民村落稀少，土改之后，即可将土地保留，收购民房的费用也极少。在城内建造政府办公楼显然是较费事，又费时，更费钱的。

行政区是庞大的政府工作的地区，工业区亦是庞大的工厂工作地区，这两个地区既无法在旧城区内觅得适当地点，足够容纳所定人数，亦不宜于在城区内建立主要的重心，集中工作人口。因此按照各种客观条件，分别布置在东西两边的近郊，与旧城区密切地联系着，而利用旧城区内已建设的基础，作为服务的中心，保留故宫文物区为文娱中心，给两方面的便利，留出中南海为中央人民政府。这是使大北京市能得到平衡发展的合理计划。但两区的建设，规模巨大，在实施方面却要按实际发展的需要，有计划地逐步进行，以配合财政情况及技术上的问题的。

行政区的道路系统及各单位划分的计划，可采取中国坊制的街型，部署而成。在整体上讲，它是有机性地将各单位集中在一个区域内，使各方面的联系紧密，可以发挥高度的行政效率。从每一单位每一坊来讲，它们都自成一小整体，建立中线，有它主要的和辅翼的建筑物。因此在建造的过程中，当一单位或一幢建筑物建造完成时，不至于因为整个行政区的未完成而影响了它的效能，或失去了它的完整性。在发展的各阶段中，每次完成无论若干单位，都又自成一整体。

关于计划的实施建造，为了配合政府当前和以后的情形，可以按下列几个步骤，逐渐推进：

（一）由于现在复兴门外往西到新市区的林荫干道已经完成，为了照顾交通上的便利起见，根据目前财政情形，第一步可以按照需要，将沿林荫干道北面的各单位先行建造。每一单位或一坊，可以建造一处容纳二千人的办公房屋（三座或四座大楼，每座容数百人），及其附属供应，乃至于干部宿舍楼一幢。

配合近于西面单位中办公人员的需要，在现在新市区已有的基础上，建立接近行政区的一个完整的“邻里单位”（或称“社区单位”），建造他们所需要的住宅区，及其附属的小学校、托儿所、合作社、文娱中心等建筑，同样的也是配合财政能力及需要缓急的程度，逐渐发展成为将来的大住宅区。

沿干道的这些地点，目前在交通上所需要的道路，水的供应设备，电的供应设备，以及排水的设备，都是现成的。而且由于这干道和旧城区的联系，可直接利用北城同西城的一切住宅及商业供应。

由新行政区进城到新华门的距离，同由新华门到崇文门的距离约略相等，所以除掉一道城墙的心理障碍以外，在交通上的便利同在一个城内是无分别的。

（二）以复兴门外东西向的林荫干道为出发点，依着计划所定的其他街道的伸展，种植树木，有计划地绿化全区，奠定了区内街型和其环境的点缀。同时逐步敷设区内道路的上下水道及其他公用设备。路面及其铺筑的宽度，亦按财政情况俭省地逐渐修筑。

（三）在最短可能的时期内修建新的北京总车站，利用广安门内的干道通达旧区的前门大街商业区及旅舍区，并吸引部分商业及运输业旅舍等在附近地区建立，而逐渐繁荣车站附近地区，疏散旧城前门外的密集人口。

以上仅表示整个计划在建造的程序上是可以灵活运用的，一切具体细则办法当然必须配合实际情况而逐步实施，这在整个大北京市计划中，是切实地全面解决北京将来的发展。

我们经过半年缜密反复的研究，依据种种客观存在的事实分析的结果，认为无论是为全面解决北京建设的问题，或是只为政府办公房屋寻找地址，都应该采取向城外展拓的政策。如果展拓，我们认为：

政府行政中心区域最合理的位置是西郊月坛以西、公主坟以东的地区。

因此我们很慎重地如此建议。

我们相信，为着解决北京市的问题，使它能平衡地发展来适应全面性的需要；为着使政府机关各单位间得到合理的且能增进工作效率的布置；为着工作人员住处与工作地区的便于来往的短距离；为着避免一时期中大量迁移居民；为着适宜地保存旧城以内的文物；为着减低城内人口过高的密度；为着长期保持街道的正常交通量；为着建立便利而又艺术的新首都，现时西郊这个地区都完全能够适合条件。

至于我们这些观察和意见是否完全正确，没有错误，我们希望大家研究和讨论，早日作出一个决定。

我们现在正在依据这个展拓的假定，草拟大北京市的总计划。初稿完成之后，当再提出请大家研究和讨论。

1950年2月

[1] 陈占祥，《忆梁思成教授》，《梁思成先生诞辰八十五周年纪念文集》，清华大学出版社，1986年10月第一版。

梁陈方案的历史考察
——谨以此文纪念梁思成诞辰100周年并悼念陈占祥逝世 / 王 军

共同从事首都的城市规划工作

“在北京，我第一次见到了梁思成和林徽因两位先生，虽然初次见面，但一见如故。人的一生中能遇知音是最大的幸福。我庆幸有此幸福。”陈占祥回忆起1949年10月，他从上海到北京见到梁思成、林徽因的情景，欣慰不已。[1]

刚抵北京的这位33岁的年轻人，一口宁波官话，有人笑话他讲英文比讲普通话利索，爱品咖啡甚于喝茶，殊不知这位“洋派”青年对中国建筑文化倾注的深厚情感。

1938年，陈占祥赴英国利物浦大学学习建筑学时，书箱里就装着梁思成的《清式营造则例》等著作。1945年，在梁思成著作的启发下，陈占祥在英国写著《中国建筑理论》一文，后来发表于1947年7月英国《建筑评论》的“中国专刊”。

1946年，国民党北平市政府邀聘正在伦敦大学攻读博士学位的陈占祥，负责北平都市计划工作。经导师、“二战”后著名的大伦敦计划的主持人阿伯克隆比爵士的同意，陈占祥从伦敦大学回国赴任。

但回国后，国民党政府将陈占祥留在南京，任内政部营建司简派正工程师之职，他一直未能到北平就任。“那三年的岁月真是绝望和痛苦。”陈占祥回忆说，“1949年5月上海解放了，使我看到了祖国的光明前途。我第一次给梁先生写信，说明我的情况，并表示愿同梁先生一起从事首都城市规划工作。梁先生很快回了信，热情邀我北上共事。”[1]

在那3年痛苦的时光里，陈占祥完成了南京行政中心区的计划，后来又到上海，参与编制上海都市计划，提出开发浦东的设想，将大伦敦规划的思想精髓——有机疏散理论，结合中国的实际情况，予以运用。

陈占祥没有忘记自己最初的使命。3年来他一直思考着北平的命运。到了北京后，他发现自己的许多想法与梁思成完全相合，备感知遇之恩。而从陈占祥的角度看，他的许多设想正与他在英国的学术经历相关。

陈占祥这样回忆道：“一个城市最怕拥挤，它像个容器，不能什么东西都放进去，不然就撑了。所以有的功能要换个地方，摆在周围的地区分散发展，这是伦敦规划的经验。这个著名的规划是1944年做的，主要目标是疏散人口。规划师在伦敦周边规划了10多个可发展的新城基地。后来，政府换了许多届，但这个规划没有变，建成了一系列的新城。现在，伦敦老市区的人口已从当年的1200万下降到七八百万。

“当年，他们还做了一个剑桥的规划。剑桥是一个古城，战后要发展，怎么办？规划师同样是把新的发展搬到外面去了，不然古城一动，里面的每个学校都受影响，而每个学校都有好几百年历史，这一碰，古的风貌就全毁了。

[1] 陈占祥，《忆梁思成教授》，《梁思成先生诞辰八十五周年纪念文集》，清华大学出版社，1986年10月第一版。

[1] 陈占祥接受笔者采访时的回忆，1994年3月2日。
[2] 陈占祥，《忆梁思成教授》，《梁思成先生诞辰八十五周年纪念文集》，清华大学出版社，1986年10月第一版。

“这里面也包含了我的基本思想，就是不能什么都硬塞进去，最好到别的地方另外做。北京当时的地方太大了，昌平等远郊县都可建设起来，可来个大北京规划。干嘛都要挤到城墙里面不可呢？应该搬出去！”[1]

一到北京，陈占祥就与梁思成共同投入了对新市区发展计划的研究。

“在我到达北京之前，梁先生对首都城市规划已有一个初步方案。那是以日本军国主义者在侵华战争中已惨淡经营过的‘居留民地’（今北京西郊五棵松一带）为基础而设计的一个市中心方案。”陈占祥回忆说，“梁先生的指导思想是要保护北京历史名城。我完全赞成梁先生的这一指导思想，但对原有的初步方案发表了我的意见。”

陈占祥认为：“日本侵略者在离北京城区一定距离另建‘居留民地’，那是置旧城区的开发于不顾。我主张把新市区移到复兴门外，将长安街西端延伸到公主坟，以西郊三里河（现国家经委所在地）作为新的行政中心，像城内的‘三海’之于故宫那样；把钓鱼台、八一湖等组织成新的绿地和公园，同时把南面的莲花池组织到新中心的规划中来。”[2]

这个建议得到梁思成的认可。就在这时，一场激烈的交锋到来了。

北京面临抉择

在聂荣臻市长的主持下，北京市召开城市规划会议，梁思成、陈占祥等中国专家和苏联专家到会，苏联专家巴兰尼克夫作《关于北京市将来发展计划的问题的报告》，苏联专家团提出《关于改善北京市市政的建议》。

巴兰尼克夫在报告中说："北京没有大的工业，但是一个首都，应不仅为文化的、科学的、艺术的城市，同时也应该是一个大工业的城市。现在北京市工人阶级占全市人口的百分之四，而莫斯科的工人阶级则占全市人口总数的百分之二十五，所以北京是消费城市，大多数人口不是生产劳动者，而是商人，由此可以理想到北京需要进行工业的建设。"

在建设行政机关房屋的问题上，巴兰尼克夫提出以天安门广场为中心，建设首都行政中心："最好先改建城市的一条干线或一处广场，譬如具有历史性的市中心区天安门广场，近来曾于该处举行阅兵式及中华人民共和国成立的光荣典礼和人民的游行，更增加了它的重要性。所以，这个广场成了首都的中心区，由此，主要街道的方向便可断定，这是任何计划家没有理由来变更也不会变更的。"

巴兰尼克夫具体提出了他的建设计划："第一批行政房屋：建筑在东长安街南边，由东单到公安街未有建筑物的一段最合理。第二批行政的房屋：最适宜建筑在天安门广场（顺着公安街）的外右边，那里大部分是公安部占用的价值不大的平房。第三批行政的房屋：可建筑在天安门广场的外左边，西皮市，并经西长安街延长到府右街。"[1]

苏联专家团作的《关于改善北京市市政的建议》，则对巴兰尼克夫把行政机关建设在旧城中心区的计划进行了论证，并对建设西郊新市区的设想予以反驳，指出这是不经济的，是"放弃新建和整顿原有的城市"。

[1]《苏联专家巴兰尼克夫关于北京市将来发展计划的问题的报告》，《建国以来的北京城市建设资料》（第一卷 城市规划），北京建设史书编辑委员会编辑部编，1995年11月第二版。

[1]《建筑城市问题的摘要》（摘自苏联专家团关于改善北京市市政的建议），《建国以来的北京城市建设资料》（第一卷 城市规划），北京建设史书编辑委员会编辑部编，1995年11月第二版。

建议书说："为了北京市将来的发展和加速建设，关于建筑行政房屋的位置问题是重要的，有的建议在城西五六公里，所谓'新市区'日本人开始建筑城市的地方，建筑行政房屋。这个建议的意义是在新地区建筑房屋能便宜，政府职员的住处距离政府的房屋不远，在这里建立政府中心区的全部建筑。按我们的意见，新的行政房屋要建筑在现有的城市内，这样能经济的并能很快的解决配布政府机关的问题和美化市内的建筑。"

建议书还着重论证了行政中心区放在旧城内的经济性问题，提出"认为政府的中心区建筑在城外经济是不对的。在苏联设计和建筑城市的经验中，证明了住房和行政房屋，不能超出现代的城市造价的50%－60%，40%－50%的造价是文化和生活用的房屋（商店、食堂、学校、医院、电影院、剧院、浴池等）和技术的设备（自来水、下水道、电器和电话网、道路、桥梁、河海、公园、树林等）。拆毁旧的房屋的费用，在莫斯科甚至拆毁更有价值的房屋，连同居民迁移费用，不超出25%－30%新建房屋的造价。在旧城内已有文化和生活必需的建设和技术的设备，但在'新市区'是要新建这些设备的。"

建议书还以莫斯科的经验阐述道："当讨论改建莫斯科问题时，也曾有人建议不改建而在旁边建筑新首都，苏共中央全体大会拒绝了这个建议，我们有成效的实行了改建莫斯科。只有承认北京市没有历史性和建筑性的价值情形下，才放弃新建和整顿原有的城市。"[1]

完全可以想像梁思成、陈占祥听到这番言论的心境，他们正是因为"承认"北京的“历史性和建筑性的价值”，才提出建设新市区的设想，以期北京旧城得到整体保护。可是，苏联人恰恰在这个问题上，指出他们否认北京的“历史性和建筑性的价值”，甚至是“放弃”旧城。

在这次会议上，梁思成、陈占祥与苏联人发生了争执。

“这是我第一次参加这样的会议，当时我是极端的无知，根本不知道那些领导是谁，在我看来，苏联朋友毕竟是友好使者，会议不过是讨论北京都市计划方案的构思而已。团长阿白拉诺夫[1]介绍方案后好久无人启口，我就不假思索地说了我的意见。”41年后，陈占祥对这次会议作了这样的回忆，“我认为在城中心建设行政中心只是增加旧城的负担，解决北京的城市建设计划应把周围地区联系起来考虑，于是我又反问苏联朋友对城乡关系有什么考虑？对于孤立地考虑城市中心我表示不同意。阿白拉诺夫的回答我不甚同意，他说城乡矛盾是个复杂问题，要由社会主义建设来回答，因此是将来的问题，现在答复不了。说实在的，我不过是搬用英国城乡计划理论，而且当时自己也不能说吃透到多大深度，但我们的设想的确是对保护古城有利。伦敦除了当时需要疏散人口外，另一目的是为了保护伦敦古城，所以才有了大伦敦计划。”[2]

梁思成没有保持沉默。

从苏联市政专家组组长阿布拉莫夫的讲话摘录中，可以感受到这次交锋的激烈程度：

梁教授曾发表过几项很有意义的意见，对于这些意见让我来发表一些意见。

[1] 即苏联市政专家组组长阿布拉莫夫。
[2]《陈占祥教授谈城市设计》，《城市规划》，1991年第1期。

梁教授曾提到：中心区究竟是在北京旧址还是在新市区的问题，尚未决定，所以对各区域的分布计划工作，为时尚早。

市委书记彭真同志曾告诉我们，关于这个问题曾同毛主席谈过，毛主席也曾对他讲过，政府机关在城内，政府次要的机关设在新市区。

我们的意见认为这个决定是正确的，也是最经济的。

行政中心区迁移能变为怎样一种情形呢？

那是要建筑为机关用的房屋和工作人员的眷属住宅。你们也是这样设计的，收获是什么呢？

譬如陈工程师和齐工程师都是在政府工作，齐工程师在城内有住房，陈工程师没有住房，他才来到北京不久。你的建议是在城市建筑两所房屋来代替一所房屋。城市中心区移出城外，就是承认市内一百三十万的人口对政府是没有益处的，在哪里建筑房屋比较经济，在城里还是城外？

……

我们也有过这样的建议，将莫斯科旧城保存为陈列馆，在它的旁边建设新的莫斯科，被我们拒绝了，并将莫斯科改建，结果并不坏。

拆毁北京的老房屋，你们是早晚必须做的，三轮车夫要到工厂工作，你们坐什么车通过胡同呢？

北京是好城，没有弃掉的必要，需要几十年的时间，才能将新市区建设成如北京市内现有的故宫、公园、河海等的建设。所以我们对于建设行政中心的问题是明确的。[1]

阿布拉莫夫透露了一个重要信息，就是毛泽东认为政府机关应该在城内。这位苏联人还提出，建设新市区“就是承认市内一百三十万的人口对政府是没有益处的”。

苏联专家坚定地认为要改造北京旧城，与1931年的莫斯科城市规划有关。在1953年，梁思成随中国科学院访苏代表团访问苏联的时候，苏联建筑科学院副院长格也格也罗曾对他说：“1931年莫斯科总计划的国际竞选中的许多方案不是要把旧的莫斯科完全铲平重新另建就是要把它当一个‘博物馆’保存下来，在郊区另辟新城。斯大林同志指出了那些都是小资产阶级的不合实际的幻想，把计划的正确道路指出，制定了改建的总计划。这个计划无论在城市的整体或建筑形式上都是发展的：从旧的基础上发展起来，并预见今后新的远景的发展。”[2]

很自然，在苏联人的眼里，建设新市区的设想，就是斯大林曾经指出的“小资产阶级的不合实际的幻想”。

梁思成、陈占祥陷入了孤立。

这次会议之后，1949年12月19日，北京市建设局局长曹言行、副局长赵鹏飞提出《对于北京市将来发展计划的意见》，表示“完全同意苏联专家的意见”。

意见书说：“如果放弃原有城区，于郊外建设新的行政中心，除房屋建筑外还需要进行一切生活必须设备的建设，这样经费大大增加（据苏联专家的经验，城市建设的经费，房屋建筑占百分之五十，一切生活必须的设备占百分之五十，如果因新建房屋而拆除旧房，其损失亦不超过全部建设费的百分之二十至百分之三十），且必须

[1]《苏联市政专家组组长阿布拉莫夫在讨论会上的讲词（摘录）》，《建国以来的北京城市建设资料》（第一卷 城市规划），北京建设史书编辑委员会编辑部编，1995年11月第二版。

[2] 梁思成，《访苏代表团建筑土木门的传达报告》，1953年，未刊稿，林洙提供。

[1]《曹言行、赵鹏飞对于北京市将来发展计划的意见》，《建国以来的北京城市建设资料》（第一卷 城市规划），北京建设史书编辑委员会编辑部编，1995年11月第二版。

[2] 陈占祥接受笔者采访时的回忆，1994年3月2日。

于房屋建筑与一切设备完成后始能利用。新建行政中心区一切园林、河湖、纪念物等环境与风景之布置，限于时间与经费，将不能与现有城区一切优良条件相比拟。同时如果进行新行政区之建设，在人力、财力、物力若干条件的限制下，势难新旧兼顾，将造成旧城区之荒废。……我们认为苏联专家所提出的方案，是在北京市已有的基础上，考虑到整个国民经济的情况，及现实的需要与可能的条件，以达到建设新首都的合理意见，而于郊外另建新行政中心的方案则偏重于主观的愿望，对实际可能的条件估计不足，是不能采取的。”[1]

“梁陈方案”——北京的新市区发展计划

虽然是泰山压顶，梁思成、陈占祥也没有放弃。他们感到，必须立即拿出一个具体的方案，阐明自己的观点。

“我与梁思成先生商量，他说他的，我说我的，开会以后我做规划，梁先生写文章，这就是方案出来的经过。”陈占祥回忆道。[2]

1950年2月，著名的“梁陈方案”，即梁思成、陈占祥《关于中央人民政府行政中心区位置的建议》完成了，梁思成自费刊印，报送有关领导。

梁思成接受陈占祥的建议，修正了自己过去以为的在五棵松“新市区”建设行政中心区的观点。“梁陈方案”提出：“为解决目前一方面因土地面积被城墙所限制的城内极端缺乏可使用的空地情况，和另一方面西郊敌伪时代所辟的‘新市区’又离城过远，脱离实际上所必需的衔接，不适用于建立行政中心的困难，建议展拓城外西面郊区公主坟以东，月坛以西的适中地点，有计划的为政府行政工作开辟政府行政机关所必需足用的地址，定为首都的行政中心区域。”[1]

这份长达2.5万字的报告，共分“必须早日决定行政中心区的理由”、“需要发展西面城郊建立行政中心区的理由”、“发展西郊行政区可用逐步实施程序，以配合目前财政状况，比较拆改旧区为经济合理”三个部分。

《建议》对苏联专家提出的所谓在旧城内建设行政中心区可利用原有的文化、生活、市政等设施因而是经济的观点，予以反驳，指出，行政中心区进入旧城，将引发大量人口外迁，而“政府绝对的有为他们修筑道路和敷设这一切公用设备的责任，同样的也就是发展郊区。既然如此，也就是必不可免的费用”。

在“必须早日决定行政中心区的理由”一节中，《建议》提出：“整个行政机构所需要的地址面积，按工作人口平均所需地区面积计算，要大过于旧城内的皇城。（所必须附属的住宅区，则要三倍于此。）故知这个区域在何位置将决定北京市发展的方向和今后计划的原则”，同时“北京为故都及历史名城，许多旧日的建筑已成为今日有纪念性的文物，它的形体不但美丽，不允许伤毁，而且它们的位置部署上的秩序和整个文物环境，正是这座名城壮美特点之一，也必须在保护之列，不允许随意掺杂不调和的形体，加以破坏。”因此必须确定两个原则，即“是否决意展拓新区域”还是“决意在几年中完成大规模的迁移，改变旧城区的大部分使用”，“如果原则上发生错误，以后会发生一系列难以纠正的错误的。关系北京百万人民的工作、居住和

[1] 梁思成、陈占祥，《关于中央人民政府行政中心区位置的建议》，《梁思成文集》（四），中国建筑工业出版社，1986年9月第一版。

交通。”

在第二节“需要发展西面城郊建立行政中心区的理由”中，《建议》对苏联专家提出的利用东交民巷操场空地建设办公楼，提出批评，指出这将导致“欧洲十九世纪的大建筑物长线的沿街建造，迫临交通干道所产生的大错误。”“日后如因此而继续在城内沿街造楼，造成人口密度太高，交通发生问题的一系列难以纠正的错误，则这次决定将为扰乱北京市体形秩序的祸根。为一处空址眼前方便而失去这时代适当展拓计划的基础，实太可惜。……我们的结论是，如果将建设新行政中心计划误认为仅在旧城内建筑办公楼，这不是解决问题而是加增问题。这种片面的行动，不是发展科学的都市计划，而是阻碍。”

对于在旧城内建造新的行政区，《建议》提出“不但困难甚大，而且缺点太多”。理由是：

（1）它必定增加人口，而我们目前密度已过高，必须疏散，这矛盾的现象如何解决？

（2）如果占用若干已有房屋的地址，以平均面积内房屋计算，约需拆除房屋十三万余间，即是必须迁出十八万二千余人口，即使实在数目只有这数的一半，亦极庞大可观，这个在实施上如何处置？

（3）如果大量建造新时代高楼在文物中心区域，它必会改变整个北京街型，破坏其外貌，这同我们保护文物的原则抵触。

（4）加增建筑物在主要干道上，立刻加增交通的流量及复杂性。过境车与入境车的混乱剧烈加增，必生车祸问题。这是都市规划设计所极力避免的错误。

（5）政府机关各单位间的长线距离，办公区同住宿区的城郊间大距离，必产生交通上最严重的问题，交通运输的负担与工作人员时间精力的消耗，数字惊人，处理方法不堪设想。

《建议》进而提出了在西郊月坛与公主坟之间的地区建设政府行政中心的设想，指出这是根据“大北京市区全面计划原则”出发的，是“增加建设、疏散人口的措施”，是“保全北京旧城中心的文物环境，同时也是避免新行政区本身不利”的“新旧两全的安排”。这个行政中心区“必须同足用的住宅区密切相连，经济地解决交通问题，减轻机械化的交通负担”，它还能“保留将来发展余地”。

两位学者还充满诗意地提出在新的行政中心区建设新中轴线的设想。“这条中线在大北京的布局中确能建立一条庄严而适用的轴心。这个行政区东连旧城，西接‘新市区’，北面为海淀、香山等教育风景区，南面则为丰台铁路交通总汇。一切都是地理上现成形势所促成，毫无勉强之处。”

他们在《建议》的第三节里分别列出了在城内建造政府办公楼所需的7项费用和在城西建设政府办公楼所需的4项费用，并进行了比较，指出：“在月坛与公主坟之间的地区，目前是农田，民居村落稀少，土改之后，即可将土地保留，收购民房的费用也极少。在城内建造政府办公楼显然是较费事，又费时，更费钱的。”

查看《建议》中的规划草图，可以发现梁思成、陈占祥还在行政中心区的南部规划了一个商务区，尽管在文字说明中，他们没有对这个商务区进行论述，但是完全可

[1] 高亦兰、王蒙徽，《梁思成的古城保护及城市规划思想研究》，《世界建筑》杂志，1991年1至5期。
[2] 王军，《北京：立交桥缘何树起了红绿灯》，《瞭望》新闻周刊，2000年12月4日。
[3] 吴良镛，《大北京地区空间发展规划遐想——2000年9月8日在北京市科协的讲话》，未刊稿。

以想像如果按照他们的设想实施，北京将显现怎样的情景：这个城市将拥有三个相互联系又功能区分的中心区域，旧城是文物遗存丰厚、历史建筑壮丽的文化中心区，旧城西侧的行政中心区将集中体现新中国政治中心的雄伟景观，而其南侧的商务中心区将呈现现代都市的风采。更重要的是，这种多中心的发展模式，将有利于实现居住与就业的平衡，防止单中心城市交通复杂拥堵的弊端，促进城市生活的多样性。这正是现代城市规划的基本理念。

苏联人在“指导”北京进行城市规划的时候，莫斯科以克里姆林宫为中心，向四周辐射发展的城市总体规划已呈现弊端。为解决过度发展工业，城市功能过于复杂带来的交通、生活等问题，莫斯科从1960年起开始制定新规划，把原有的单中心结构改成多中心结构，并将连接市郊森林的楔形绿带渗入城市中心，这被称为“世界各大城市中规划得最好的。”[1]

可是，直到今天，北京的城市建设还在沿着苏联人确定的单中心模式发展，梁思成与陈占祥担心的各种问题都出现了。简单地以旧城为中心，以改造旧城为出发点的城市规划执行的结果，恰恰阻碍了一个现代城市所必需的功能。[2]

“拆北京旧城以取得其土地的使用权，我有个比方，就像把故宫的铜鼎融化掉，用它的铜；也就像用古代的字画作纸浆来造纸。”梁思成当年的同事，也是他的助手，吴良镛院士，今天还在奋斗着，“在对大北京地区的发展作认真思考的前提下，我们应该对已经不能全然适应发展要求的总体规划进行一定的、必要的修改，再也不能‘以不变应万变’。”[3]

“以旧城为基础进行扩建”

报告送上去了，梁思成企盼着回音。

1950年4月10日，他致信周恩来总理，恳请其于百忙之中阅读《关于中央人民政府行政中心位置的建议》并听取他的汇报。

信中说：“我们请求政府早日决定行政中心区的位置。行政中心区位置的决定是北京整个都市计划的先决条件，它不先决定，一切计划无由进行。……我们的建议书已有一百余份送给中央人民政府，北京市委会和北京市人民政府的各位首长。我恳求您给我一点时间，给我机会向您作一个报告，并聆指示。除建议书外，我还绘制了十几张图作较扼要的解释，届时当面陈。如将来须开会决定，我也愿得您允许我在开会时列席。总之，北京目前正在发展的建设工作都因为行政中心区位置之未决定而受到影响，所以其决定已到了不能再延缓的时候了。”[1]

在这封信发出后的第10天，梁思成与陈占祥又遇到一对强劲的对手，他们是北京市建设局的工程师朱兆雪和建筑师赵冬日。

朱兆雪、赵冬日于4月20日，写了《对首都建设计划的意见》，再次肯定了行政中心区在旧城的计划。《意见》说：“北京旧城是我国千年保存下来的财富与艺术的宝藏，它具有无比雄壮美丽的规模与近代文明设施，具备了适合人民民主共和国首都条件的基础，自应用以建设首都的中心，这是合理而又经济的打算；是保存并发挥中华民族特有文物价值，是顺应自然发展的趋势。虽旧城内之现有人口过密，但是会因

[1] 梁思成，《致周总理信》，《梁思成文集》（四），中国建筑工业出版社，1986年9月第一版。

[1]《朱兆雪、赵冬日对首都建设计划的意见》，《建国以来的北京城市建设资料》（第一卷 城市规划），北京建设史书编辑委员会编辑部编，1995年11月第二版。

经济之发展，无业与转业人口之迁出就业而自然解决；同时因人口减少，拆掉已失健康年龄与无保留价值的房屋，改建行政房屋自无问题，并且有足够的面积；同时更可使旧城免于衰落而向繁荣。至其他各区则环设在旧城四周，以与市中心取得紧密联系，并避免了不必要的交通通过城区，危害文物古都的安静。”

《意见》具体提出：“行政区设在全城中心，南至前三门城垣，东起建国门，经东西长安街至复兴门，与故宫以南，南海、中山公园之间的位置，全面积六平方公里，可容工作人口十五万人。因为：（1）不破坏，也不混杂或包围任何文物风景，不妨害也不影响，同时是发扬了天安门以北的古艺术文物和北京的都市布局与建筑形体。（2）各行政单位能集中，能取得紧密连系。（3）适居于全市的中心，与东西南北各住宅区有适当的距离。（4）利用城内现有的技术设备基础，可节省建设费25%－50%（根据苏联城市建设的经验）。（5）中央及政务院拟暂设于中南海周围，将来迁至天安门广场及广场右侧；靠近太庙、南海及中山公园等文物风景，为行政中心；于和平门外设市行政区，适与故宫遥遥相对；靠东因近工商业为财经系统；西就现有基础，划为政法系统与文教系统区域；天安门广场则正为行政中心区所环抱；创新轴，东达市界，西抵八宝山，与南北中心线并美。”[1]

梁思成和陈占祥并没有对这个《意见》提出书面反驳。事实上，这份《意见》提出的行政中心区设在旧城内的理由，他们在《关于中央人民政府行政中心位置的建议》中已经涉及并加以评论了。

40年后，赵冬日追忆道：“就今天我国的经济发展情况来看，北京的法定保留文物建筑还无力维修，甚至有的任其自然损坏。北京解放时约有1700万平方米传统建筑，若全部保留下来，然后另起炉灶，如在西郊大兴土木建新首都，则按当时的实际情况，是人的意志所不能做到的，是不现实的。”[1]

陈占祥接受笔者采访时，则提到当年论争的一个焦点：“他们围绕天安门作文章，争论点就是天安门不可以放弃，中华人民共和国成立是毛主席在天安门上宣布的。这没关系嘛，事实回避不了，那时只有天安门有广场，这么多人当然要到那儿去。其实，天安门作为庆典中心是可以的，行政中心搬出去对它不会有影响。”[2]

压力终于来了。时隔不久，梁思成与陈占祥的建议被一些人指责为与苏联专家“分庭抗礼”，与“一边倒”方针“背道而驰”。最严重的指责是，他们设计的新行政中心“企图否定”天安门作为全国人民向往的政治中心。[3]

当新方案备受指责时，梁思成与陈占祥却冷静地考虑到新方案突出了新行政中心的规划，但没有注意到旧城区中心的改建的可能性。为此，他们又着手研究以天安门为中心的皇城周围规划，以此作为新方案的补充。

“这一补充规划方案的设想是以城内‘三海’为重点，其南面与长安街和天安门广场的中轴线相连接，使历代帝王的离宫与城市环境更紧密地结合起来。由于当时正是批判‘梁陈方案’的不利形势，所以梁先生始终没有公开这一补充规划方案。今天，这一设计的文字和图纸恐怕已经丢失；而我是确切地知道它的存在的，因为有些图纸是我画的。”陈占祥回忆道，“设计中曾有一个处理团城下金鳌玉蝀桥的初步设想，并作了详细设计。这是从上述的旧城改造的补充方案设想出发，把金鳌玉蝀桥当

[1] 赵冬日，《论古都风貌与现代化发展》，《建筑学报》，1990年12月。
[2] 陈占祥接受笔者采访时的回忆，1994年3月2日。
[3] 陈占祥，《忆梁思成教授》，《梁思成先生诞辰八十五周年纪念文集》，清华大学出版社，1986年10月第一版。

[1] 陈占祥，《忆梁思成教授》，《梁思成先生诞辰八十五周年纪念文集》，清华大学出版社，1986年10月第一版。
[2] 同注[1]。

作它与大高玄殿、景山连接中的一个重要环节看待。为解决桥上的车辆拥挤，在原金鳌玉蝀桥的南侧，增建另一座新桥，将旧有的‘金鳌’‘玉蝀’的两个牌坊搬到新、旧两桥的桥头间空地。新、旧两桥作为上、下两线，以解决交通困难；北海前的广场稍加扩大，作为车辆分流；广场东侧与大高玄殿前相连，殿前两座花亭将给以保护。景山前的红墙改建为带漏窗的长廊，供游人坐憩。游人可以在这里前望故宫，后览景山。”[1]

这个设计图的线条画成之后，梁思成兴致勃勃亲自渲染，添色加彩。当时他疾病缠身，居然也和大家一起画了一个通宵。陈占祥回忆道：“天将破晓，只见梁先生不顾一宵未合眼的疲劳，仍然躬着身子一笔一笔地画着，终于以他高超的渲染技巧完成了1：200的通长画卷，脸上露出十分愉快的微笑。”[2]

1950年10月27日，梁思成在病中致信北京市领导彭真、聂荣臻、张友渔、吴晗、薛子正，呼吁早日确定中央政府行政区方位，防止建设中的散乱现象。信中说：“现在北京三大基本工作区中之二——高等文教区及工业区——大致已确定；唯有中央政府行政区的方位尚悬而未决，因而使我会大部分工作差不多等于停顿。这一年来，中央政府行政区的机构与我会接洽的事务，大多是（a）拟用某一块地，向我们要，或（b）拟建某一座建筑，问我们应建何处。然而我们因为不知行政区定在哪里，不能答覆。结果是各机关或不能解决问题，或各行其便，在分散在各处的现址上或兴盖起起来，或即将兴盖。若任其如此自流下去，则必造成‘建筑事实’，可能与日后所定总计划相抵触，届时或经拆除，或使计划受到严重阻碍，屈就事实，一切都将是人民的损失。所以我们应该努力求得行政区大体方位之早日决定。”[1]

种种迹象表明，“梁陈方案”未被采纳，与毛泽东有关。

曾担任彭真秘书的马句向笔者回忆道：“苏联专家提出第一份北京建设意见，聂荣臻见到后，非常高兴，送毛主席。毛主席说：照此方针。所以北京市的规划就这样定下来了，即以旧城为基础进行扩建。”[2]

“误读”

“对于梁思成先生和我的建议，领导一直没有表态，但实际的工作却是按照苏联专家的设想做的。最后，东长安街部委楼的建设开始，纺织部、煤炭部、外贸部、公安部都开始在这里建设。”陈占祥的回忆道。[3]

建设已经开始，但城市的总体规划还没有正式确定，这严重影响城市建设有秩序地进行。城市占地过多过大，建设过于分散，市政基础设施和生活服务设施跟不上工作用房和住宅的建设，住宅建设速度与人口增长不成比例，由于没有统一管理，出现了“天上”（地上建筑）、“地下”（管道）乱打架的混乱局面。[4]

1952年春，北京市政府秘书长兼都市计划委员会副主任薛子正指示加快制定规划方案，如认识不同，可作两个方案报市委。于是，都市计划委员会责成陈占祥和华揽洪分别组织人员编制方案，于1953年春提出了甲、乙方案。这次规划编制的原则是：行政中心区在旧城。

[1] 梁思成，《致彭真同志，聂市长，张、吴副市长，薛秘书长信》，1950年10月27日，林洙提供。

[2] 马句接受笔者采访时的回忆，1999年8月20日。

[3] 陈占祥接受笔者采访时的回忆，1994年3月2日。

[4] 董光器，《北京规划战略思考》，中国建筑工业出版社，1998年5月第一版。

[1] 杨永生主编，《中国建筑师》，当代世界出版社，1999年6月第一版。
[2] 陈占祥接受笔者采访时的回忆，1994年3月2日。
[3] 同注[2]。

华揽洪，1936年从法国公益工程大学毕业，考入巴黎美术学院建筑系。毕业后，他在法国马赛设立建筑师事务所，完成了50多项大小不同的设计，曾在巴黎远郊区设计了一所兽医医院，当时是法国较少的现代建筑之一。[1]

1951年，已加入法国共产党的华揽洪回国参加建设，在梁思成的提议下，被北京市人民政府批准聘为都市计划委员会第二总建筑师。

在编制总图时，陈占祥与华揽洪在对待城墙的问题上，发生分歧。陈占祥回忆说："我们两个私人关系很好，但也有争论。在总图上，华揽洪主张把城墙拆了，我坚决反对。城墙拆不拆是关系到总图怎么做的事，我说绝对不能拆，争吵得不得了，很厉害。干脆分成两个方案吧，华揽洪做甲方案，我做乙方案。"[2]

在甲方案中，华揽洪对旧城的原有格局作了较多的改变，把东南、西南两条对外放射干道斜穿入外城与正阳门大街汇交于正阳门。东北、西北两条放射道路分别从内城东北、西北部插入交于新街口与北新桥，并引铁路干线从地下插入中心区，总站仍设在前门外。

在乙方案中，陈占祥则完全保持了旧城棋盘式道路格局，放射路均交于旧城环路上。铁路不插入旧城，把总站设在永定门外。

对于城墙，两个方案作了全部保留、部分保留、只保留城门楼和全部拆除等多种设想。

对于行政办公区，甲方案主张适当分散布置。乙方案则主张集中在平安里、东四十条、菜市口、磁器口围合的范围内形成行政中心。[3]

从主张在城西建设行政中心区到“集中在平安里、东四十条、菜市口、磁器口围合的范围内形成行政中心”，陈占祥作出了妥协，这显然与遵命有关。

回忆起这段往事，陈占祥仍能感到当时的压力，“我与华揽洪在城墙的问题上发生争论，后来领导知道了，派人来调查，开座谈会，说你们争吵保不保城墙，城墙的问题实际上是你们阶级感情的问题。这很吓人啊！所以一下子我被孤立起来了，跟我做规划的3个人，这一下就散了。”[1]

1999年6月，已定居巴黎22年的华揽洪，以87岁的高龄抵北京参加世界建筑师大会，与笔者谈起这段往事，他的感受与陈占祥有很大不同：“‘梁陈方案’体现了梁思成的一个思想，就是想原封不动保留古城，作为一个历史城、博物馆城，认为要是中央机构放进旧城，里面就太多了，于是另开一个市中心，把行政中心区放在西边。这我不同意。苏联专家的意见许多我不同意，但有一点同意，就是他们提出北京格局强烈，轴线强，应沿着轴线、格局发展。”[2]

华揽洪对“梁陈方案”有这样一层理解，即梁、陈二位希望“原封不动保留古城”，这至今仍代表了建筑学界不少人的观点。

1962年，北京市在对新中国成立以来13年城市建设的总结中，将“梁陈方案”描述为：“一部分技术干部主张将首都的行政中心搬到西郊去，要保存一切古建筑，使北京旧城原封不动的成为‘中国的博物馆’。”[3]

当年与梁思成在都市计划委员会共事的陈干，在晚年仍然评论说：把旧北京封存起来当建筑艺术陈列馆，听起来的确动听，但做起来却寸步难行。不说别的，光说垃

[1] 陈占祥接受笔者采访时的回忆，1994年3月2日。

[2] 华揽洪接受笔者采访时的回忆，1999年6月22日。

[3]《北京市城市建设总结草稿》，1962年12月15日。载于《建国以来的北京城市建设资料》（第一卷 城市规划），北京建设史书编辑委员会编辑部编，1995年11月第二版。

[1]《陈干文集——京华待思录》，北京市城市规划设计研究院编，1996年。
[2]梁思成，《我为什么这样爱我们的党？》，人民日报，1957年7月14日第二版。

圾这一项，当陈列馆的设计就是空中楼阁。当年东西长安街的南侧，垃圾堆有两层楼高，远远望去如同城墙。如果按照梁公的方案，集中精力去开辟新区，把旧城封存作艺术陈列馆，古建筑固然精美，但在垃圾堆和污泥浊水上欣赏，于中国人的脸面上又能有多少光彩？[1]

事实上，梁思成与陈占祥远远没有“僵化”到连那堆垃圾也不能动的程度。1952年12月，梁思成在由科普出版社出版的《人民首都的市政建设》一书中，为北京市建国3年以来清运垃圾、整治水系、改变“晴天是个香炉，雨天是个墨盒”的街巷状况，在卫生工程、交通工程等方面取得的成就而赞叹，并称：“今天所已经完成的，事实上已是史无前例的市政建设，但比起将来的远景，实在只是一个极微小的开端而已。”

1957年7月14日，梁思成又在人民日报发表文章说：“在北京解放后的一年中，从城里清除了明、清两朝存下来的三十四万九千吨垃圾，清除了六十一万吨大粪。这是两件小事，却是两个伟大的奇迹，是令我们可以自豪的两件伟大的小事。”[2]

但是，“梁陈方案”在一些人的眼里，成了“僵化”与“守旧”的代名词。

也许，当年正是这种极端化的思维方式，“非白即黑”式的社会意识，才是造成这两位学者悲剧的渊薮。

富有戏剧性的是，甲、乙两个方案完成了，它们虽然已与“梁陈方案”相距遥远，却也遭遇到这种“误读”。

在向有关市政建设局及中共北京市各区委征求对甲、乙两方案的意见时，绝大部分人主张拆掉城墙，认为要保护古物，有紫禁城就够了。并提出“中央主要机关分布在内环，将党中央及中央人民政府扩展至天安门南，把故宫丢在后面，并在其四周建筑高楼，形成压打之势。”[1]

梁思成奉命代表都市计划委员会向北京市人民代表汇报了甲、乙两个规划方案。但是有关部门的领导认为它们“在有些问题上和党对改造与扩建首都的意见不一致，如何对待城墙与古建筑，工业区分布与道路宽度等许多重大原则问题上争议分歧很大。”因而都没有被通过。[2]

1953年夏，中共北京市委成立了一个规划小组，由市委常委、秘书长郑天翔主持，并聘请苏联专家指导工作，负责对甲、乙方案进行综合修改，提出总体规划。这个小组在动物园畅观楼办公，被大家称为“畅观楼小组”。

11月，“畅观楼小组”提出《改建与扩建北京市规划草案的要点》，上报党中央，提出：“对于古代遗留下来的建筑物，我们必须加以区别对待。对它们采取一概否定的态度显然是不对的；同时对古建筑采取一概保留，甚至使古建筑来束缚我们的发展的观点和做法也是极其错误的。目前的主要倾向是后者。”[3]

部分领导人也认为：“改造北京还是少保留一些旧东西好，像故宫可以保留下来，让后代看看过去的情形，有一些东西可以不要就不必保留了。”[4] 甚至有人认为故宫也可以拆除。1952年8月，为了拆除天安门广场的长安左门与长安右门[5]，竟召开群众大会控诉批判其“罪行”。

这一幕，陈占祥记忆犹新：“梁先生哭了……”[6]

[1]《有关市政建设局及各区委对北京市总体规划草图甲乙两方案的意见》，1953年7月17日。转引自高亦兰、王蒙徽，《梁思成的古城保护及城市规划思想研究》，《世界建筑》杂志，1991年1至5期。

[2] 高亦兰、王蒙徽，《梁思成的古城保护及城市规划思想研究》，《世界建筑》杂志，1991年1至5期。

[3]《改建与扩建北京市规划草案的要点》，《建国以来的北京城市建设资料》（第一卷 城市规划），北京建设史书编辑委员会编辑部编，1995年11月第二版。

[4] 吴玉章的意见，见《周总理、中央负责同志、中共八大代表、人大代表对北京规划的意见》，1956年。转引自高亦兰、王蒙徽，《梁思成的古城保护及城市规划思想研究》，《世界建筑》杂志，1991年1至5期。

[5] 此二处当时被人们习惯地称作东、西三座门。真正的东、西三座门位于长安左门与长安右门之外，分别位于现南池子南口以东、南长街南口以西，始建于清乾隆十五年。长安左门、长安右门形制雄伟，与中华门相似，均建于明代。东、西三座门形制较小，为通行车辆，民国初年曾予改建，其外观与南池子、南长街门洞相似。其改建工程也是与开辟南池子、南长街门洞同时进行的。东、西三座门及红墙是1950年被拆除的，参见吴良镛《天安门广场的规划和设计》，载于《城市规划设计论文集》，北京燕山出版社，1988年。——笔者注

[6] 陈占祥接受笔者采访时的回忆，1994年3月2日。

[1]《有关市政建设局及各区委对北京市总体规划草图甲乙两方案的意见》，1953年7月17日。转引自高亦兰、王蒙徽，《梁思成的古城保护及城市规划思想研究》，《世界建筑》杂志，1991年1至5期。

“罗马又不是一天盖出来的”

形势的发展并不像梁思成、陈占祥的反对者直到今天还认为的那样——“梁陈方案”不被接受，是由于经济上不可行，“以旧北平市而立，1949年的国民生产总值只有3.8亿元，国民收入仅1.9亿元，失业与半失业者超过30万人，像龙须沟那样的贫民窟数以十计——那里的居民生活在水深火热之中。如果在这种情况下中央提出来要在那一片空地上大兴土木，建设国家新的行政中心，不但经济上力不从心，政治上亦将丧失民心，所以事情是不能这样做的。”[1]

事实上，定都北京后的几年间，政府机关并未停止过建设，规模也不小。从梁思成当年给周恩来及北京市领导写的信中，均可见一斑。那么，这些大楼建在旧城内经济还是建在旧城外经济呢?

一份史料向人们解答了这个问题，这就是1954年5月，北京市建筑事务管理局局长佟铮在华北城市建设座谈会上的讲话。

佟铮介绍了解放以来北京的城市建设情况，为许多单位不愿进城而头疼。

他说：“解放以后的新建筑有三分之二建在了郊外，最远的离天安门16公里。看来不符合‘城市的扩建或改建应由近及远、由内向外的紧凑发展’原则。但当时客观上存在着不少问题。”

佟铮提出的首要问题是“拆房问题”：“1952年国家政务院曾明令公布，要求建设不能影响市民居住。而北京市建筑密度平均为46%，最高的达70%。要拆房不可能不影响市民居住。其次是建设单位怕麻烦、怕花钱、怕耽误时间，情愿去郊区建。”

他还举出：“建设单位申请建筑用地，往往要求用地大，地点地形合适和风景好，还要省事：不拆房，不垫土，土地拿过来就能用并且要保留大片发展用地。如军委复外用地，在1953年前，连办公室、宿舍等用房也要求保留发展用地。因此，造成全市的新建筑稀稀落落，星罗棋布。”“到1953年底，新建筑在城内的仅占三分之一，而且多藏在小胡同里，致使人们有‘不知道新房子都盖到哪里去了’的反映。”[1]

可见，在当时旧城人口与房屋已经密集的情况下，大规模改造旧城并兴建行政办公楼所涉及的房屋拆迁问题，由于“麻烦”“花钱”“耽误时间”，而被许多单位视为畏途，于是它们“情愿去郊区建”。

在同年10月16日国家计委对于北京市委《关于改建与扩建北京市规划草案》意见向中央的报告中，也有这样的表述：“改建旧城区的主要困难之一，是拆迁与安置居民的问题。旧城内大部分地区建筑密度与人口密度过高。必建时须拆除建筑物与迁移居民的数目很大。据粗略估算，建筑一百万平方公尺的七层楼房，需拆除旧房屋十八万至二十万公尺，迁移居民大约二万至三万人。这不仅要解决迁移居民的居住问题，而且要影响其中许多人的职业问题（如手工业者、商贩等）和生活问题（如子女就业等），这是一个重大的社会问题。所以，以往几年北京市扩建多于改建，是有它的客观原因的。”[2]

而在1958年6月23日，《北京市委关于北京城市建设总体规划初步方案向中央的报告》中，也说：“从1954年起，开始在西长安街、朝阳门大街、宣武区西半部进行

[1]《1954年前后的北京建筑管理工作》，载于《党史大事条目》，北京城市规划管理局、北京市城市规划设计研究院党史征集办公室编，1995年12月第一版。

[2] 国家计委对于北京市委《关于改建与扩建北京市规划草案》意见向中央的报告（摘录），1954年10月16日。载于《建国以来的北京城市建设资料》（第一卷 城市规划），北京建设史书编辑委员会编辑部编，1995年11月第二版。

[1]《北京市委关于北京城市建设总体规划初步方案向中央的报告（摘录）》，1958年6月23日。载于《建国以来的北京城市建设资料》（第一卷 城市规划），北京建设史书编辑委员会编辑部编，1995年11月第二版。
[2] 董光器，《北京规划战略思考》，中国建筑工业出版社，1998年5月第一版。

重点改建。由于拆房过多，安置居民困难很多，费用也大，从1956年下半年起，就基本停止了改建。有些高等学校和中小型工厂，本来放在城内是合理的，但是要拆大量房子（例如1952年至1953年间，在西北郊兴建的钢铁、矿业等十个学院，就用地六百多公顷，相当于三十个中山公园，如果拆房修建，就需拆房十八万间左右），只好在城外建设。同时，为了尽量少拆房子，城内改建多是选择房屋密度低、质量差的地段，因而也就形不成比较完整的新街道和住宅区。”[1]

1962年，北京市对建国以来13年城市建设进行总结，在解释“旧城改建速度缓慢”时，举出理由：“鉴于旧城空地基本占完，改建将遇到大量拆迁，国家财力有限，改建速度不可能太快。”[2]

当年反对“梁陈方案”者，还有另一个理由，即认为，在旧城内建设行政中心，可利用原有的基础设施，因而是经济的。

但这也很难解释得通。因为，当时旧城的基础设施，排水系统多为明清留下来的，自来水、电力等也只是在民国时期初步发展，要对这些设施进行“利用”，也必须加以改造或新建，同样需要花钱。事实上，许多机关大楼进入旧城建设后，基础设施接济不力，已成为一大问题。在北京市1962年对新中国成立以来13年城市建设的总结中，就有这样的记载：

城区改建中，市政建设与房屋建筑的配套发展还不够，其中最突出的问题是，有些地方盖了一些大楼，但没有埋设相应的供水干管，造成供水紧张。例如，朝内大街、猪市大街两侧盖了许多大楼，如冶金部、文化部、华侨大厦等，用水量较原来平房用水成倍增长，但仍使用原有管径为100毫米的管道供水，因而形成由王府井大街北口到南小街的区域性供水压力下降，勉强维持二层楼房有水。全城区在用水高峰季节供水压力不足的建筑约有350万平方米左右。城区还有不少严重积水地点，有不少道路卡口交通不畅，热力煤气管道还只是开始建设，远不能满足需要。另一方面，城区已经埋设了大量的市政地下管线，到1961年底约有1750公里，相当于解放初期的四倍。在许多地方，为了少拆房，把管线埋设在原有胡同和窄小的便道下，造成管线曲折，将来成片改建时，有些管线还很可能要废弃掉。目前大部分能埋设管线的便道和胡同下面都已挤满了管线，近期再要埋设较大的地下管线势必要拆房或者掘路。[1]

在“梁陈方案”中，对上述问题早有预见。

梁思成与陈占祥列出在城内建造政府办公楼的费用有7项：1、购买民房地产费。2、被迁移居民的迁移费（或为居民方面的负担）。3、为被迁移的居民在郊外另建房屋费，或可鼓励合作经营（部分为干部住宅）。4、为郊外居民住宅区修筑道路并敷设上下水道及电线费。5、拆除购得房屋及清理地址工费及运费。6、新办公楼建造费。7、植树费。

他们同时列出在城西月坛与公主坟之间建造政府行政中心的4项费用：1、修筑道路并敷设上下水道及电线费。2、新办公楼建造费。3、干部住宅建造费。4、植树费。

两相比较，不难看出，在新区建设房屋要比在旧城内经济许多。

事实上，直到今天，仍然是建新区比改旧城少花钱。现在，北京市旧城区危改的

[1]《北京市城市建设总结草稿》，1962年12月15日。载于《建国以来的北京城市建设资料》（第一卷 城市规划），北京建设史书编辑委员会编辑部编，1995年11月第二版。

[1] 李坚，《加快北京市的住房商品化进程关键在于理顺北京市商品房价格构成，规范管理手段》，1997年8月28日，北京市政协提供。

[2] 方可，《探索北京旧城居住区有机更新的适宜途径》，清华大学工学博士学位论文，1999年12月。

征地拆迁费约占危旧房改造区开发成本的50%以上。其中，仅拆迁安置用房费用就占45%左右；而在新区建设中，征地拆迁补偿约占成本14%左右，要低得多。[1]

50年的实践证明，对“梁陈方案”的否定，也并没有如人们想像的那样把天安门广场附近建成“行政中心区”。由于拆迁等等实际问题，在那里建成的部委办公楼并不多，而不少单位却占据了文物建筑，如全国政协占用并搬迁了顺承郡王府，教育部占用了郑王府，军委办公厅服务处占用了大高玄殿等。政府机关建设出现了严重分散的现象，国家经委曾流传一个顺口溜：“二三六九中，全城来办公！”抱怨国家机关分散在二里沟、三里河、六铺炕、九号院和中南海5个地方，机关工作十分不便。

而这些现象正是当年“梁陈方案”想极力避免的。

其实，即使是以北京市现在的经济实力，要进行大面积的旧城改造也是非常困难的。而在1950年代的经济条件下，北京市仅能集中力量完成龙须沟改造这样的小型“样板工程”。对其他房屋则只能采取“充分利用”的办法。但是，在急于进行大规模旧城改造的思想支配下，传统四合院居住区被判了“死刑”，旧城房屋的产权结构及市场交易秩序遭受冲击，房管部门和居民普遍忽视对原有旧建筑物的维修与保养，导致破旧危房面积不断增加。

据文献记载，解放初期，北京旧城内共有房屋1700多万平方米，其中住宅1100万平方米，绝大多数为平房。当时危房只有80多万平方米，仅占房屋总量的5%左右，其中住宅约60－70万平方米。根据1990年北京房管部门的统计，旧城内平房总量为2142万平方米，其中危房1012万平方米，占平房总量的50%左右。[2]

如果改造旧城是经济的，并能够迅速完成的，我们就很难解释这一窘境。

实际情况是，当年一些挤到旧城来建设的单位，为降低建设成本、保证进度，不得不以较低的标准来拆迁安置居民。1950年代北京旧城的大规模改建中，大量居民被拆迁到左安门外、右安门外的简易平房区里，生活条件艰苦。直到1980年代，这些地区才被政府纳入改善的范围，有的地方的改造今天才刚刚开始。

“澳大利亚首都堪培拉1911年就规划好了，那个时候它也是没钱呀，但人家规划好以后逐步实现了。”林洙说，“‘梁陈方案’你可以一点点盖呵，你在东西长安街上建办公楼不也是这样吗？不也是到现在也没有盖完吗？”[1]

陈占祥的回答更简单：“罗马又不是一天盖出来的。”[2]

2001年4月

王军简介：

新华社高级记者、《瞭望》新闻周刊编委、北京市政协特邀委员，著有《城记》《采访本上的城市》《拾年》。

他的著作先后获得中国出版集团奖、全国优秀畅销书奖、国家图书馆文津图书奖、中国建筑图书奖、《文汇读书周报》“2003中国十大年度图书”、中国图书评论学会“2008年度十大图书”等。其中，《城记》被译为英文、日文出版，被《中华读书报》选入新中国“六十年、六十书”。

《纽约书评》在《城记》英文版的评论中说：“这本书与帮助人们改变城市环境思考方式的经典之作——简·雅各布斯的《美国大城市的死与生》相似，并成为这个国家新兴的城市保护运动的核心著作。”

[1] 林洙接受笔者采访时的回忆，1994年7月5日。
[2] 陈占祥接受笔者采访时的回忆，1994年3月2日。

[1] 本文原为32开铅印本，中英文并列，1945年5月编，未公开发行。限于篇幅，本书只收入了中文目录。

1944年末，日本侵略者败局已定，为配合反攻，重庆国民政府成立了战区文物保存委员会，隶属于教育部，主任为教育部次长杭立武，副主任为梁思成。1945年初，梁思成由南溪李庄赴重庆，亲自编写了这部中英两种文字并列的《目录》，其目的是使盟军（美军）在反攻中轰炸敌占区（即战区）时，注意保护重要的文物古迹。与《目录》配合还附有照片，并在军用地图上标出该文物古迹的位置，但照片与地图现已不知下落。

《目录》编印了“第一号——建筑与摩崖”后，盟军尚未对敌占区进行轰炸，日本政府于8月15日宣布无条件投降，以后也未见续编。参见林洙：《梁思成与〈全国重要建筑文物简目〉》，载《建筑史论文集》第12辑（2000年4月，清华大学出版社）。——王世仁注

目录序号所带星号表示文物重要，星号越多越重要。

[2] 这本《目录》是一个历史文献，记录了当时作者对中国文物建筑掌握的广度和认识的深度。半个多世纪以来，有些建筑已经无存，但更多的是有了许多重要的新发现。新中国成立以后，各地经过多次文物普查，陆续公布了几批文物保护单位，不但数量远远超过《目录》所载，年代鉴别也因为有不少新的发现和深入研究而更为准确。现在，文物建筑的属地、名称、年代、价值等，均应以国务院公布的“全国重点文物保护单位”和各省（市、自治区）、县（区、市）政府公布的“文物保护单位”的资料为准；同时，各省（市、自治区）文物主管部门正在国家文物局指导下编绘该省的《文物地图集》，已陆续出版，各地文物建筑的目录及内容也应以地图集为主要依据。因此，对本文的校核只限于初印本中个别明显的错讹文字，所有内容均保留原文，不再订正。——王世仁注

345

战区文物保存委员会文物目录[1]

第一号　建筑与摩崖[2]

附木构物，砖石塔，其他砖建筑鉴别总原则

木建筑鉴别总原则

1. 凡各地庙宇大多为百年以上物，宜一律保护。
2. 凡用黄色或绿色琉璃瓦者，均为宫殿或重要庙宇。
3. 各县用黄琉璃瓦者大多为文庙。
4. 凡用四阿或歇山屋顶者，大多为宫殿或庙宇，民居均用挑山。
5. 主要建筑物檐下多用斗拱，其斗拱大而疏者年代古，小而密者年代近。
6. 凡用月梁之建筑年代多较古，但直梁亦为古代所通用。
7. 凡梁上用叉手者多为十四世纪（明初）以前物；明以后多用侏儒柱，不用叉手。
8. 柱础作覆盆刻莲瓣或花纹者多十三世纪（元）以前物；其柱础层数繁多，雕镂繁缛者，多为明清以后物，但六朝以前有以坐狮为柱础，背上立柱者。
9. 屋顶坡度缓和者古，陡峻者近。
10. 檐出远者古，短者近。
11. 一切雕饰结构简洁者古，繁杂者近。
12. 角柱及正脊升起者，为元以前物。
13. 平面柱位置有不规则者，多为元以前物。

砖石塔鉴别总原则

1. 塔为佛教建筑物，多建于佛寺内或寺附近。
2. 中国佛塔为印度窣堵坡之变形，为标志佛迹之纪念建筑，故僧墓亦作各种塔形，称为墓塔。
3. 在各县城之东南或南方山冈上者多为文风塔，为科举时代之风水塔，多明清两朝建。
4. 塔平面方形者多为隋、唐、五代所建，但东北有少数金代方塔，西南有少数宋代方塔，清代亦有极少数方塔。
5. 平面六角八角者多为五代以后至清代间所建；但五代以前河南嵩山嵩岳寺有北魏十二角塔（102），会善寺有唐天宝间八角墓塔（105），山西五台山佛光寺有魏齐间墓塔（350）。
6. 唐及唐以前塔多中空，如直立空筒，各层安木楼板木梯。
7. 宋及宋以后塔多有“塔心”，各层留砌走廊回绕塔心，梯道或螺旋而上，或由塔心穿过达次层。
8. 唐及唐以前密檐塔多“收杀”圆和，轮角略如炮弹形，辽宋以后密檐塔收杀较生硬。
9. 华北及东北四省八角或四方密檐塔，有斗拱或仅叠涩出檐，收杀下甚圆和，塔下有高而雕饰华丽之须弥座者，多为辽金以后物。
10. 唐代多层塔各层塔身较高，檐出远而厚，如有斗拱多“一斗三升”不出跳。
11. 宋代多层塔，各层塔身较唐代略矮，如有斗拱多出跳（278）。
12. 五代辽多层塔有模仿木构形者，甚为忠实（60，198，388）。
13. 江浙宋代多层塔，塔身砌出柱额形者，柱多作扁方柱，檐多在斗拱之上出叠涩（38，39）。
14. 砖石斗拱在一斗三升两朵之间用人字形拱𠘨者至迟为唐物。
15. 多层八角塔，八隅作圆柱形，斗拱比例小而密或不用斗拱，檐短而小者，多为明清建筑。
16. 瓶形塔为喇嘛教所特有，为元明清所建，颈粗而尖近似圆锥形者古，颈瘦而近似筒形者近。
17. 铁塔多宋代物。
18. 铜塔多明代物。
19. 凡塔几均为二三百年乃至千数百年古物，宜一律保护。

砖石建筑（砖石塔以外）鉴定总原则

1. 石阙为古宫殿庙宇陵墓前之标志，现存者均为汉物。
2. 石“祠”多为汉物。
3. 北方石窟造像，多魏齐隋唐物。
4. 杭州石窟造像多宋物。
5. 经幢多为初唐以后元末以前物。
6. 多孔石桥多为明清物。
7. 无梁殿多为明万历以后物。

本目录凡例

1. 文物每单位皆编列号数，照片及地图上皆用同一号标志之。
2. 较重要之建筑皆以照相参照，以便认识。但极显著者，如总理陵墓（2），北平故宫（226），昌平明十三陵（211 至 223）等等，皆无须照片已可认识，故不用。
3. 建筑物之重要性，无论在历史或艺术方面，皆以星数表示之。最重要者四星，最不重要者无星。但无星之建筑仍为重要建筑物，否则不列本目录之内。
4. 文物地点以与县城之关系标示之，距离以英里为单位，自最近之城墙计算。
5. 编号有括弧者，例如（6）栖霞寺塔等附有照片；无括弧者无照片。

江苏省

— 南京市及近郊 —

1. 明故宫 – 明洪武间建，在城东部
2. 国父陵墓 – 近代，城东紫金山
3. 明太祖孝陵 – 明初建，在国父陵附近
4. 灵谷寺无梁殿 – 明代砖券殿，在国父陵东一英里
5. 普寿寺塔 – 宋代八角七层砖塔，在城南八英里牛首山
6. 栖霞寺舍利塔 – 五代八角五层石塔，在城东十一英里栖霞山（在京沪路栖霞山车站南） **
7. 栖霞石窟造像 – 南朝造，近代重装，在栖霞山栖霞寺

8 —23　六朝陵墓十六处　**

8. 宋文帝陵
9. 梁萧秀墓
10. 梁萧恢墓
11. 梁萧憺墓
12. 梁萧景墓
13. 梁萧映墓
14. 失名墓
15. 失名墓

   以上八墓在南京东北栖霞山与笆竿山之间，在铁路两侧

16. 宋武帝陵
17. 梁萧宏墓

   以上二墓在城东九或十英里处汤山与紫金山间

18. 梁萧正墓
19. 失名墓
20. 失名墓
21. 失名墓

   以上四墓在淳化镇，上方镇，方山间，在城东南九或十英里

22. 陈武帝陵 – 在城东南五英里上方镇与高桥门间
23. 梁萧绩墓 – 在城西三英里半

— 句容 —

24. 慧居寺 – 明代佛寺，在城东南二十二英里宝华山

397. 崇明寺塔 – 宋建，在城内东北

— 丹阳 —

25 —34　六朝陵墓十处　**

25. 齐宣帝陵
26. 齐高帝陵

   以上二陵在城东北七英里半赵家湾

27. 齐郁林王墓
28. 齐海陵王墓

   以上二墓在城东北九英里石经山东北麓

29. 齐景帝陵 – 在城东北八英里石经山南麓

30. 梁武帝陵
31. 梁文帝陵
32. 齐明帝陵
以上三陵在城东五英里三城巷之北
33. 齐武帝陵
34. 梁简文帝陵 - 在城东七英里大虞里之东北

— 苏州（吴县）—
35. 玄妙观三清殿 - 南宋木构，在城中心 *
36. 报恩寺塔（北寺塔）- 八角九层砖塔，宋建，外木檐，清建，在城北部
37. 瑞光寺塔 - 八角七层木檐砖塔，宋建，在城内西南部植园
38. 罗汉院双塔 - 八角七层木檐砖塔，宋绍兴间建，在城内东部定慧寺街，寺现为学校 *
39. 虎丘塔 - 八角七层砖塔，宋建，在城北一英里半虎丘
40. 狮子林 - 元代庭园，城内东北部
41. 拙政园 - 明代庭园，城内东北部
42. 颐园（环秀山庄）- 清代庭园，城内景德街
43. 怡园 - 清代庭园，城内护龙街
44. 惠荫园 - 乾隆十六年重修，在玄妙观东
45. 留园 - 明代庭园，城西北角外
46. 西园 - 明代庭园，城西北角外
47. 羡园 - 清末庭园，城西南七英里木渎镇
48. 罗汉塑像 - 原在保圣寺，宋塑，在城东十五英里甪直镇
49. 宝带桥 - 长五十余孔，清建，在城南数英里

— 常熟 —
50. 燕园 - 明末清初庭园，城北门内灵官殿附近

— 无锡 —
51. 寄畅园 - 明代庭园，在城西三英里惠山

— 太仓 —
52. 亦园 - 今作医院，在城内

— 上海 —
53. 龙华寺塔 - 宋建，八角砖塔，在龙华
54. 内园 - 城隍庙庙园，清建，在城内
55. 也是园 - 明代庭园，城内凝和路
56. 猗园 - 明末庭园，南翔镇广福寺西（城西十英里）
398. 徐家汇天主堂及天文台

— 青浦 —
57. 颐浩寺 - 元代佛寺，方位未详

浙江省

— 杭州 —

58. 灵隐寺双石塔－八角九层，五代建，西湖西岸灵隐寺大殿前 *
59. 闸口白塔－八角九层五代石塔，在钱塘江桥西端闸口车站铁路内
60. 六和塔－宋代八角塔，现有十三层木檐，清末加建，在钱塘江桥附近开化寺
61. 保俶塔－五代或宋初，西湖北岸宝石山
62. 飞来峰摩崖造像－宋元，在西湖西岸灵隐寺前
63. 烟霞洞摩崖造像－五代宋，在烟霞岭
64. 岳王墓－历代修葺，在西湖西北岸上

— 萧山 —

65. 只园寺双塔－五代建，县治北只园寺

— 绍兴 —

66. 大善寺塔－八角七层，宋建，在大善寺
67. 塔山塔－八角七层，宋建，在塔山

— 宁波（鄞县）—

68. 天封寺塔－八角七层砖塔，宋建，在城内公园东南
69. 阿育王塔－八角七层，元重建，城东鄮山阿育王寺
70. 天一阁－明代藏书楼，在城内

— 余杭 —

71. 苕溪桥

— 定海 —

72. 太子塔－三层四角石塔，宋或元建，在普陀山
73. 法雨寺玉佛殿及石佛－殿明代建，佛像南北朝造，在普陀山法雨寺

— 天台 —

74. 国清寺塔－大砖塔，宋建，城北二英里天台山

— 临海（台州）—

75. 千佛塔－宋建，六角七层塔
76. 中峰塔－明建，八角五层塔

— 宣平 —

77. 延福寺大殿－元泰定间木构，在县城北六英里陶村 *

— 吴兴 —

78. 宜园－在城东二十四英里，南浔镇

— 嘉兴 —

79.a 烟雨楼 – 五代庭园，清末重建，在南湖

79.b 三塔寺 – 清建，在城西一英里

— 金华 —

396. 南门桥 – 清建

江西省

— 九江 —

80. 天池寺塔 – 宋石塔，近代重建，在庐山东北峰

81. 圆通寺小石殿 – 宋建，在庐山石耳峰下

82. 能仁寺塔 – 宋塔，在庐山能仁寺

福建省

— 晋江（泉州）—

83. 洛阳桥 – 石梁桥长三千六百余尺，宋建，城东北五英里洛阳镇

84. 开元寺大殿 – 殿明建，有印度式石柱，在城西部

— 龙溪（漳州）—

85. 江东桥？ – 梁券并用石桥，在南门外（？）

— 福清 —

86. 瑞云寺塔 – 八角五层石塔，明代建，在东城河岸上

87. 水南塔 – 八角五层石塔，明代建，与龙江桥相对

— 福州 —

88. 无垢定光塔 – 五代八角石塔，南门内

湖南省

— 衡山 —

89. 南岳庙 – 清末建，在衡山之麓

— 沅陵 —

90. 龙兴寺 – 宋代大殿，城内中山路

— 醴陵 —

91. 南门外大桥 – 清中叶建，在南门外

— 新宁 —

92. 江口桥 – 清末建，城西北一英里

湖北省

— 武昌 —

93. 太子塔 – 明代喇嘛塔，在城垣西北角上

94. 宝通寺塔 – 宋代八角七层塔，在城西南洪山宝通寺

— 当阳 —

95. 玉泉寺铁塔 – 宋建，在城西南六英里玉泉山玉泉寺　*

96. 玉泉寺铁镬 – 隋代铸，在城西南六英里玉泉山玉泉寺

— 沙市 —

97. 沙市塔 – 明建，在市西江岸

— 黄梅 —

98. 高塔寺塔 – 宋代六角（？），砖塔，在高塔寺　*

河南省

— 登封 —

99. 太室阙 – 中岳庙，前汉代，石阙，在城东二英里　**

100. 少室阙 – 汉代石阙，在城西五英里　**

101. 启母阙 – 汉代石阙，城北一英里嵩山之麓　**

102. 嵩岳寺塔 – 十二角十五层砖塔，北魏建，国内最古之砖塔，在城西北三英里嵩山之麓　***

103. 碑楼寺刘碑 – 北魏，在城东南十英里碑楼寺　*

104. 法王寺塔 – 唐代四角砖塔，城西北嵩山之麓

105. 净藏禅师塔 – 唐天宝五年八角墓塔，城西北四英里嵩山之麓，会善寺　**

106. 永泰寺塔 – 唐代小方砖塔，城西北七英里嵩山之麓

107. 少林寺初祖庵 – 三间石柱小殿，宋宣和七年建，城西北十英里嵩山少林寺　***

108. 少林寺墓塔群 – 唐代至明代，城西北十英里少林寺

109. 嵩阳观碑 – 唐代道教碑，城北一英里

110. 观星台 – 元代观测日影之台，城东南七英里半告城镇东北小半英里　**

— 洛阳 —

111. 龙门石窟造像 – 魏齐隋唐佛教造像，城南九英里伊水两岸　**

112. 白马寺大殿及塔 – a 殿明建，b 塔金建，城东六英里铁路北侧

113. 关帝庙及墓 – 清代重建，城南五英里

— 渑池 —

114. 鸿庆寺石窟 – 北魏造像窟，城东七英里，铁路之北约五十码

— 沁阳 —

115. 东魏碑 – 在城南部

116. 大云寺塔及大殿 – 金代砖塔及殿，城内东南部

— 安阳（彰德）—

117. 殷墟 – 殷故都址，城西北二英里，小屯侯家庄附近

118. 天宁寺雷音殿及塔 – a 殿金建，b 塔元建，在西门内

119. 灵泉寺石塔 – 唐建小塔，城西南二十英里宝山灵泉寺

120. 灵泉寺墓塔群 – 唐至宋，城西南二十英里宝山灵泉寺

121. 灵泉寺隋石窟 – 隋代摩崖造像，在灵泉寺附近城西南二十英里宝山 **

— 开封 —

122. 繁塔 – 宋代建，仅三层存南门外 **

123. 祐国寺铁塔 – 八角十三层铁包琉璃塔，宋建，城内东北角 **

124. 河南省立博物馆 – 城内法院街 **

— 滑县 —

125. 唐代石塔 – 唐代，城内第二小学 *

126. 明福寺塔 – 金建，城内西南部

— 濬县 —

127. 大坯山摩崖隋代造像七丈大像及其他 – 城东大半英里，大坯山

— 巩县 —

128. 石佛寺 – 北齐摩崖造像，城西一英里半

129. 宋陵 – 宋太祖及太宗陵，城西南郊陇海路孝义车站之南

— 武陟 —

130. 妙乐寺塔 – 宋建，城西三英里张村 *

131. 法云寺大殿 – 元建，城东部

— 济源 —

132. 济渎庙全部 – 金元明建，城西北一英里 **

133. 延庆寺塔 – 宋代砖塔，城西一英里半

134. 奉仙观大殿 – 金代建，城西二英里

— 温县 —

135. 胜慈寺幢 – 五代建，城西北二十英里大吴村 *

— 密县 —

136. 法海寺塔 – – 宋代方石塔，城内西部 *

— 修武 —

137. 胜果寺塔 – 宋代八角九层塔，城内东南部

— 武安 —

138. 妙觉寺塔 – 宋代八角十三层砖塔，城内东南部

139. 常乐寺塔及寺 – 宋代八角九层砖塔，城西南二十三英里鼓山南麓

140. 北响堂山石窟 – 北齐石窟造像，城西南二十三英里鼓山常乐寺附近 **

— 偃师 —

141. 唐太子陵 – 唐代石人石兽，城南七英里营防口附近

河北省

— 定兴 —

142. 北齐石柱及佛像 – 北齐，城西七英里石柱村 **

143. 慈云阁 – 元代建，城中心

— 行唐 —

144. 崇封寺小石塔 – 隋建，在寺内，城内东北部 *

— 赵县 —

145. 大石桥 – 隋代空撞券石桥，主券长一百二十三英尺，我国最古之石桥，城南一英里半 ***

146. 小石桥 – 金代空撞券石桥，西门之西小半英里 *

147. 赵县经幢 – 宋代多层大幢，城内北街 *

148. 柏林寺塔 – 金代八角七层砖塔，城内东部

— 正定县 —

149—155. 隆兴寺 – 宋代佛寺，规模甚大，在城内东部寺内有：

149. 山门 – 宋建，清重修

150. 摩尼殿 – 宋初建 **

151. 慈氏阁 – 内供弥勒，明代重修

152. 转轮藏 – 宋建 **

153. 观音铜像 – 宋开宝间建，高七十三英尺，国内最大铜像 ***

154. 观音阁塑壁 – 宋塑 *

155. 龙藏寺碑 – 隋碑

156. 县文庙大成殿 – 宋初或五代，城西北部 **

157. 开元寺钟楼 – 部分唐代原构，后代重修，城内西南部

158. 开元寺砖塔 – 唐代原建，清末重修，城内西南部

159. 天宁寺木塔 – 下部砖身，上部木构，宋建，城内东南部 *

160. 广惠寺华塔 – 结体复维，金建，城内西南部 *

161. 临济寺青塔 – 八角九层砖塔，金建，城内东南部

162. 阳和楼 – 元建，城内南街 *

163. 铁狮 – 元代，在旧镇署前

— 新城 —

164. 开善寺大殿 – 辽建，在城内东北部 *

— 易县 —

165. 千佛塔 – 八角三层，辽建，西门外 *
166. 开元寺毗卢殿 – 寺大殿辽建，城内东北部 *
167. 开元寺观音殿 – 辽建，城内东北部，开元寺 *
168. 开元寺药师殿 – 辽建，城内东北部，开元寺 *
169. 泰宁寺塔 – 八角十三层砖塔，辽建，城西北十七英里泰宁山南麓 *
170 —179. 清西陵 – 共陵寝十处，梁格庄之西
170. 崇妃陵 – 光绪妃
171. 崇陵 – 光绪
172. 泰妃陵 – 雍正妃
173. 泰东陵 – 雍正后
174. 泰陵 – 雍正
175. 昌陵 – 嘉庆
176. 昌妃陵 – 嘉庆妃
177. 昌西陵 – 嘉庆后
178. 慕东陵 – 道光后
179. 慕陵 – 道光

— 兴隆 —

180 —188. 清东陵 – 共九处，县城南三英里
180. 昭西陵 – 太宗后
181. 惠陵 – 同治
182. 景陵 – 康熙
183. 孝东陵 – 顺治后
184. 孝陵 – 顺治
185. 裕陵 – 乾隆
186. 定东陵 – 咸丰后（a）
187. 定东陵 – 咸丰后（b）
188. 定陵 – 咸丰

— 沧县 —

189. 铁狮子 – 五代，城外铁路旁

— 景县 —

190. 开福寺塔 – 八角十二层，宋建，城内西北部 *
191. 开福寺大殿 – 明建，城内西北部 *

— 定县 —

192. 料敌塔 – 开元寺八角十一层砖塔，宋建，城南部 **

— 蓟县 —

193. 独乐寺观音阁 – 辽统和二年建，二层阁，国内第二古木构，城西门内 ****
194. 独乐寺山门 – 辽统和二年，城西门内 ***
195. 观音寺塔 – 辽建，三层，以瓶形塔作顶，城内西南部

— 宝坻 —

196. 广济寺三大士殿 – 殿及殿内三大士像均辽代原物，城内西北部 ***

— 涿县 —

197. 普寿寺 – 寺在高台上，塔在前，辽建，城东北一英里，铁路西

198 —199. 涿县双塔

198. 云居寺塔 – 八角六层塔（北塔），辽建，城内东北部 *

199. 智度寺塔 – 八角五层塔（南塔），辽建，城内东北部

— 涞水 —

200. 西冈塔 – 八角十三层，辽建，城西北一英里半

— 安平 —

201. 圣姑庙 – 在高台上，元建，城北门外 *

— 曲阳 —

202. 北岳庙大殿 – 元建，城内西南部 *

— 邢台 —

203. 开元寺塔 – 元建，城内东北部

204. 开元寺墓塔群 – 元建，城南门外一英里

— 元氏 —

205. 开元寺塔及幢 – 元建，城内

— 磁县 —

206. 南响堂山石窟 – 北齐佛教造像，城西十三英里，彭城镇之东 **

— 房山 —

207. 云居寺 – 寺及塔，南北两塔，辽建，小石塔，唐建，城西北约十英里（？）石经山

— 蠡县 —

208. 石轴柱桥 – 清建，城外东南

— 通县 —

209. 通州塔 – 八角十三层，辽建，明末重修，城内西北部

— 宛平 —

210. 卢沟桥 – 清乾隆间重建，城西门外

— 昌平 —

211 —223. 明陵 – 明代帝后陵共十三处，神道有石人石兽及石牌坊，在城北天寿山麓

由东至西：

211. 熹宗德陵 – 天启

212. 世宗永陵 – 嘉靖

213. 宣宗景陵 – 宣德
214. 成祖长陵 – 永乐 **
215. 仁宗献陵 – 洪熙
216. 光宗庆陵 – 泰昌
217. 英宗裕陵 – 正统
218. 宪宗茂陵 – 成化
219. 孝宗泰陵 – 弘治
220. 武宗康陵 – 正德
221. 穆宗昭陵 – 隆庆
222. 神宗定陵 – 万历
223. 怀宗思陵 – 崇祯
224. 居庸关云台 – 雕饰华丽，元至正五年建，城西北八英里平绥路居庸关站附近
225. 白马寺 – 金代建，有金代壁画，城西二十四英里镇边城

— 北平及近郊 —

226. 清故宫 – 紫禁城内全部，明末以后，城中心部分 ***
227. 太庙 – 明万历间建，紫禁城前之东 ***
228. 社稷坛 – 正殿明成化间建，紫禁城前之西
229. 三海 – 清代建，紫禁城之西 *
230. 大高玄殿 – 明嘉靖间建，紫禁城之西北，北海之东 *
231. 北平城垣及城门 – 城垣明建，城门明清二代建
232. 天坛 **
    a. 祈年殿 – 清末重建，祈年门及皇乾殿，明建 **
    b. 皇穹宇及配殿 – 清建 *
    c. 圜丘 – 清建，在外城东南部 **
233. 鼓楼 – 三檐重层楼，清乾隆间建，城北部中线上
234. 钟楼 – 重檐砖构立高台上，清建，城北部，鼓楼之北
235. 景山 – 山上有五亭，山后寿皇殿，为停灵之所，清建，紫禁城之北
236. 孔庙 – 清初重建，藏周代“石鼓”，城北部 *
237. 国子监 – 清建，近代重修，城北部，孔庙之西
238. 雍和宫 – 喇嘛寺，清建，城东北部，孔庙之东
239. 历代帝王庙 – 明嘉靖十年建，城西部，西四牌楼西 *
240. 先农坛 – 清建，在外城西南部
241. 恭王府 – 清建，城西北部，什刹海之西
242. 智化寺 – 明正统间建，城东禄米仓 *
243. 隆福寺 – 清代重建，东城东四牌楼之西
244. 西什库教堂 – 西城北海之西
245. 妙应寺塔 – 瓶形大喇嘛塔，元代建，西城西四牌楼之西
246. 铁影壁 – 铁锈色石影壁，浮雕狮麟，元代建，德胜门内铁影壁胡同 *
247. 北平图书馆 – 宫殿式新建筑，藏书甚丰，北海之西
248. 地坛 – 清建，安定门北半英里
249. 东黄寺 – 清顺治间建，安定门外一英里半
250. 西黄寺 – 清初建，有白玉石塔，安定门外一英里半东黄寺之西
251. 大钟寺 – 钟明初铸，寺清建，城西北角之西北二英里半
252. 东岳庙 – 清初及中叶建，朝阳门（齐化门）外半英里

253. 五塔寺塔－金刚宝座塔，明成化间建，西直门外一英里半 *
254. 慈寿寺塔－八角十三层，明万历间建，阜成门西三英里
255. 天宁寺塔－八角十三层，辽建，西便门外半英里
256. 白云观－清中叶以后，西便门外半英里
257. 颐和园－环昆明湖及万寿山建筑，殿阁廊庑台榭甚多，清末建，城西北六英里半
258. 玉泉山－泉涌为湖，湖上山巅建塔，清建，城西北八英里半，颐和园之西二英里
259. 碧云寺－西山大伽蓝，有金刚宝座塔，城西北十五英里
260. 卧佛寺－清建，城西北十五英里
261. 法海寺－明正统间建，壁画精绝，在城西十五英里半西山磨式口 **
262. 黑龙潭－环潭建庙，清建，城西北十二英里半
263. 大觉寺－清代重建，城西北十八英里半

— 宛平（卢沟桥）—

264. 戒台寺－清代重建，城西十英里
265. 潭柘寺－清代佛寺，规模宏大，城西十四英里西山中

山东省

— 济南（历城）—

266. 山东省立图书馆－藏图书及古物，城西北部大明湖西岸 *
267. 千佛山摩崖造像－齐隋佛像，城南二英里
268. 龙洞石窟摩崖造像－魏齐造像，城南三英里
269. 玉函山摩崖造像－魏齐隋造像，城南六英里
270. 佛峪摩崖造像－齐隋造像，城南数英里
271. 佛慧山大佛－隋或唐
272. 黄石岩石窟造像－北魏
273. 四门塔－单层方石塔，北魏武定二年，中国最古之石塔，在城南约二十五英里山中神通寺附近 ***
274. 龙虎塔及墓塔群－龙虎塔，五代或宋初，其他墓塔宋至清初，在城南约二十五英里神通寺附近 *
275. 九塔寺塔－单层小砖塔上立九小塔，唐建
276. 九塔寺摩崖造像－唐代造像

— 长清 —

277 —280. 灵岩寺－佛寺规模甚大，在城东南约二十五英里灵岩寺，津浦路万德车站之东约三英里 *
277. 灵岩寺大殿－大殿用石柱，宋初建，并有宋塑罗汉像，在津浦铁路万德站东约三英里灵岩山中 *
278. 辟支塔－宋代八角九层砖塔，在津浦铁路万德站东三英里灵岩寺 **
279. 慧崇塔－单层方形石墓塔，唐建，在津浦铁路万德站东三英里灵岩寺之后 *
280. 灵岩寺墓塔群－唐至明，津浦铁路万德站东三英里灵岩寺之后
281. 莲花洞造像－唐代摩崖造像，在城东南十英里五峰山

— 泰安 —

282 —284. 岱庙－泰山之神庙，在城内
282. 岱庙缭垣及正门－元代建 *
283. 岱庙经幢－宋建，在庙内
284. 岱庙牌坊－明建，在庙内

285. 石经峪石刻－六朝刻经文，在泰山石经峪
286. 徂徕山石刻－六朝经文在城东南七英里半徂徕山映佛岩

— 临淄 —
287. 北魏石佛像－在城北华严寺址，露天立，在城北 *

— 章邱 —
288. 常道观－元代建，在城内
289. 文庙－元代（？）建，在城内

— 嘉祥 —
290. 武氏祠画像石－东汉，城南八英里 ***
291. 武氏祠石阙石狮－东汉，城西南十二英里 ***
292. 文庙－现作图书馆，藏汉画像石，在城内东部

— 肥城 —
293. “郭巨祠”－东汉小石祠，在城西北二十五英里，黄河南一英里半孝义镇南，小冈孝堂山上 ***

— 金乡 —
294. 朱鲔祠－东汉小石祠 ***

— 邹县 —
295. 法兴寺塔－八角九层砖塔，宋建，在城内
399. 孟子庙－清建，在城内

— 滕县 —
296. 龙泉寺塔－八角九层，宋建，城内

— 滋阳（兖州）—
297. 兴隆寺塔－八角十三层，宋建，在城内北部

— 曲阜 —
298. 孔庙－规模宏大，现存建筑自金明昌至民国历代修建，在城之正中 **
299. 孔林－孔子陵墓，城之北垣外 *
300. 鲁灵光殿址－汉景帝时，城东垣外

— 济宁 —
301. 文庙－现为图书博物馆，在城内
302. 铁塔－宋建，在城内东南部铁塔寺

— 益都（青州）—
303. 云门山摩崖造像－隋代佛像，在城南二英里云门山 **
304. 驼山摩崖造像－隋代佛像，在城南驼山 **

— 聊城 —
305.a. 东岳楼－明初建，在城中心
b. 玉皇阁－明建，在城西南部

山西省

— 太原 —

306. 童子寺摩崖－齐隋佛像，在城西南二十五（？）英里龙山童子寺故址
307. 童子寺燃灯石塔－北齐建，在城西南二十五（？）英里龙山童子寺故址 *
308. 昊天观摩崖造像－道教石窟像，元造，在城西南二十五（？）英里龙山
309. 天龙山石窟－佛教窟像，窟刻斗拱柱额，像全毁，隋唐造，在城西南一英里 ***
310. 永祚寺－寺正配殿均为砖券建筑，明代建，城外东南一英里半
311. 永祚寺双塔－双塔八角十三层，明代建，城外东南二英里半
312—315. 晋祠圣母庙－祀泉水之神，周作林园，城西南十二英里
312. 晋祠大殿－重檐大殿，宋天圣间建，在城西南十二英里晋祠 ***
313. 晋祠献殿－四面无墙，宋建，在城西南十二英里晋祠 ***
314. 晋祠飞梁－池上石柱木桥，宋建，在城西南十二英里晋祠 **
315. 晋祠金人－铁铸四武士像，在城西南十二英里晋祠

— 榆次 —

316. 永寿寺雨华宫－三间小殿，宋大中祥符元年建，城东二英里铁道北侧三十码 ***
317. 永寿寺后殿－元代建，城东二英里铁道北侧五十码

— 太谷 —

318. 万安寺正殿－宋建，在城内北部 *
319. 安禅寺正殿－宋初建，在城内西南部 *
320—325. 资福寺－元代佛寺，规模甚大，在城内 *
320. 资福寺大殿－元建，在城内
321. 资福寺后殿－元建，在城内
322. 资福寺藏经楼－元建，在城内 *
323—324. 资福寺钟楼及鼓楼－在藏经楼两侧，元建，在城内
325. 资福寺山门－元建，在城内

— 文水 —

326. 圣母庙－平面作丁字形，元建，在城东北六英里半开栅镇

— 交城 —

327. 玄中寺铁佛－唐代铸造，在城西北石壁山玄中寺
328. 玄中寺墓塔群－自唐至清，在城西北石壁山玄中寺
329. 天宁寺经塔－唐代建，在万卦山天宁寺
330. 天宁寺墓塔群－自唐至元，在万卦山天宁寺

— 汾阳 —

331. 崇胜寺－明初建，规模尚大，在城东北六英里大相村
332. 北魏造像碑－在城东北六英里大相村崇胜寺
333. 灵岩寺铁佛像－明代铸造，寺残破，像露天立，城东北六英里半小相村

— 霍县 —

334. 东福昌寺正殿 – 屋顶截为上下二半，古制，元代建，在城内

— 赵城 —

335. 娲皇殿 – 女娲庙正殿元代建，城东二英里候村
336. 女娲庙经幢 – 宋建，城东二英里候村
337 —340. 广胜上寺 – 寺规模颇大，在霍山南端，在城东南十三英里
337. 广胜上寺前殿 – 结构奇特，元建，城东南十三英里霍山 **
338. 广胜上寺中殿 – 元建，在城东南十三英里霍山
339. 广胜上寺后殿 – 元建，有明代壁画，在城东南十三英里霍山 *
340. 飞虹塔 – 八角十三层琉璃塔，明正德间建，在城东南十三英里霍山广胜上寺 *
341 —343. 广胜下寺 – 规模尚大，在霍山之麓，城东南十二英里半
341. 广胜下寺山门 – 前后加檐甚奇特，元建，城东南十二英里半霍山麓 *
342. 广胜下寺前殿 – 构架奇特，元建，城东南十二英里半霍山麓 **
343. 广胜下寺正殿 – 元建，城东南十二英里半霍山麓
344. 明应王殿 – 祀山麓泉水龙王壁画，元泰定元年绘，在城东南十二英里半霍山麓，广胜寺之西 ***

— 代县 —

345. 圆果寺塔 – 瓶形喇嘛塔，明建，在城内

— 五台 —

346. 塔院寺塔 – 瓶形喇嘛塔，明万历间建，在五台山台怀镇，城东北二十七英里
347. 显通寺大殿 – 砖券无梁殿，明建，殿前列明代小铜塔，在城东北二十七英里，五台山台怀镇
348 —352. 佛光寺 – 在城东北十三英里，豆村镇之东北二英里半 ***
348. 佛光寺大殿 – 七间立高台上，唐大中十一年建，国内现存最古木构，殿内更有唐代塑像，壁画及题名，为我国古建筑中第一瑰宝，在县城东北十三英里豆村镇东北二英里半 ****
349. 佛光寺文殊殿 – 七间配殿，在大殿台下，梁架结构奇特，北宋初建，在城东北十三英里，豆村镇东北二英里半 **
350. 佛光寺祖师塔 – 六角二层小塔，北魏建，在正殿旁，城东北十三英里，豆村镇东北二英里半 **
351 —352. 佛光寺二唐幢
    a. 大中十一年幢，在大殿前
    b. 乾符四年幢，在院庭，城东北十三英里，豆村镇东北二英里半

— 应县 —

353. 佛宫寺塔 – 八角五层木塔，辽清宁二年建，国内最古之木塔，城内西北部 ***
354. 净土寺大雄宝殿 – 金建，城内东北部 *

— 大同 —

355 —357. 华严寺 – 辽建，在西门内
355. 华严寺大雄宝殿 – 在高台上，辽建，城内西门内 ***
356. 华严寺薄伽教藏 – 经藏，辽重熙七年建，殿内有重塑像及经橱，在城内西门内 ***
357. 华严寺海会殿 – 薄伽教藏之配殿，辽建，在西门内 **
358 —361 善化寺 – 规模宏大，辽金建，在南门内 **

358. 善化寺山门－金建，有四天王像，在南门内 **
359. 善化寺三圣殿－金建，有三圣像，在南门内 **
360. 善化寺大雄宝殿－大殿立高基上，辽建，在南门内 **
361. 善化寺普贤阁－正殿前西侧小阁，辽建，在南门内 *
362. 大同南门城楼－明初建，在城南面
363. 大同西门城楼－明初建，在城西南
364. 大同鼓楼－明初建，在西门内大街 *
365. 云冈石窟－沿武州川镌崖造像，北魏造，为我国最古佛教遗迹，城西九英里云冈堡附近 ***

— 朔县 —
366. 崇福寺大殿－辽建，庙内有北魏小石塔，在城内 **

辽宁省

— 沈阳 —
367. 清故宫－清崇德二年建，在城中央 *
368. 福陵（清东陵）－清太祖之陵，有殿堂石人石兽，清初建，在城东七英里
369. 昭陵（清北陵）－清太宗之陵，有殿堂石人石兽，清初建，在城北四英里

— 北镇 —
370. 崇胜寺及双塔－辽建，在城内北部

— 辽阳 —
371. 白塔－八角十三层砖塔，辽建，在城内
372. 汉墓－用石板建造，在城东郊

— 铁岭 —
373. 圆通寺塔－八角十三层砖塔，辽建，在城内西北隅

— 开原 —
374. 石塔寺砖塔－八角十三层砖塔，辽建，在城内

— 锦县 —
375. 广济寺塔－塔檐残毁，辽建，在城内

— 义县 —
376. 嘉福寺塔－八角十三层塔，辽建，在城内（？）
377. 奉国寺大殿－辽太平元年建，在城内 ***
378. 万佛洞－北魏石窟造像，城西北四英里大凌河岸

— 辑安 —
379. 高句丽好大王墓－汉代，在土口子山

热河省

— 承德（热河）—
380. 清避暑山庄及佛寺 – 清乾隆间建[1] *

— 朝阳 —
381. 朝阳北塔 – 四角十三层塔，金建，在城内（？）
382. 朝阳南塔 – 四角十三层塔，金建，在城内
383. 凤凰山大塔 – 四角十三层塔，金建，在凤凰山
384. 凤凰山小塔 – 四角十三层塔，金建，在凤凰山
385. 五家子砖塔 – 八角九层砖塔，辽建，在城西北十八英里五家子
386. 黄花堂砖塔 – 八角十三层塔，辽建，在黄花堂
387. 塔子山塔 – 八角十三层，金建，在塔子山 *

— 林东 —
388. 白塔子白塔 – 八角七层，辽建，城西北三十五英里白塔子 *
389. 南塔 – 八角七层，辽建，上辽上京城故址

— 宁城 —
390. 大名城大塔 – 八角十三层塔，辽建，在大名城 *
391. 大名城小塔 – 八角十三层，辽建，在大名城

吉林省

— 宁安（宁古塔）
392. 燃灯石塔 – 兴隆寺燃灯塔，唐建，在故渤海国东京城故址 *

绥远省

— 归绥 —
393. 大招 – 喇嘛寺，规模极大，清建，在旧城大招街
394. 五塔招 – 喇嘛寺，寺前有五塔，清建，在市街正东

— 包头
395. 五当招 – 亦称广觉寺，内蒙古最大之喇嘛寺，清建，在县城东北五十五英里

补遗

— 上海市
400. 玉佛寺 – 存储古物甚多，在公共租界槟榔路

[1] 应为康熙至乾隆年间建。——王世仁注

与君同在

——纪念梁思成先生诞辰110周年／林　洙

在梁思成的书房中，有一副任公先生手书的李白、杜甫诗句的集联：

清水出芙蓉　天然去雕饰

白鸥没浩荡　万里谁能驯

这是任公先生对儿子的期盼，也是遗训。他望儿子在做人方面要清清白白，如出水芙蓉般的纯洁坦荡，对事业如白鸥冲破万里波涛般的勇猛直前，不顾及个人得失。我曾久久地沉浸在这两句遗训中。

梁思成走了近40年了，有人问我："你对他的'建筑'懂得多少？"是啊，对他的建筑，我什么都不懂。

在20世纪三四十年代，他和学社的同仁们"读万卷书，行万里路"，去寻找我国仅存的一些古建筑，对它们进行调查测绘。"筚路蓝缕，以启山林"，那是老一辈古建筑工作者艰苦创业的时代。

1966年，"文化大革命"开始了，这是个悲痛的时代，这是个失去理性的时代，它已经成为历史，被翻过去了。但是多少年轻人对它还是一无所知。那时候有一句名

梁思成诞辰一百周年纪念座谈会上，林洙和她的家人合影留念

言：“这是一场触及人们灵魂的大革命。”多么惊心动魄！

我看清了人们，也认识了自己，但是更令我感到幸福的是我看到了梁思成的灵魂，看到了我所从未认识到的他那和蔼可亲的另一面：严肃与理性。不管当时群众用什么语言来谩骂、来批斗，他都没有动怒。他用来衡量自己的是对祖国的忠诚与对民族文化的热爱。

他身上有股顽强、内在的精神力量，我被他那种诚恳、那种灵魂的坦荡所感动。那个时候来向他作外调的人越来越多，不管过去与对方有什么恩怨，他都是如实地反映情况。实事求是，这是他坚守的原则。

我想我也许比任何人都更能感受到他人品中的善良与正直。他做到了“清水出芙蓉，天然去雕饰”。

20世纪50年代初，“梁陈方案”被否定了，“民族形式”被批判了。为保护北京的古建筑，保护北京的总体环境，他和当时的领导人争论得不可开交。我在他身上看到“万里谁能驯”的精神。但是，这种精神后来渐渐看不到了。为什么？当时我找不到答案。后来我从他的笔记中找到了。

自1949年至1966年，他记了近70本笔记，内容主要是记录国家领导人的报告。报告内容绝大多数都是讲述从1949年以来，我国在政治、经济、文化、外交……各条战线上取得的辉煌成果。这种日积月累的长期的教育，使他感受到祖国正蒸蒸日上，越来越富强。祖国的富强与壮大，正是他前半生所梦寐以求的。这一个接一个的报告，使他相信共产党的领导是正确的，使他认为共产党就代表祖国。但是从他从事的专业的角度来看，他又心存诸多困惑。尽管如此，他对共产党的领导没有失去信心。

1966年的“文化大革命”，全面否定了他的学术思想。作为一个学者，学术思想被全盘否定，就等于宣判他的死刑。他苦苦地在他的学术思想中挣扎着，最后他发出了“如果再让我从头学一遍建筑，也许我还会得出这样的结论”的哀叹。他第一次对自己失去了信心，失去了前进的动力，失去了改造思想的希望，失去了欢乐。

1972年，梁思成去世，我时时刻刻都在想他一生的功过。我认为，他的那些古建调查报告，是我们继续研究古建筑所必不可少的依据。我给邓副总理写了一封信，要求整理出版梁思成遗著。邓副总理很快将我的信批给有关单位。“梁思成文集”编委会成立了，我有幸参加了梁文集、梁全集的编辑工作，开始了对梁思成学术思想的全面深入的学习。

2009年，中国科学院准备为我国20世纪卓有贡献的科学家出一套小传，每位传主只限12000字。这个任务又落到我的头上。为科学家写传，我可连想都没想过，何况要浓缩在12000字内。我不能泛泛地谈他是个建筑学家，这谁都知道。也不能泛泛地说他办了两个建筑系……我必须回答他是怎样成为一个建筑史学家的，他是什么时候读懂了《营造法式》这本“天书”的。他的城市规划理论及建筑教育思想有什么特点？他为什么能成为古建保护的先驱？这一系列的问题，我必须回答。于是我又第三次通读了他的著作，我又走进他的世界与他同在。

当梁思成第一次调查独乐寺时他已经开始注意到独乐寺的一些构造做法与明清建筑不同。在调查正定隆兴寺转轮藏殿及摩尼殿时，两殿的构造再次引起他极大的注意。据日本学者考证，转轮藏殿是明清建筑，但是梁思成在对转轮藏殿构造做法与宋《营造法式》里的记述作了详细的研究比较后，认为转轮藏殿肯定早于元代。后经过考证，果然是辽代建筑。摩尼殿虽然没有文献记载，但梁思成从摩尼殿四面出抱厦的做法肯定它是宋代建筑。为什么他能准确地判断古建筑的建筑年代呢，这与他有深厚的国学根基和对各时代的书法、绘画、雕塑、陶瓷器皿等的研究有密切的关系，这些艺术作品中包含着各时代的信息。所以他常说调查古建筑要有敏锐的时代感。

这次我再读他的《大同古建调查报告》时，看到了他治学的内在精神，他严谨及一丝不苟的科学态度。他把独乐寺、广济寺、隆兴寺及大同上下华严寺、善化寺……这批宋辽时期的建筑，从整体到细部反复地作了详尽的分析比较。当时佛光寺大殿尚未发现，他只能借鉴敦煌壁画及日本奈良唐招提寺金堂等古建来了解唐代古建的做法。他的《大同古建调查报告》长达22万字，通过这份报告，可以看出他已吃透了宋辽时期的建筑，并已读懂了《营造法式》这本“天书”。经过对云冈石窟的调查，他又从散落在个别石窟中的斗拱、阑额、柱、栏杆、踏步、藻井等零星构件中得出了“中国建筑在两千年前已形成了结构上的独立，并一直保持下来形成了中国建筑的特点”的观点。为什么梁思成能这么快地得出这个结论？因为他对西方建筑史下过工夫，所以能对东西方的建筑体系格外敏感。我认为在20世纪30年代初通过对古建、石窟的调查，他基本理清了我国建筑的历史源流及发展脉络。但他没有急于成书，他还要通过更多的古建调查来验证他的推断。

1937年，他们发现了唐代建筑佛光寺。抗日战争开始后，他们又对西南地区的古建作了较全面的调查，研究了四川的汉阙及大量的唐宋摩崖雕刻，更填补了唐代建筑实物之不足。梁思成也由此证实了他对中国建筑发展的观点。

1942年，他开始动手撰写《中国建筑史》及《营造法式注释》。我终于明白了，为什么他会成为《中国建筑史》的第一撰稿人，因为他有科学的研究方法，有刻苦钻研的精神，有学贯中西博览古今的才学，再加上他个人的智慧。

这时他作为一个真正伟大的学者的形象，才实实在在而真切地矗立在我的面前。

1946年，他赴美考察、讲学。回国后决心办一个世界第一流的建筑系。他没有照搬美国的教学大纲，而是从一个历史学家的角度，从对建筑科学研究对象的全面认识及建筑科学发展方向的把握，对传统建筑教育的课程作了全面的取舍、增设。这是他作为一个教育家的成功之处，也使他的建筑思想明显超越于大多数同辈建筑家。从历史学家的角度看，他对北京市的规划、对古建的保护乃至对全人类的宝贵遗产的保护作出了卓越的贡献。

人们称他是古建筑专家、建筑教育家、城市规划学家。我认为他还是一个美学家、哲学家、历史学家。

梁思成曾经说："我所唯一可以奉献给祖国的只有我的知识。"他做到了。他把毕生的精力、才华、智慧都毫无保留地献给了祖国。没有想到，对他的认识，对我最亲近的人的认识竟长达几十年。通过几十年的努力，我才终于读懂了他。

（此文为梁思成遗孀林洙女士于2011年4月20日在清华大学举办的梁思成110周年诞辰纪念会上的发言）

画梁雕栋

本部分的手绘图来自于梁思成先生在1924年在美国宾夕法尼亚大学学习建筑史课的作业。有学校印章的都是指定作业，没有印章的是梁思成先生自己画的。他在上课之余，用了大量的课余时间看了许多参考书、做了许多额外的功课，可以说他在那个时候已经吃透了西方的建筑发展历史，这对于他日后致力于研究中国建筑有极大的帮助。

在图上的1表示最高分，美国学校也是5分制，只不过最高分是1，最低分是5。

THE DOME
of THE CATHEDRAL OF
FLORENCE

CHAPEL OF
S. PIETRO MARTIRE
MILAN.
(ITALIA ARTISTICA)

TEMPE AT PHILÆ

ENTRANCE COURT SHOWING PYLONS.

1

Santa Sophia

Constantinople

From the University Prints

Illustration of the Composition of Mass

Please find examples in some book other than Univ. Prints.

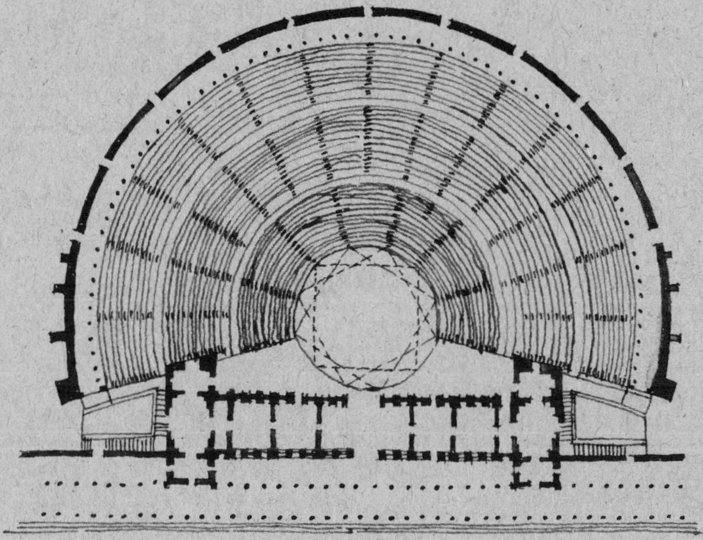

GREEK THEATRE

AFTER COCKERELL

SHOWING SETTING OUT AND CONSTRUCTION OF A TYPICAL THEATRE UPON THE AUTHORITY OF VITRUVIOUS, POLLUX, AND OTHERS. THE ORCHESTRA OR DANCING PLACE WAS OCCUPIED BY THE CHOROUS AND DANCERS ONLY. THE INSIDE BOUNDARY OF THE SEATING FORMED ABOUT TWO-THIRD OF A CIRCLE. THE STAGE OR SKÉNÉ FORMED DRESSING ROOMS FOR THE ACTORS, AND WAS RAISED CONSIDERABLY ABOVE THE ORCHESTRA.

SA. MARIA NOVELLA.

FLORENCE.

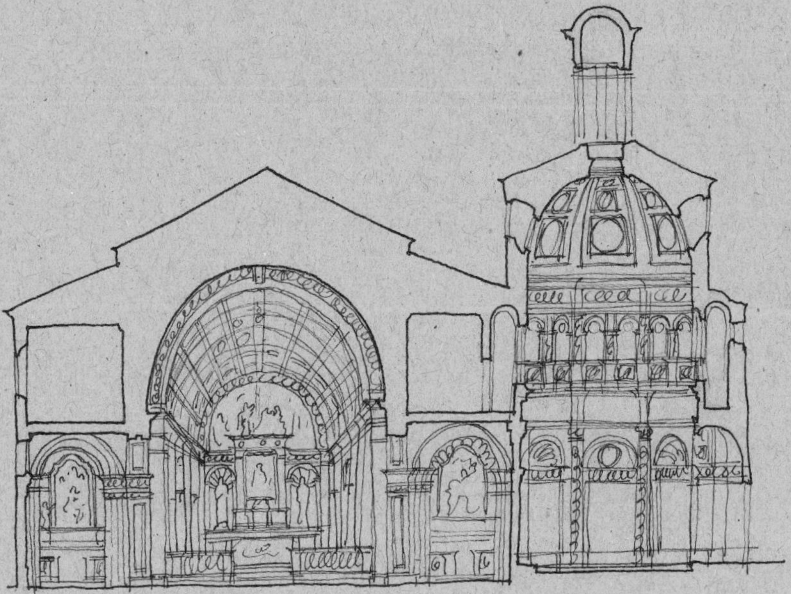

CHANCEL IN PERSPECTIVE SACRISTY

SAN SATIRO, MILAN.

(SIMPSON)

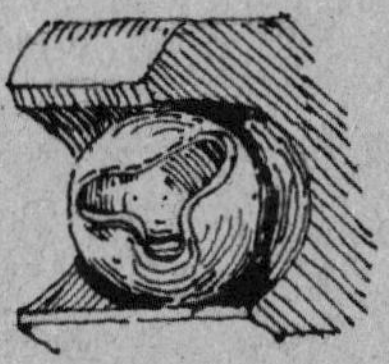

BALL FLOWER – (DECORATED)

TUDOR ROSE

(PERPENDICULAR)

CROCKETS

EARLY ENGLISH

DECORATED

PERPENDICULAR

ENGLISH GOTHIC ORNAMENTS.

PERSIAN COLUMNS

CAP & BASE

LIONS

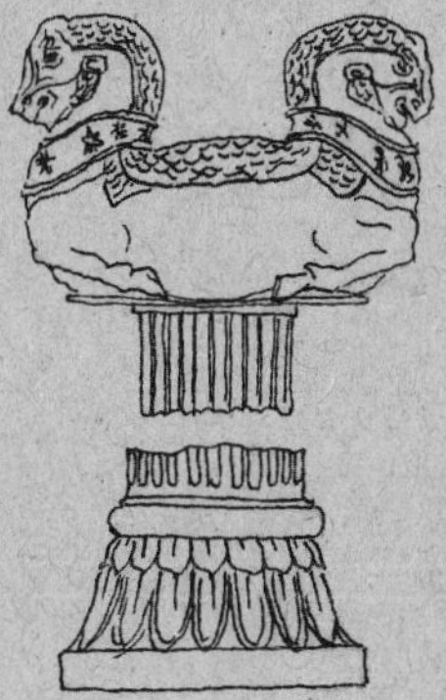

BULLS

SCROLLS

THE GATE OF LIONS
MYCENÆ

COURT OF BELUEDERE

RESTAURATION OF BRAMANTE'S PROJET

—(LETAROUILLY) —

PAZZI CHAPEL
FLORENCE

PALAZZO RICCARDI, FLORENCE.

From

(1)

FRONT ELEVATION

S.M. DI SAN SATIRO, MILAN

(VALERI)

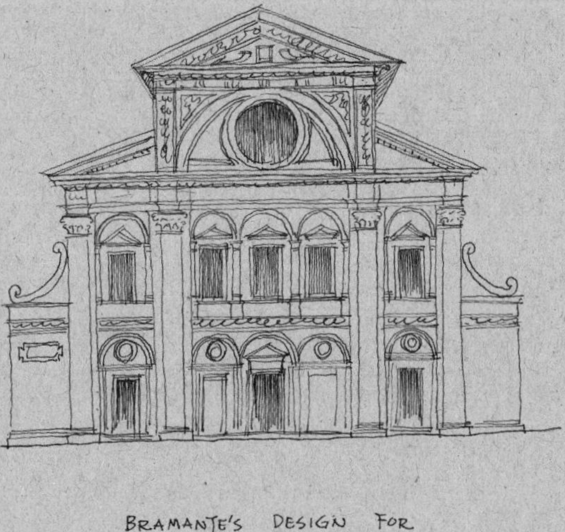

BRAMANTE'S DESIGN FOR

THE S. SATIRO, FACADE

—(IN LOUVRE MUSEUM)—

ELEVATION AFTER

BRAMANTE'S DESIGN

—(LETAROUILLY)—

SECTION AFTER

BRAMANTE

— (LETAROUILLY) —

ELEVATION

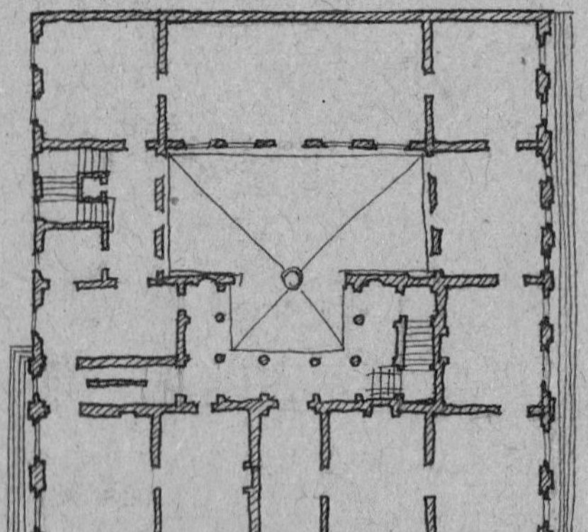

PLAN

SECTION

PALAZZ PICOLOMINI , SIENA

(GRANDJEAN)

梁『林』相敬

在与几位编辑朋友们一起整理梁思成的遗稿时，他们常常感到对先生晚年的生活及思想状况了解不够，希望能看到这方面的材料。于是我给朋友们出示了我与他的来往信件。朋友们看了十分激动，希望我能授权他们发表。这个建议我太没有思想准备了，我进行了长时间的反复考虑，仍然下不了决心。我不禁反问自己到底担心些什么？其实连我自己也说不清楚，为什么有这种莫名的恐惧，也许是因为长期缺乏自信的表现吧！这些信件本来就是不宜公开的，夫妻间的私房话，岂不是主动送上门去自找尴尬吗？

朋友们却有着不同的看法，正因为是夫妻间的私信，才能最真实的反映他的思想。

他们说在梁的信中，读到了他对祖国的忠诚，对民族文化的热爱。

看到他对生活的热爱，对家庭的责任感。虽然他已年过六旬，对妻子仍充满了激情与真诚，他在对妻子的感情中包含着与同龄人不同的青春活力。他对老人的关怀，对子女的爱护与责任感。他的感情如此真切地跃然纸上。

人们更清楚地看到他在健康每况愈下的情况下，仍怀着对民族文化的高度责任感，在拼命完成他毕生所研究的宋《营造法式》的注释工作。

人们也很遗憾地看到他心甘情愿地参加了对史学家吴晗的批判。这是在那个特定的历史时期众多老知识分子被迫走上的歧途。在他的信中我们多少也感到当时阶级斗争的尖锐、复杂。他自己也感到恐慌，却又力争跟上形势。

这是历史的悲剧，也是他个人的悲剧。

因限于篇幅，我们仅选取了先生部分的家书，为的是帮助读者能更全面地了解梁思成。

眉爱：

这是多么新奇的感觉呀！我在千里之外给你写信。这还是平生第一次呢！

一到了扬州招待所，第一件事就给你发电报。估计你下班回家或晚饭后不久就可以看到了。

一路上一切都好。过了天津之后稍微有点热，入夜就凉快下来。今天并不热。十时在浦口过江，在轮渡上看到新建大桥的墩子和许多造桥施工的船只。11:45由南京开，13:00正到镇江。

镇江一下车，没有人来接。等了一会儿，来了一人问姓名，自称是镇江交际处的。我问了时间，14:00有轮渡江，因此汽车直驶码头。那人说扬州只请他们接送，而扬州未见人来接。到了船上略坐片刻，忽见一人汗流满面赶来，大叫“老夫子”。一看乃陈从周也！原来是扬州约了他来，因比我早到个把钟头，所以就托他接我，但在车站，因交际处的同志领着我走了“后门”出站，就相左了。

镇江过江到六圩镇，扬州朱局长已在码头相迎，15:00就到招待所了。由六圩到扬州12公里。

小息之后，就到了隔壁扬州文物馆去看了一番。馆址原是史可法祠，旁有史公墓。看了许多建设中出土文物，自新石器时代一直到清朝的东西都有，很丰富。其中两口汉朝的大棺材和一只唐朝的楠木独木舟（用一整棵楠木掏出来的，长13.60米），真是奇观。

这里既不热，也不潮湿，南方树木，风味和北方迥然异趣。乍来颇觉得新

眉爱：

这是多么新奇的感觉呀！我在千里之外给你写信，这还是生平第一次呢！

一到了扬州招待所，第一件事就给你发电报，估计你下班回家或晚饭后不久就可以到了。

一路上一切都好。过了天津之后稍微有些热，入夜就凉快下来。今天并不热。十时在浦口过江，在轮渡上看到新建大桥的墩子和许多造桥施工的船只。11:54由南京开，13:00正到镇江。

镇江一下车，没有人来接。等了一会儿，来了一人，名，自称是镇江交际处的。我问了时间，14:00有轮渡，因此坐车直驶码头。那人说扬州已请他们接送，而扬州未见人来接。到了船上略坐片刻，忽见一人汗流满面赶来，大叫"老夫子"。一看乃是陈从周也！原来是扬州让他来，因此我早到个把钟头，所以就托他接我，但站，因交际处的同志领着我走了"后门"出站，就相左了。

镇江过江到六圩镇，扬州朱局长已在码头相迎，就到招待所了。由六圩到扬州12公里。

小息之后，就到隔壁扬州文物馆去看了一番。

鲜。招待所是在乾隆行宫故址上大跃进跃出来的三层洋楼，标准也不亚于石家庄。只是床是绳绷床，略微欠软而已。

路上吃得十分小心。餐车很干净。偶尔在大站停车，许多乘客下车争买冰棍，我虽涎垂三尺，但因夫人有嘱在先，未敢吃也！够听话不？

已订了票的回京车，是11日晨3:45由镇江开，12日晨6:00到京。镇江不算"大"站，京沪特快不停，只有这一次普通快车。计划10日上午过江到镇江，看看金山寺、甘露寺（刘备招亲处）和焦山。晚饭后睡到两点起来，上车，再睡到七八点。再在车上过一昼夜就到北京了。

10号下午由镇江再电告。请通知汽车房去接我。只是苦了司机，至迟5:20就得出发了。我到家可赶上和你同吃早饭！多美！

眉眉，想你极了，爱你极了！你呢？

成

6月6日晚

眉nini：

22日到哈瓦那，到今天已将近两周了。除了头两天，曾经到哈市以西的Pinar del Rio省逛了两天（阴天且下雨）外，其余时间，全在开会。建协是标榜“非政治”的，而这次大会却成了一场政治斗争会。广大亚非拉，特别是拉美的建筑师强烈要求反帝反殖，为建筑事业创造条件。先从“师生会见”开始，直到建协大会，都贯穿了尖锐的斗争。在哈开了这么多天会，我们全体都在日夜的工作。我自己除了旅馆、会场、大使馆三个地方外，什么地方也没有去。也许在报上你已看到“师生会见”的报道（新华社社长说已发回报道），通过了反帝、革命的决议。而在这份决议的草拟上，最后我竟然一口气工作了24小时！我们出国前估计到有斗争，却没有估计到在这样一个“技术性”的会议上，会掀起这样强烈的反帝、革命浪潮。总的来说，我们算是胜利了。

由于这种情况，我带来的30卷胶卷，至今还未照完一卷。前天会议结束，昨天下午，我和杨廷宝、刘建章（副部长）才有机会“走马”看了一下展览会。今天上午我在旅馆休息。下午大使馆有一个联欢会，我被指定在会上谈谈这次大会情况和国内建筑情况。明天我们就去墨西哥了。据说信使要月中才到，下旬才回国，估计你收到这信时，已在月底了。

我们住的旅馆在海边上。事实上，旅馆前的“滨海大道”也就是一道海岸堤。有时风浪大，浪花就一直打到马路上，非常好看。我们住在第20层（最上一层）。向后可览全市，向前可见3里（领海）外停泊的美帝军舰。这个反面教员，正在“教育”古巴人民提高警惕，革命、反帝反美呢。

Habana Riviera
PASEO y MALECON, VEDADO. HABANA, CUBA
TELEFONO 30-5051

教员，正在“教育”古巴人民提高警惕，革命、反帝反美呢。

在古巴，工作和生活的方法对我们都是十分不习惯的。首先是拖拖拉拉，会议从来不能准时开会，有时说9:00开会，却等到10:00乃至10:30才开成。散会也拖迟一两小时。午后说3:00开会，到2:30才开始吃午饭。一顿饭吃一个多钟头。晚上都有晚会，但我们都未参加，工作到半夜一两点。最后（3日）闭幕式之后，有一个大型晚会，我们参加了。到了一时左右我就早退了，而晚会却拖到3:00凌晨左右！古巴人民真是个古怪的民族。这里就不多写了。一点是肯定的，中国人在古巴有甚大威望。一问是不是“Chino”，只说是，立刻就叽哩咕噜一长串听不懂的话，其中只听懂“毛泽东，grandes（伟大）！”连十一二岁的小女孩，一说“Chino”，就说“毛”。我们带了些毛主席头像的纪念章，男女老少都抢着要。

明天我们就到墨西哥了。那里环境不同，没有国交，没有大使馆（而有国民党大使馆），可能有更激烈的斗争（也可能没有）。16号我们到巴西后，只是“友好访问”，可能轻松些。这几天很紧张，我还是坚持“敌进我退”的养生之道，在最紧张时，就请假睡半天觉。所以仍然精神饱满。吃饭虽比别人少，但比在家时，吃多得多了。

眉爱，多么多么想你。此外我还十分不放心，不知老大在我外出之后，会不会忽然发一阵糊涂脾气。但愿你善于应付，把关系搞好。

从到墨起，信也可能更少了。但如有可能，争取寄些明信片给你。

求

哈瓦那 63-10-5

在古巴，工作和生活的方法对我们都是十分不习惯的。首先是拖拖拉拉，会议从来不能准时开会，有时说9:00开会，却等到10:00乃至10:30才开成。散会也拖迟一两小时。午后说3:00开会，却到2:30才开始吃午饭。一顿饭吃一个多钟头。晚上都有晚会，但我们都未参加，而工作到半夜一两点。最后（3日）闭幕式之后，有一个大型晚会，我们参加了。到了一时左右，我就早退了，而晚会却拖到翌晨3:00左右！古巴人民真是个古怪的民族。这里无法多等了。一点是肯定的，中国人在古巴有莫大威望，一问是不是“Chino”，只说是，立刻就叽里咕噜一长串听不懂的话，其中只听懂“毛泽东，grandes（伟大）！”连十一二岁的小女孩，一说“Chino”，就说“毛”。我们带了些毛主席头像的纪念章，男女老小都抢着要。

明天我们就到墨西哥了。那里环境不同，没有国交，没有大使馆（而有国民党“大使馆”），可能有更激烈的斗争（也可能没有）。16号我们到巴西后，只是“友好访问”，可能轻松些。这几天尽管紧张，我还是坚持“敌进我退”的养生之道，在最紧张之后，就请假睡半天觉。所以仍然精神饱满。吃饭虽比别人少，但比在家是吃得多得多了。

眉爱，多么地想你。此外我还十分不放心，不知老太太在我外出之后，会不会忽然发一阵糊涂脾气。但愿你善于应付，把关系搞好。

从到墨起，信也可能更少了。但如有可能，争取寄些明信片给你。

成

哈瓦那

63-10-5

爱尼尼，爱：

今天，7月18日，回到莫斯科来了。想不到，竟会在此给你写信。写完后，还不知是托人带回先寄，抑或是自己带回。

我们到巴黎后第二或第三天，就托使馆去订回程飞机票，总是不能得肯定答复。就是由巴至莫的票，也是很晚才订到，而且比预定日期（昨天，17日）迟了一天。今天到了这里，才知道“和大”在芬兰开会结束，亚洲各国——中、朝、越、日、印尼等国——代表大批早已订了票，下两班（20日、22日）都已订满，中国和大代表团已走了一批，还有一批二十余人在此，因此，我们的机会就极其渺茫了。使馆建议我们坐22（？）日（星期四）的火车回去。看明天努力结果如何才能定。因此借此空闲时间，先写此信。万一定了坐火车，就托20日回国的同志带回去投邮。至少让你得到一点音讯。

到巴黎只寄了一信，有其原因。首先因为使馆让我们尽可能不邮寄，其次因为信使已于7月2日走了，下一次要到8月初。不但我们的信已不能交信使，而使馆反而要我们当“信使”，交了若干封信让我们带回投邮。那我们又何必写信交他们呢？我寄的那封，本是写好带到使馆的，在知道这情况后，我就把它邮寄了。第三个原因就是实在太累。

在巴黎开会，根本不像在我国那样有组织、有人照料。我们每天由旅馆坐地下电车到会场。会场在面对铁塔的夏洛宫Palais Chaillot，一所古宫殿式的博物馆。前门的街面比后门（铁塔一面）的街面大约高20m。由旅馆步行约100m到地下车站，走下去几十步，到了会场那站，又走上几十步出站，出站即到会爱尼、爱：

今天，7月18日，回到莫斯科来了。想不到，竟会在此给你写信。写完
了，还不知是托人带回先寄，抑或自己带回。

我们到巴黎后第二或第三天，就托使馆去定回程飞机票。总是不能肯定
要。就是由巴至莫的票，也是很晚才定到，而且比预定日期（昨天，17日）迟
一天。今天到了这里，才知道"和大"在莫开会结束，亚洲各国——中、朝、越、日、
等国——代表大批早已定了票，下两班（20日、22日）都已定满，中国和大代表团已走了
一批，还有一批廿余人在此，因此，我们的机会就极其渺茫了。使馆建议我们坐22
日（星期四）的火车回去。看明天努力结果如何才能定。因此借此空闲时间，先写
信。万一定了坐火车，就托20日回国的同志带回去投邮。至少让你得到一点音讯

到巴黎后只寄了一信，有其原因。首先因为使馆让我们尽可能不邮寄，其
因为信使已于7月2日走了，下一次要到8月初。不但我们的信已不能交信使，而使馆
而要我们当"信使"，交了若干封信让我们带回投邮。那我们又何必写信交他们呢？我
的那封，本是写好带到使馆的，在知道这情况后，我就把它邮寄了。第三个原
就是实在太累。

在巴黎开会，根本不像在我国那样有组织、有人照料。我们每天由旅馆坐地下电
到会场。会场在面对铁塔的夏洛宫 Palais Chaillole，一所古宫殿式的博物馆。前门的
（铁塔一面）
街面比后门的街面大约高20m。由旅馆步行约100m到地下车站，走下去几十步，到了
另那站，又走上几十步出站，出站即到会场前门，进门后又下约百步，又上十余步，又
（即在后门内）
十余步，才能入会场。每次会后，本已精疲力尽，还要走百余步上去，才走到地下车站
总而言之，一天总是上上下下，下下上上，使我气喘如牛，力竭声嘶。再加上法国人是夜
总是晚6:30至8:00鸡尾酒会，8:30或9:00才吃晚饭，一吃就到半夜。你说我怎么受得
两三天后，我就改坐出租汽车去开会，可略省精力，但会场内部百余步楼梯还是避免不了
此外，一切招待会、宴会我也都不去了，因为成千上百人的酒会，你到不到谁也不知道！总
而言之，这次"疲劳轰炸"的考验，我上了几阵就逃掉了。虽然如此，每天吃完晚饭还要到了九点

场前门，进门后又下约百步，又上十余步，又下十余步，才能到大会会场。每次会后，本已精疲力尽，还要走百余步上去，才走到地下车站。总而言之，一天总是上上下下，下下上上，使我气喘如牛，力竭声嘶。再加之后，法国人是夜猫子，总是晚6:30至8:00鸡尾酒会，8:30或9:00才吃晚饭，一吃就到半夜。你说我怎么受得了。两三天后，我就改坐出租汽车去开会，虽略省精力，但会场内部百余步楼梯还是避免不了！此外，一切招待会、宴会我也都不去了，因为成千上百人的酒会，你到不到谁也不知道！总而言之，这次“疲劳轰炸”的考验，我上了几阵就逃掉了。尽管如此，每天吃完晚饭还是到了九点钟以后！

这次开会，对我来说，真是没有意思。“建筑教育”这样一个题目，在这样的大会上，只能是空谈。我本来是个“好斗的公鸡”。在古巴大斗一场，倒很带劲。这次会上，想斗也无从斗起。出我意料之外，我们的展览和发言，都有些很好的反应。许多人对我和其他同志说，我们的展览“与众不同”。可以说，我们在表面是“技术性”的图片中，相当成功地宣传了我们的教育方针。（古巴则全是政治，引起反感。）我的发言也得到相当热烈的掌声。会后也有较好的反应。尽管如此，总的说来，会开得不带劲，很不“过瘾”。

会后我们参观游览了巴黎和近郊一些设计事务所、科研中心和新住宅区，收获不大。参观的几天总是阴天或下雨。带出来的胶卷只照了半卷左右。

我在给你发出信以后，就大伤其风，鼻子的“皮线”完全坏了，但约一周，又自然而然地好了。

现在回到莫斯科，就看飞机票的运气了。

头发已三周未理，成了“长毛”，很不好过，明天如有可能，在大使馆理发。

在这里“松”下来，想你极了。“归心似箭。”（杨廷宝说“箭”太慢了，他说他归心似宇宙飞船。）恨不得立刻回到你怀里。要是真的要坐火车，我就要急疯了。

尼尼成

65年7月18日

莫斯科大使馆

眉爱：

今天是星期天，现在是晚上九点钟，刚听完全国联播。家里安静，不，不是安静，而是静寂得什么声音都没有。清静寂寞得令人心焦。想你，想你想得要命。想你又劳累了一天，现在大概已经睡得又甜又香了。这种孤灯独坐的夜晚，从1955至1962年间，我不知度过了多少个。但是那时不知怎的，也没有这样寂寞的感觉。现在却不那样，也许是过去这三年的生活太甜蜜了，现在突然少了个你，好像把心丢了，好像整个人没处着落一样。眉眉，好像离开了你，我就不知怎样过日子似的，怎么办？

看，你在塞外农场闹革命，我一个人深坐在这书斋里闹小资产阶级情绪！像话吗？！还是说说这一周的平平淡淡的生活吧。

这一个礼拜，除去星一晚到中关村参加民盟学习，一个下午开系务会议，一个上午开校务会议，一个下午开系的科研会议，一个晚上孩子们来，一个晚上（昨晚，星六晚）郁宏、林洛和孩子们来之外，全部时间都用在《法式》上。总计文字约九万字，大图版57张，插图94张。这一部分算是完成了。当然，文字部分又有不少增、删、改，需要重抄一遍。图也有些要稍微修改一下的。总的说来，可以说质量是不低的。徒弟们付出极大量的劳动，没有他们（特别是我眼花，手抖了），这工作是不可能完成的。现在他们也已经把小木作的图版草图（正式草稿，只欠上墨画成正式图）全部完成。我的注释部分也已经开始，计划在年内完成，即将小木作以前部分交中华书局排印。

今天下午，再冰忽来电话，说昨天刚从大连回来，领导上要他们提前于

考虑到你也许有机会偶尔回来，所以把你的钥匙放在你那个
匣子裡（包好封好了）。楼上门钥匙则交老太太。

清华大学专题报告

你要的棉纸，打算明天去买。因为常有小东来往，拟
車房，托司机带去。

晚饭后到普及院去了一趟，告诉姥姥我又出门，并
是否要留下些錢。她说不需要。并告以下月徐伯安代
资后给送去。十二公寓的财政，拟取出150元带走；将
工資餘数全部交老太太，並将存摺（尚余约220元）及
交她暂管，以備一时意外的急需。

今天在市委开会，陈克寒说，上次上西藏的代表团名
本来有我的名字，（但我一点也不知道）後来彭真看到，说那地
地势太高，他（我）不能去，让他跟贺老总上新疆去跑跑吧。
我还是不明白，这样性质的代表团怎会轮到我去。

因鍋炉有毛病，从今天起停供热水三天，只好等到
或乌鲁木齐再洗澡了。

妞子说她今年被选到天安门受检阅，我这爹爹偏偏
多么遗憾。刚才看到他今天算術的考卷，所有题都做对
每一个字都写得端正整齐，打了个100+5分。真乖。我越来越
得这女儿可爱了。我已告诉孩子们可以随便哪天晚上来
但不住在这边。

已爱，写了好长长了。我出去一切一切都会小心，千万
心。最后告诉你：爱你，千千万万次親你。一到乌鲁木齐

22日（星二）动身，又加上因同一单元合用厨厕的一家出了两个肝炎，要他们搬家，所以走不开，问我能否去看看她，我本来很不想去（我还有很大一股气），后来想想，为了不使老太太伤心，所以决定明晨去看看他们。

等至此，已9:35，想起来半盆洗澡水来，去一摸，已经不比体温高多少了。赶快洗完，吃完“夜宵”，已过了十点，为了保证睡足，只好上床，明天再续。

今天已经是星二了。昨天这一天，“形势”起了极大变化，不是“平平淡淡”，而是“奇峰突出”。

上午去看再冰，她拉着老太太和我和孩子们照了些相，在约两小时的时间内，她还问到你去延庆四清，去了几天，为什么提前走，（我说在大队出发前，一部分干部提前先走了）等等。我和老太太临走时，她突然搂着我，使劲亲我，哭得十分伤心。看样子她显然对于她过去的行为感到后悔。当然，这只是我的推测而已。

“奇峰”是中午市委的一个电话，说今年十一是新疆自治区成立十周年，中央组织一个以贺龙副总理为首的代表团参加庆祝典礼。代表团由中央各机关及各省市代表团联合组成，要我作为北京市代表团的一个成员去参加。这个市代表团的团长是市委书记陈克寒同志，连我共五人，另外三人是西单区区长（书记）杜若老大姐，海淀区区长（书记）张还吾，另一人未听清。问我能不能去？工作安排得开吗？身体吃得消吗？他们说庆祝后还要到新疆各地参观访问，为期约一个月。我回答说工作可以安排，不成问题，身体也能凑合。接着不久，校党委办公室也来了电话，说接到市委电话，同意我去，通知我一声，好作准备。今天总支又来电话，说今天下午在市委大楼开个会，并准备23日就启程！这真是突如其来，一点思想准备也没有。

……

因锅炉有毛病，从今天起停供热水三天，只好等到兰州或乌鲁木齐再洗澡了。

妞子说她今年被选到天安门受检阅，我这爹爹偏偏不在，多么遗憾。刚才看到她今天算数的考卷，所有题都做对，每一个字都写得端正整齐，打了个100+5分。真乖。我越来越觉得这个女儿可爱了。我已告诉孩子们可以随便哪天晚上来洗澡，但不住在这边。

尼爱，写了好长好长了。我出去一切一切都会小心，千万放心。最后告诉你：爱你，千千万万次亲你。一到乌鲁木齐或兰州（如住下）就给来信。再亲千万次！

成

9月21日晚

眉，我的爱尼尼：

今天已经是回来的第五天了。曾寄去两封信，迫切地希望看到你的回信，不知你有时间没有？不知你是否还是对我失去了信任？不知你有没有心情回信？回来几天，如坐针毡。

这四天，基本上呆在学校没有出去。15日党委召开了一次党员教授会。16日（昨天）下午，跟着学校的一批教授去看日本工业展览。人山人海，我什么也没有看到；挤得全身大汗，气喘如牛。挤了不到半小时，我就开了小差，叫辆小汽车回家了。

今天是星期天，我上下午各跑了汪坦、吴良镛家各两次，都不在家，连老人也不在。下午只见到汪坦的大女儿汪正平，说爸爸陪爷爷逛香山去了。上星期天已去了一次，爷爷没有玩够，今天又去了。吴良镛大概也是陪母亲出去秋游去了。我听了不胜感慨。我比汪星北小七八岁，但想这样去游山却办不到了！晚饭是在普吉院吃的，姥姥让我去吃米粉，非常好吃。小强也来了。不知怎的，我看着那小伙子总有点不对劲。

从15日起，我又恢复了《法式》的工作，争取在年内把“小木作”做完。对这工作，我真有点急躁情绪。虽然它是祖国文化遗产中很重要的一部分，而且对于它的整理，的确是我不容推卸的责任。就大木作以前这一部分来说，的确可以说水平不低（这主要应归功与三个徒弟）。看来小木作和彩画作也可以做出水平来。但是，整理出来，对于目前和今后的社会主义建设，的确没有什么现实意义。虽然广义地说，它是我们社会主义新文化中的一份小小贡献。因

个人也这是日本的工业人了。看看去两趟了，这场

希望看到你的回信；不知你有时间没有？不知你是否还是对我失了信任？不知你有没有心情给我回信？回来几天，如坐针毡。

这四天，基本上都在学校没有出去。15日党委召开了一次党员大会。16日（昨天）下午，跟着学校的一批教授去看日本工业展览。人山人海，我什么也没有看到；挤得全身大汗，气喘如牛。挤了不到半小时，我就开了小差，叫辆小汽车回家了。

今天是星期天，我上下午各跑了汪坦、吴良镛家各两次，都不在家，连老人也不在。汪坦（下午总见到）的大女儿汪正平，说陪爷爷逛香山去了。上星期天也去了一次，爷爷没有玩够，今天又去。吴良镛大概也是陪母亲出去秋游去了。我听了不胜感慨。我比星北小七八岁，但想这样去逛山却办不到了！晚饭是在晋院吃的，姥姥让我去吃米粉，非常好吃。小孙也来了。不知怎的，我看着那小伙子总有点不对劲。

从15日起，我又恢复了《法式》的工作，争取在年内把"大木作"做完。对这工作，我真有点急躁情绪。虽然它是祖国文化遗产中很重要的一部书，而且对于它的整理，的确是我不容推卸的责任。就大木作以前这一部分来说，的确可以说水平不低。（这应归功于三个徒弟。）看来小木作和彩画作也可以做出水平来。但是，

20×20=400　　北京市电車公司印刷厂印制

此我非常急于把它搞完，好投入到近现代的研究中去。前天上午我到系里去了一下，正凑巧碰上上海市委书记陈丕显来参观。他问我多大岁数，又问我讲不讲课。我说今年没有课。他说："你不应该再讲，而应该总结你的经验，著书立传了。"这正是我的想法；而我所要做的，不是《法式》，主要的还是建筑史，特别是中国近现代。你同意吗？

新疆比北京冷，昼夜温差较大（也许延庆也是这样），在乌鲁木齐宾馆中已生暖气，但到外县（都用火墙）则尚未生火，茅坑又远又八面通风，特别是一些下面倒灌上来的风，使我感冒，流清鼻涕、咳嗽，至今未愈。虽然不发烧、不头晕，也不害胃口，但也够讨厌的。老太太也感冒了，至今每天下午还有点烧。这几天天气特暖，很可能几天后急转直下，你可要当心。皮坎肩已改好，昨晚我试穿了一晚上，好像至多顶得上一件棉坎肩。不过我想在野外有风的时候，挡风可能比棉背心强。有便车就给你带去。

电池换上了吗？好用吗？过去的那一对寿命不太长。记住尽可能把声音放小些，可以省些电，把寿命拉长几天。

我多么想收到你的信呀！

成

65-10-17晚

星期日

洙：

……

今天徐老看病时，说脉、气都很好。给我开了两种丸药：一种对“血”有些什么作用；一种对“气”有些什么作用；各20丸，每天早晚各一丸；两种隔日交替服用。20天后，仍服首乌延寿片，同时服“天王补心片”。除非有什么不舒服症象，下周起就不必再去了。这样，我也可以向你交差了。

张锦秋、苏则民各交来一篇论文稿，要我看，这就是这几天的主要工作。

报上讨论吴晗的海瑞和清官的文章，对我帮助很大。我们搞历史的人，一离开正确的阶级观点，就要走入歧途。一向自大自信的吴晗这几天大概日子不好过。我是“曾经沧海”的人。这次就看吴晗怎样认识这些批评了。

离春节只有四周了，在盼着等着你回来。

成

65-12-23

老苗回去，负担可谓不轻，可真要好々谢々他。除
了要奶粉、肉鬆各一斤外，又加了一斤酱油糖焖豆，
一瓶白糖、一小瓶可々粉。一共至少五斤的份量。
还有一件大衣！

这两天我也在想可能接到电话了，不料就在今天。
"言不尽"，总是令人精神为之一振。

今天徐老看病时，说脉、气都很好。给我开了两
药；一种对"血"有些什么作用；一种对"气"有些什
用；各20丸，每天早晚各一丸；两种隔日交替服用。
后，仍服首乌延寿片，同时服"天王补心丹"。除因非
么不舒服症象，下週起就不必再去了。这样，我也
向你交差了。

張錦秋、苏州民各交来一篇论文稿，要我看，这就
几天的主要工作。

报上讨论吴晗的海瑞和清官的文章，对我帮助很
我们搞历史的人，一离开正确的阶级观点，就要走入
。一向自大自信的吴晗这几天大概日子不好过。我是
"沧海"的人。这次就看吴晗怎样认识这些批评了。

离春节只有四週了，在盼着等着你回来。

史
65.12.23.

爱尼尼，眉：

18日晚1时的信于21日下午6时收到。昨天一天，因为读卡胡子的“声明”，又开支部会，结果使你多等了一天。增加了你的痛苦。

……

我已将《法式》各作“制度”的注释全部做完了。虽然下面还有十二卷的“功限”、“料例”，主要只是标点符号的工作；虽然也可能有少量注释，但总的来说，主要任务已完成，全书工作也可以说基本上完成了。因此精神上感到十分轻松，但同时，半机械地做标点符号工作的“体力劳动”量却增加了。必须尽最大努力尽快地搞完这整理古书的工作，以便投入到以中国近现代为主的历史理论中去。

我对健康的报道是完全忠实的，实事求是的。有人中了煤气毒而“保密”才是令人“不相信”的呢！到底是怎么一回事，赶快从实招来。

……

在“幸福的痛苦”中的成

66-2-23

…"部分）对她"朗诵"了一番。同时把由"可靠的消息灵通…来的你对我"保密"的"新闻"也告诉了她。但我们又达…对妈妈还是保密。

…诚"尚未见诸行动。你们那边的准备，我是知道一…今天下午将有十七级以上党员干部会，可能是传达这方…

…场雪下得真好。后门外那砖墩上看积雪厚度最浅…有六、七寸厚。据报导远郊雪较小，也许只有这里…你可要小心，不要滑到井里去了！天气预报，雪后还…达－21°，可要小心！

…去的茶收到了吗？我寄老朱了吗？俞宏又寄来了…通知她来取吧！这15瓶是上星期六去参加全校神…儿送来的。我不在家，她留下一个很乖的条子，一并…"爱"一下。

在"幸福的痛苦"中的朱

66-2-23

眉：

……

星四下午到政协礼堂听了关于中日青年联欢的报告，还看了纪录片。（十分动人，一下午不知流了多少眼泪！）将近七时才到家，阿兰来送参政消息，吃完饭，老莫来谈关于南工编的建筑史教材提意见的问题，谈到十点多。他走后，我又搞了一阵子法式，睡下时已一点！这一下子可赔了本了。

……

为什么老莫走了那么晚我还干了一阵子法式呢？这也是我的一种概念“框框”。我总觉得只有坐下来，拿起笔写或是画我的“正业”才是干活，其他（甚至如总支学习）都不是干活。自从做完各作“制度”后，只剩下比较“机械”的工作，动手的多，动脑的较少，进度相当快。这就使我想更快、更快、更加快地把这十卷搞完。目前两天，三天，甚至有时一天多就搞完一卷。越搞越急躁，赶了还想赶，所以赔了本了。但须明确，这不是革命干劲而只是好胜求急的情绪。罪有应得——客观现实给了我一次恰如其分的“惩罚”。

……

成

66-2-27上午

一种概念"框框"。我总觉得只有坐下来，拿起笔画我的"正业"才是干活，其他（甚至如总支学习）都不算。自从做完各作"制度"后，只剩下比较"机械"的动手的多，动脑的较少，进度相当快。这就使我想更快、更加快地把这十卷搞完。目前两天、三天，甚至有多就搞完一卷。越搞越急躁，赶了还想赶，所以了。但须明确，这不是革命干劲而只是好胜求急的罪有应得——客观现实给了我一次恰如其分的

。

昨天下午张锦秋来辞行。她分配到西安西北工业设计院，今天就走了。我发现她已经大腹便便了！

参考资料里报导了非常令恩克鲁玛尴尬的消息，但未报导，参考消息里（至昨天）也未发表：就在他到达时候，加纳发生了军事政变，他已被"解除职务"了。他没有政府、没有国家的"总统"。这时候，他正在我们"国宾"。这对我们来说也够尴尬的。因此，从第二天们报上也没有任何关于他的活动的消息。不过，对他也算幸运，不然，可能已被逮捕乃至杀掉了。

尼尼，尼尼，我的好尼尼：

……

法式工作已到了“冲刺”阶段。若照前面两周进度，大约再有五六天就大功告成了。但是徐伯安老来给我踩刹车，他和小石都要我放慢点，要我劳逸结合。其实我已经“结合”到“半逸半劳”的程度了。写十分钟，吊儿郎当地“休息”十几分钟，还要怎样“放慢”呢？

……

成

66–3–10晚

第　　　頁共　　　頁

五六天就大功告成了。但是徐伯安老来给我踩穀車，他右都要我放慢点，还要我劳逸结合。其实我已经"结合"到"半劳"的程度了。写十分钟，必须郑重地"休息"十几分钟，还样"放慢"呢？

天气并未大暖，可是暖气已经若有若无，只好穿上你的新毛背心，有时还加上和尚袍。"春捂秋冻"，秋是"冻"了，可是不给我们这些老弱残兵"捂一捂"，我真有意見！

老苗来曾把车借去骑了两天，前晚在家开支部会，会后下车已送回来，以后就未来过，想必已回中羊坊去了。

一切都好，就是想老婆想得不可开交！

成　66-3-10晚。

眉爱，尼尼爱：

……

果然，关于祝大夫，在那信以前没有告诉你。他就是过去每周来给陈士骅看病（现在改隔周），后来又每周率领一组中医来为女生治各种慢性病，妇女病，现在又恢复隔周来一次的中医，中医学院教务长祝谌予。他是施今墨的女婿，是张维的“表连襟”。每逢来清华的那个星期五，就在张维家吃晚饭，之后在张维家“门诊”。我说的祝大夫就是他。

药已吃到第七服，在那一次“跃进”之后，没有再“跃进”一步的感觉。不过也没有退步的感觉，总算立竿见了一个不太显著的影。还有三服，吃完再算分数。

前天（星六）晚上，同林哲去大礼堂看了《地道战》电影。有些在地道里钻的镜头和冲锋追敌的镜头还使我发晕。不过总的还算好，没有不良效果。也就在我们男子汉看电影的时候，林洛和小彤两个女的洗了两个澡。我们回来，她们已经完成任务撤回普吉院去了。

我的法式初稿算是写成了，但是工作还未完。自从批判吴晗以来，我更兢兢业业。楼二、伯安都认为，我们这工作是技术性的，“注释”方面不致出问题，即使出问题，可能就出在我那篇《序》上。因此，我又开始重新细心重看我那《序》，更注意用阶级观点和一分为二的观点去分析李诫和他这本书。

楼二等的《颐和园》也已脱稿，我已看了一遍，很不错。还有他照的相也真漂亮。

爱，尼尼爱：

我这算命先生该收摊了，越算越不灵了。前次"丰收"后了一算，算出将"歉收"，结果还是"丰收"——昨天又收了一。老杨来电话后，又算你过几天就会回来，这一算又不灵了！改行了，不再算命，只是"听妻由命"了。

果然，关于祝大夫，在那信以前没有告诉你。他就是去每周来给陈士骅看病（现在改隔周），后来又每周率领组中医来为女生治各种慢性病，妇女病，现在又恢复隔周一次的中医，中医学院教务长祝谌予。他是施今墨的女婿，张维的"表连襟"。每逢来清华的那个星期五，就在张维家吃晚饭，饭后在张维家"门诊"。我说的祝大夫就是他。

药已吃到第七付，在那一次"跃进"之后，没有再"跃进"一步的觉。不过也没有退步的现象，总算产生了一个不太显著的影。还三付，吃完再算分数。

前天（星六）晚上，同林磐去大礼堂看了《地道战》电影。有些在道里钻的镜头和冲锋追敌的镜头还使我发晕。不过总的还算好，有不良效果。也就在我们男子汉看电影的时候，林洙和小彤两个女的了两个澡。我们回来，她们已完成任务撤回普吉院去了。

我的法式初稿算是写完了，但工作还未完。自从批判吴晗来，我更兢兢业业。楼二、伯安都认为，我们这工作是技术性的，

20×20=400　　北京市电車公司印刷厂印制 65.6

良镛到南京开教材会议已回来；汪坦也已上延安参加学会年会去了。

天气又冷下来了。千万小心，你暂时一人独住，晚上也要注意把门窗关牢，严防有坏分子乘机胡作非为。工作进展顺利吗?

爱你极了！

成

66-3-21春分日晨

眉：

昨天匆匆忙忙写了几个字，包好收音机，慌慌张张送到八公寓傅国伟处，才知道今天他们不走了。

首先补充关于收音机的一点点：注意它的方向。收音机内有一根小小的天线，收听时要尽可能使它与播出的电波的方向平行：如下图：

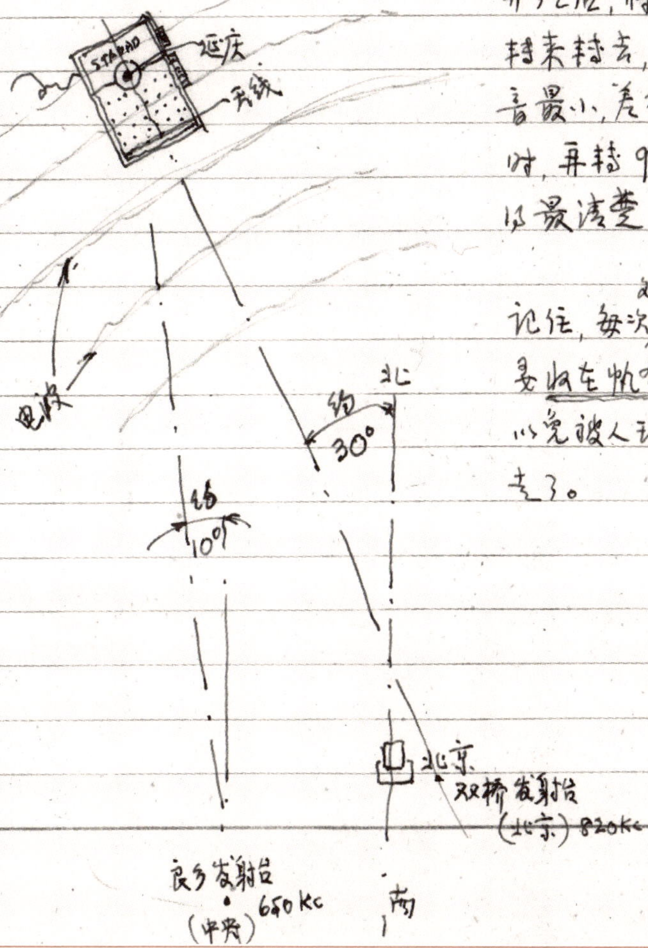

开了之后，将收音机转来转去，转到声音最小，差不多听不见时，再转90°，就听得最清楚了。

记住，每次外出，收音机要收在帆布包里锁好，以免被人玩坏乃至偷走了。

此处是从梁思成的原信中节选的部分，因为有梁先生画在信中的小图，看着十分有趣人不少。现在把"光明日报"和"北京日报"寄去。

天气冷，我就做了两椿"防寒"的家务劳动：

(1)我的毛衣、背心、等等前面领口多是V形的，有时那个"三角地带"只有一层衬衫，是"防寒工事"中一个"空白点"。因此，我找到一块略如这样 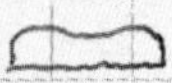（长约一尺、宽约4寸）像条领子的黑绒料，褶过来做成这样  一块"簾子"，两角用按扣，扣在西装背心V形两侧的里面，穿戴起来成了这样子：

穿起来挺起作用。但是又嘀咕，那是不是你留着还有用的一块料子。

20×20=400　　北京市电車公司印刷厂印制　　（京文）

58

第二件事：浴盆漏水越来越厉害，前几天我索兴打着手电，趟下去检查，发现下水管往下滴水。找来水管工人，一看，结论是浴盆下水口的週围漏水。昨天管子工带来瓦工，将磁砖凿开，用水泥扎扎实实地填补上，又补上新

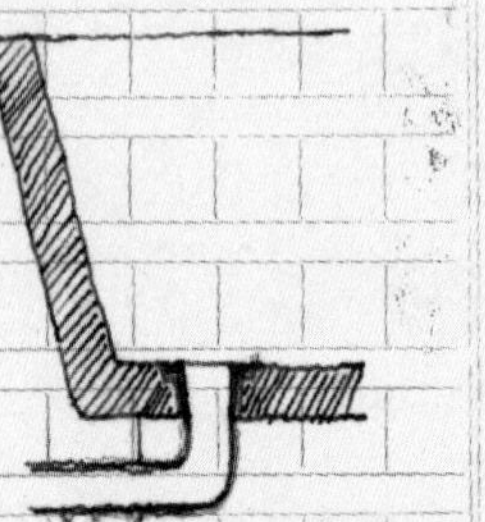

20×20=400　　北京市电車公司印刷厂印制　　（京文）

66

（京）新登字083号

图书在版编目（CIP）数据
梁/ 梁思成著； 林洙编.
-北京：中国青年出版社，2014.3
ISBN 978-7-5153-2218-6

I. ①梁… II. ①梁… ②林… III. ①梁思成（1901~1972）-纪念文集
IV. ①K826.16-53
中国版本图书馆 CIP数据核字（2014）第037074号

责任编辑：王飞宁
装帧设计：瞿中华
出版发行：中国青年出版社
社　　址：北京东四十二条21号
邮　　编：100708
网　　址：www.cyp.com.cn
营销中心：010-57350370
编辑电话：010-57350501
印　　刷：北京中科印刷有限公司
经　　销：新华书店
规　　格：700×1000　1/16
印　　张：25.75
插　　页：12
字　　数：200千字
印　　数：34001-38000册
版　　次：2014年4月北京第1版
印　　次：2021年10月北京第10次印刷
定　　价：78.00元